"十二五"国家重点出版物出版规划项目
城市交通系列教材

城市交通概论

邵春福 等 编著

北京交通大学出版社
·北京·

内 容 简 介

本书共分为 11 章,主要内容包括绪论,城市交通的内涵、交通方式分类及其特征,城市交通系统调查,城市交通流分析,城市交通规划与设计,城市交通管理与控制,城市公共交通,城市智能交通系统,城市交通安全,城市交通经济,城市交通环境与政策。

本书是"十二五"国家重点出版物出版规划项目"城市交通系列教材"之一,既可作为交通工程专业本科生教材,也可供相关专业技术人员参考。

图书在版编目(CIP)数据

城市交通概论 / 邵春福等编著. — 北京:北京交通大学出版社,2016.7
(城市交通系列教材)
ISBN 978-7-5121-2938-2

Ⅰ. ① 城… Ⅱ. ① 邵… Ⅲ. ① 城市交通 – 交通运输管理 – 高等学校 – 教材
Ⅳ. ① U491

中国版本图书馆 CIP 数据核字(2016)第 166709 号

城市交通概论
CHENGSHI JIAOTONG GAILUN

责任编辑:孙秀翠
出版发行:北京交通大学出版社　　　　　电话:010-51686414　　http://www.bjtup.com.cn
地　　址:北京市海淀区高梁桥斜街 44 号　　邮编:100044
印 刷 者:北京瑞达方舟印务有限公司
经　　销:全国新华书店
开　　本:185 mm×230 mm　　印张:17.25　　字数:386 千字
版　　次:2016 年 7 月第 1 版　　2016 年 7 月第 1 次印刷
书　　号:ISBN 978-7-5121-2938-2/U·233
印　　数:1～2 000 册　　定价:39.00 元

本书如有质量问题,请向北京交通大学出版社质监组反映。对您的意见和批评,我们表示欢迎和感谢。
投诉电话:010-51686043,51686008;传真:010-62225406;E-mail:press@bjtu.edu.cn。

前　言

我国城市化率迅速提高，2015 年年底达到了 56.1%。新型城镇化建设将带来城市建成区规模的进一步扩大和城市人口的膨胀，以城市道路交通拥堵、交通事故频繁、公共交通工具拥挤和雾霾天气频繁出现及其范围的不断扩大等为代表的"城市病"已经成为严重的社会问题之一，缓解"城市病"已经成为政府和社会的难题。

为了治理"城市病"，政府相关部门在运行管理方面实施了摇号购车、拍卖车牌、摇号购车+拍卖车牌、限号通行、错峰上下班和单双号通行，甚至研究实施交通拥堵费和汽车排污费等措施。然而，这些措施均具有简单的行政色彩和典型的"亡羊补牢""头痛医头，脚痛医脚"的性质。

城市交通系统既是含有道路、轨道交通、水上和航空节点的立体交通系统，又是由行人、非机动车、公共交通、私人汽车和各种营运客货车组成的综合交通系统。在城市交通系统中，交通出行者或载运工具通过道路和轨道交通等实现各自的位移，在交通节点（交通枢纽和站点）实现换乘和货物的转运，最终到达目的地。"城市病"来源于人们对城市交通系统的规划理念、设计和建设、科学管理和执法的缺位，从而导致对城市交通系统缺乏战略性顶层设计、有序的建设及科学的管理。

城市交通系统规划理念的缺位主要体现在城市交通系统发展理念和顶层设计缺位。城市政府应该根据管理城市的特点采用相应的城市交通发展战略和发展理念，依据发展战略科学安排交通建设用地和规划设计城市交通体系。例如，针对特大城市和大城市，规划大力优先以城市轨道交通为骨干，以公共汽（电）车公共交通为主，以非机动车交通为补充的城市公共交通系统，并以公交导向城市向集约、紧凑型发展的交通体系，而不是优先小汽车交通的蔓延性城市结构体系，出了问题之后再发展公共交通。针对城市道路，也应该是按照城市快速路、主干路、次干路和支路的比例由少至多的合理结构体系；对于中小城市，则应该规划以公共汽（电）车交通为骨干、非机动车交通为补充，主干路、次干路和支路级配合理的道路交通体系。

城市交通系统的设计缺位主要体现在城市交通网络，尤其是特大城市和大城市的城市轨道交通网络结构设计、道路网络体系结构设计、各种衔接设计、道路时空资源配置设计及人性化微观设计等，造成城市交通网络流和节点集散不畅，利用不便、不安全。

城市交通系统的建设缺位主要体现在城市交通基础设施建设时序缺乏科学性，包括交通方式间的建设时序和同一交通方式不同线路之间的建设时序。例如，对于特大城市和大城市，城市轨道交通的建设时序应该优先于道路的建设，停车设施的发展应优先于汽车的发展；而对于中小城市，应把城市公共汽（电）车交通的发展放在比私人小汽车发展优先的位置。

城市交通系统的科学管理的缺位主要体现在过于依赖摇号购车、限号通行等行政化管理手段，而缺少依据法律和科学手段的引导和诱导。执法的缺位主要体现在常规性、精准、严格执法，致使违法成本低，放任了违法行为的滋生。

本教材作为"城市交通系列教材"的分册之一和概括，主要从城市综合交通系统的宏观视角，立足系统分析和顶层设计，概述城市交通的内涵交通方式分类及其特征，城市交通流分析，城市交通规划与设计，城市交通管理与控制，城市公共交通，城市交通安全和城市交通经济等，期待给城市交通问题治理提供战略性宏观支持，为各分册教材提供理念上和系统性概括。

本教材在编写过程中参考和引用了本系列教材各相关分册的内容。邵春福教授负责编写第 4 章和第 8 章之外的 9 个章节并统稿，魏丽英副教授负责编写第 4 章，陈旭梅教授负责编写第 8 章。

最后，北京交通大学出版社孙秀翠常务副社长对本书的编辑、出版和发行付出了辛苦劳动，本书还受作者国家自然科学基金面上项目"多方式诱导下组合出行模式及出行链重构演化机理"（批准号：51778032）、国家重点基础研究发展计划资助课题"多方式交通运行的协同组织与控制"（编号 2012CB725403）资助以及北京城市交通协同创新中心的支持，在此一并表示衷心的感谢。

由于编者能力和水平所限，内容难免存在不足或错误，恳请读者批评指正。

编　者
2016 年 5 月
完稿于红果园

目　录

第 1 章

绪 论

概述城市交通的定义、城市交通的构成要素、基本特性、发展历史及城市交通的问题，分析问题产生的原因，城市交通问题分析的基本思路，从而给出城市交通的研究内容。

1.1 概 述

1. 城市交通的定义

城市交通是在城市范围内，由交通基础设施（交通网络、枢纽节点和设备等）、交通工具、交通运营、交通管理和交通服务等子系统构成，完成人流、物流和车流空间位移的综合交通系统。

城市交通因城市而生，城市因人的聚集和物流活动的活跃而得以繁荣，城市交通与城市的方方面面息息相关，是串联起城市各种活动和场所的重要载体，可以说城市交通运行状态是城市政治、经济、社会和百姓生活的综合体现，城市交通也是其基本支撑，城市交通的建设可以拉动城市的发展。

因此，城市交通与城市互为因果，是与城市相辅相成的城市子系统。基于此，城市交通具有其社会的复杂性，解决城市交通问题应该从城市社会系统的视角综合考虑，避免就城市交通而论城市交通。

2. 城市交通的构成

城市交通的构成可以分为交通基础设施、交通运输设备、交通参与者和货物等。就交通基础设施而言，有道路、城市轨道交通、水运和交通场站与枢纽等。城市轨道交通又分为地铁、轻轨和市郊铁路等。交通运输设备有车辆、轨道、机电设备和交通通信系统等。车辆又分为各种汽车、电车、轨道交通车辆、摩托车和自行车等。城市又是人员高度聚集的场所，人人都是交通参与者，并且人员种类、年龄、文化程度和收入水平各异。因此，可以说城市交通系统具有交通基础设施密度高、交通设备品种多样、交通参与者特性各异，并具有高度复杂性的巨系统。在我国城市道路上，还有机动车、非机动车和行人共面的混合交通，具有密度高、速度低等特性。城市交通就结构而言，具有高架、地面和地下设置的立体特征。

因此，城市交通是具有高度复杂、立体、高密度的多方式综合交通。

3. 城市交通需求

在城市交通领域，人们通常将需求分为刚性需求和弹性需求。

（1）刚性需求

受某种限制，时间窗窄的交通需求，如上班、上学、业务和有时间约束的货物配送等。

（2）弹性需求

基本不受限制，时间窗宽的交通需求，如观光、娱乐、度假、购物、看病等。

（3）需求量

城市区域因人口密集和建筑密度高，所以交通出行需求巨大，并且分布不均衡。例如，据北京市交通委员会统计，2013 年北京市人口约 2 115 万人，仅六环内日均客流约达 3 100 万人次，全市公交日均出行达 2 210 余万人次；二环以内主要聚集了行政办公、金融、娱乐等活动，路网交通压力突出，日高峰平均交通拥堵指数（交通拥堵程度的度量指标，最高值为 10）日均为 8.1。由于城市用地布局失衡，造成特殊时段方向上的客流和交通流失衡，2015年北京的城市轨道交通早高峰常态限流站达 60 个；早高峰时段进城方向多条高速公路和城市快速路常发性交通拥堵，如东西南二环、东西南三环、西南四环、京藏高速、机场高速、阜石路、学院路等进京联络线。

（4）异质性

城市交通的构成、特征及交通需求因城市的类型和大小不同具有各自的特征，因此在进行城市交通规划、设计和管控时，进行具体的城市特征分析，并进行"量身定做"非常重要，切忌用一个固定不变的模式套用所有城市。

1.2 城市交通的发展历史

城市诞生于农村，城市有兴盛和终焉。在一个特定的历史时期，城市有其大小，有繁衰。而城市交通与城市总保持着良好的关系，从不分离。我国古代城市（都城）规划依从形制，并经历了从"里坊制"到"街巷制"的演变。《周礼·考工记》是我国古代，也是人类早期社会提出的一种系统的城市规划制度。它规定了王城、诸侯城、都城三级城邑，各级城邑建置数及分布等。以王城规划建设为例，记载的"匠人营国，方九里，旁三门。国中九经九纬，经涂九轨。左祖右社，前朝后市，市朝一夫"规定了王城建设的规模及其城市交通网络（九经九纬）和断面结构（经涂九轨）标准。马车是这一时期的典型交通工具。

18 世纪的工业革命实现了人类由手工业生产方式向大工业批量生产方式的转变。经济欲望推动了城市规模的扩大，多样化的目标使得城市结构变得复杂，尤其是第二次和第三次工业革命使得城市变得异常复杂，甚至带来了城市危机。随之而来的城市交通系统规模变得庞大、多样化、立体化和复杂化。

1814 年，史蒂芬森（George Stephenson）发明了蒸汽机车，人类加快了进入工业时代的脚步。1863 年再将蒸汽机车应用于英国伦敦的城市地铁，开创了城市轨道交通的先河。

1863 年，卡尔·本茨（Karl Benz）发明了汽车，使得城市道路交通实现了由人力和马车向机动化交通工具的变迁，尤其是 1914 年亨利·福特（Henry Ford）的 T 型车问世，使得城市居民驾驶自己的汽车出行于城市巷道。

当今的城市交通形成了以轨道交通和道路交通为核心的交通网络，交通工具也形成了由公共交通、私人小汽车交通、出租车交通和非机动车交通等构成的多方式交通工具。交通方式多样化和高度机动化是当今城市交通工具的主要特征。

城市的发展和规模的扩大需要城市交通规模的扩张和交通工具的不断机动化。城市规模的扩大带来了城市结构的变革，大城市逐渐由单中心型向主城加卫星城型变化。然而，城市规模的无序扩张使得交通网络规模庞大，城市中心区的地价高涨，居民居住地外迁等导致出行成本增加和生活环境恶化等一系列问题。

1919 年，霍华德（Ebenezer Howard）提出了田园城市（garden city）的思想，他建议田园城市占地为 6 000 英亩（2 430 hm²）。城市居中，占地 1 000 英亩（405 hm²），四周的农业用地占 5 000 英亩（2 025 hm²），除耕地、牧场、果园、森林外，还包括农业学院和疗养院等。农业用地是保留的绿带，永远不得改作他用。在这 6 000 英亩土地上，居住 32 000 人，其中 30 000 人居住在城市，2 000 人散居在乡间。城市人口超过了规定数量，则应建设另一个新的城市。田园城市的平面为圆形，半径约 1 240 码（约 1 134 m）。中央是一个面积约 145 英亩（约 58.7 hm²）的公园，有 6 条主干路从中心向外辐射，把城市分成 6 个区。城市最外圈地区建设各类工厂、仓库和市场，一面对着最外层的环形道路，另一面是环线轨道交通。

1933 年公布的《雅典宪章》阐述了"城市规划的关键点是城市四大功能：居住、工作、休憩、交通。"，并对城市交通提出了建议，如道路应根据功能进行分级，人行道和机动车道应该分开设置等。

1973 年，George B. Dantzig 和 Thomas L. Saaty 出版专著《紧凑型城市——适于居住的城市环境规划》（*Compact city: plan for a liveable urban environment*），其目的是遏止城市的无序蔓延，节约和集约城市用地，减少交通出行成本。欧共体委员会（CEC）1990 年发布《城市环境绿皮书》，再次提出"紧凑城市"这一概念，并将其作为"一种解决居住和环境问题的途径"，认为它是符合可持续发展要求的。

我国改革开放以后，尤其是进入 21 世纪以来，城市交通，特别是城市道路交通和城市公共交通发展迅速，"公交都市"在全国 40 个城市示范实施。2014 年以来，国家新型城镇化发展规划（2014—2020）颁布实施，为我国大城市、城市群和城乡二元结构环境下的城市交通发展制定了发展战略和实施措施。

1.3　城市交通问题及产生的原因

城市规模的无序发展带来了诸多问题，甚至被称为大城市的"城市病"，主要表现为人口膨胀、道路交通拥堵、交通事故频发、环境恶化、住房紧张、就业困难等，其中道路交通拥堵、交通事故频发和环境恶化是城市交通的主要问题。

1.3.1　城市交通拥堵产生的原因

城市道路交通拥堵是交通供给和交通需求耦合失衡所致。然而，交通供给与交通需求均具有非常复杂的特征。

（1）城市交通供给

在我国的大部分城市里，由于"先天不足"带来的交通供给不足是造成道路交通拥堵的基本原因。供给不足可以分为交通建设用地供给不足、交通基础设施总量供给不足、交通体系结构和道路体系结构失衡等。

交通建设用地供给不足是在城市用地中，交通建设用地配置总量和比例过低，这是由于我国城市交通建设起步晚，在 GDP 至上的经济快速发展阶段，与工业、商业、房地产相比，城市交通用地没有得到应有的重视所致。

交通基础设施总量供给不足是没有配置与城市经济社会发展及交通出行需求相适应的交通基础设施数量，在城市交通建设用地配置不足的环境下，也难以规划和建设合理的交通基础设施数量。

城市交通体系结构是指城市交通中各种交通方式运营里程所占的比例，即城市轨道交通、道路、水运等的比例结构。对于一座城市而言，合理的交通体系结构是缓解道路交通拥堵的前置条件。当然，不同类型和等级的城市具有其合理的交通体系结构，其结构失衡将带来道路交通拥堵。例如，由于城市公共交通发展缓慢，造成过多的交通出行依赖私家车等私人交通工具，从而造成道路负担过重，交通需求超过其交通容量，带来道路交通拥堵。

道路体系结构是指城市道路中快速路、主干路、次干路和支路的比例。在城市道路体系中，即使道路总量供给合理，由于其结构不合理也会导致交通出行特征与道路功能不匹配，从而导致交通拥堵。例如，由于支路和次干路配置过少，造成过多的短距离出行集中于快速路或主干路，从而造成快速路和主干路交通拥堵。

（2）城市交通需求

城市交通需求过于旺盛，这是由于城市人口的膨胀和私家车保有的无序快速增长、城市公共交通系统发展滞后、私家车过度使用所致。城市交通的供给不足，交通需求过于旺盛，导致在城市范围或局部范围内交通出行需求远大于交通供给，在刚性需求多的时间段或线路产生失衡，从而造成道路交通拥堵。

（3）交通设计

城市交通网络结构没有科学引导交通出行，交通方式之间的衔接不当，道路断面功能设计欠合理，出入口数量、出入口的功能结构及出入口之间的距离欠合理，交叉口没有合理的渠化设计等。

（4）交通组织管理与控制

交通组织管理与控制欠科学也是造成道路交通拥堵的原因之一。例如，对于潮汐交通流特征明显的道路而不按照其交通需求特征设置潮汐车道；信号交叉口的信号配时没有根据需求的多寡进行智能化自适应控制；交通标志缺位或设置不合理等。

（5）交通事件

交通事件是指随机发生的道路交通事故、车辆故障、道路损坏、降雨、降雪等事件。这些交通事件的发生通常造成车道或整个断面交通中断，带来线路甚至相关区域的交通拥堵。

1.3.2 交通事故频发的原因

城市交通事故分为道路交通事故、轨道交通事故和水上交通事故等。其中，与道路交通相比，城市轨道交通列车的受控程度高、水上交通运输量有限而相对安全。就道路交通而言，交通参与者、车辆、道路结构、气候环境、交通安全教育和交通执法等是影响交通事故的主要因素，具体表现在以下几方面。

（1）交通参与者

交通参与者是指车辆驾驶人、乘车人和路上行人等。车辆驾驶技术水平低、驾驶行为不规范及行人的守法意识差等均会导致交通事故的发生率增高。

（2）车辆

车辆的性能，尤其是制动性能差和视野不良是造成交通事故发生率高的原因。

（3）道路结构

道路平纵曲线、竖曲线、横断面、出入口及交叉口的结构设计影响交通运行的顺畅和交通参与者的相互关系，从而影响交通事故的发生率，是否考虑道路交通功能和交通参与者交通行为的道路结构设计尤为重要。

（4）气候环境

雨、雪、雾等不良天气，因路面湿滑将影响车辆的制动性能和驾驶人视线和反应，容易引发交通事故。

（5）交通安全教育

交通参与者的交通安全知识需要安全教育获取。良好的交通安全教育会使交通参与者很好地遵守交通安全法律法规，从而安全驾驶或安全出行。

（6）交通执法

交通执法人员依照交通安全法进行严格执法，既是维护交通秩序和交通安全的保障，也是规范交通参与者行为的手段。

1.3.3　城市环境恶化的交通原因

机动车的过度发展和使用是城市环境恶化的直接原因，而交通发展战略和城市交通结构体系建设是导致交通环境恶化的间接原因。

（1）机动车的过度发展

与工业发达国家城市私人小汽车发展起始于 20 世纪 50—60 年代相比，我国城市的私人小汽车发展起步于 21 世纪初，可以说起步晚，但是发展速度远远大于工业发达国家，可谓后继勃发。例如，北京的机动车从 100 万辆发展到 200 万辆用了 6.5 年，200 万辆到 300 万辆用了 4 年，300 万辆到 400 万辆用了 2.5 年，400 万辆到 500 万辆用了 2 年，致使政府采用了机动车摇号购买，以限制其快速增长。与北京对应，日本东京前 3 个 100 万辆增长则分别用了 5 年、10 年和 12 年，并且至今没有达到 500 万辆，也没有利用摇号购买政策。我国短时间快速发展的城市私家车的尾气排放使得城市空气环境每况愈下。

（2）机动车的过度使用

城市机动车，尤其是私家车的频繁使用也是导致交通环境恶化的原因。20 世纪 60—80 年代，英国伦敦、美国洛杉矶等城市的空气污染事件，以及我国近年城市空气雾霾等均部分来自于汽车尾气污染，即汽车的过度使用。例如，据北京市交通委员会统计，北京的机动车日均出行距离为 45 km。而东京的机动车日均距离为 19 km，即每天北京的 1 辆车相当于东京 2 辆车的使用。

（3）道路交通拥堵

机动车的过度发展和使用，公共交通等交通供给的缺位，使得城市道路交通拥堵不堪。拥堵的交通使得车辆行驶速度低，车辆以低速行驶甚至怠速停车又增加了车辆的尾气排放。

（4）城市交通发展战略

公交导向城市发展，即 TOD（transit oriented development）模式被公认为是低污染的城市发展模式，与之对应的是私家车导向的城市发展模式，是高污染的发展模式。因此，制定什么样的城市交通发展战略，左右着城市环境及其可持续性，是对城市交通发展的顶层战略设计。

（5）城市交通体系建设

一座城市的交通体系规划与设计是对其城市交通的顶层技术设计。在城市交通发展战略的指导下，建设一个完善的城市交通体系，做到各种交通方式"各尽所能，各得其所"，是保证良好城市环境和建设健康、宜居城市的保障。我国大多数城市的交通体系尚不完善，城市公共交通系统发展滞后，造成公交划分率低，致使居民出行过分依赖私家车，既影响了城市空气质量，又减少了非机动车和步行的出行，从而影响了健康。日本东京由于其交通体系构建合理，居民利用公共交通系统的出行比例高达近 90%，从交通方面保障了其空气质量。

1.4 城市交通系统分析的步骤及流程

如前所述，城市交通系统既是一个复杂的巨系统，也是一个社会子系统。因此，分析城市交通问题既需要深入分析交通系统自身，又需要从城市社会系统、城市经济和城市用地等方面进行系统分析，具体分析步骤如下。

（1）城市经济社会发展分析

城市交通与城市相辅相成，城市交通除其特有的技术内容之外，还与城市的政治、经济、社会、人文、地理、用地等子系统有着密不可分的关系，甚至有些子系统是城市交通发展的前置条件，因此分析城市交通的前提是解构城市系统，把握这些子系统的现状与发展，梳理城市交通系统与这些子系统的关系。

（2）城市交通系统分析

就城市交通系统自身而言，它又是一个由多种子系统组成的复杂系统，如城市道路系统、城市轨道交通系统、城市水运系统、城市公共汽（电）车系统、城市交通枢纽系统、城市停车系统、城市智能交通系统等。该步骤分析与城市系统相耦合的城市交通系统规模，以及城市交通系统自身的合理体系结构。

（3）城市交通运行现状分析

通过人工或各种自动化设备获取城市交通运行和交通出行数据，分析其整体及道路交通、轨道交通、公共汽（电）车交通、交通枢纽、停车、非机动车和步行及城市交通管理等子系统的运行状况，以及体制和机制等，并从效率、安全和环境等方面做出系统、科学的评价，找出存在的问题及问题的成因。

（4）城市交通需求预测

在对城市交通系统运行现状进行分析的基础上，基于城市经济社会未来发展、城市产业发展和城市规划等，利用科学的方法对城市交通需求进行预测。

（5）城市交通规划

针对城市交通系统运营中的问题，结合城市经济社会未来发展、城市产业发展、城市规划和城市交通需求等，依据相应标准给出城市交通网络、交通枢纽、停车等设施规划方案；将城市交通需求预测分配到相应网络上，检验交通网络设计方案，必要时调整规划方案甚至对城市产业和城市规划提出调整要求。

（6）城市交通设计

基于城市交通现状分析和城市交通规划的成果，依据相关标准和专业知识，对城市交通系统设施，如道路断面、行人过街设施、交通枢纽、车站、站前广场、交叉口和停车设施等，从交通功能、效率、安全、环境和美观等方面进行优化设计。

（7）城市交通组织管理、调度与智能化控制

对城市区域、节点各断面交通流进行科学组织与调度，给出管理措施；针对信号控制的交通设施，从智能化控制、人性化服务、效率提高和交通安全等方面给出具体控制方案。

（8）城市交通系统评价与经济分析

对规划设计的城市交通设施，利用调查或规划数据进行科学评价，并从经济视角分析城市交通的供需、价格、外部性、投资和回报，以及制定经济社会行之有效的城市交通政策，如投融资、补贴、收费等政策。

1.5　城市交通的主要范畴

城市交通研究的目的是把握一座城市的政治、经济、社会、用地、交通设施和交通出行的现状和将来，从而进行城市交通发展战略的制定、交通体系的规划与设计、交通出行需求的分析、交通基础设施的交通设计、交通系统的组织管理与控制、城市公共交通系统分析、城市交通系统经济分析、城市交通安全、城市智能交通系统等。因此，本系列教材将城市交通界定为如下13册分别进行论述。

（1）城市交通概论

定义城市交通、城市交通系统及其各种交通方式，介绍城市交通问题、问题成因及解决思路，以及城市交通的研究内容，针对其内容分章节分别进行引导性论述。

（2）城市总体规划

介绍城市用地性质、用地分类、基于城市经济和社会发展、城市产业布局等规划进行城市用地规模、用地布局、用地规划的理论与方法，以及城市总体规划编制的步骤和方法等。

（3）城市交通调查

介绍城市交通出行现状，人的出行、机动车交通、公交车交通及运营、城市轨道交通运营等的数据采集、调查与分析技术和方法，以及数据的统计、数据建模及挖掘分析等。

（4）城市交通规划

基于城市总体规划和城市交通调查的结果，对城市交通基础设施的发展和使用现状做出评价，在对交通出行需求进行预测的基础上，给出路网、节点及停车场布局规划方案、建设方案等。

（5）城市交通流理论

介绍城市交通流数据采集、利用统计分析的方法进行宏观分析、车辆的跟驰、换道和超车及交通基础设施内的乘客的微观行为，以及交通流仿真等。

（6）城市公共交通

针对城市内的公共交通系统〔含城市轨道交通、公共汽（电）车交通、快速公交 BRT（bus rapid transit）、公交专用道等〕，介绍现状分析、客流分析、公共交通系统规划及其运营管理等。

（7）城市交通管理与控制

针对城市交通系统，分别介绍其运营管理与控制的理论、技术和方法。运营管理部分分为交通基础设施的标志标线；控制部分分为城市交通基础设施运行中的信号控制和无信号控制等。

（8）城市交通设计

介绍针对城市道路、公共交通、立体交叉、交叉口渠化、过街设施、交通衔接、停车场等城市交通基础设施，从交通功能、效率、安全和减少尾气排放等视点的设计等。

（9）城市交通枢纽

介绍城市交通枢纽的功能及其分类、交通枢纽的现状分析、交通枢纽的客货运量预测、交通枢纽的布局规划，以及交通枢纽的建设和运营管理模式等。

（10）城市道路工程

介绍城市道路的路基路面、城市道路选线、道路的平纵横及竖曲线、城市平面交叉口、立体交叉、道路给排水、道路安全防护设施等的设计。

（11）城市交通安全

介绍城市交通安全的内涵、交通安全与交通事故、城市交通系统中人车路和环境、交通事故统计分析、交通安全分析与评价、交通事故预测、交通安全设计、交通事故调查与处理，以及交通安全管理和交通事故预防等。

（12）城市交通经济

介绍城市交通经济学的基本概念、交通与城市经济社会的发展关系、城市交通需求、城市交通供给、城市物流与城市经济、城市交通运输成本、城市交通运输价格、城市交通运输市场、城市交通的外部性、城市交通项目投资评估、城市交通经济政策及城市交通投资政策等。

（13）城市智能交通系统

以城市道路和公共交通系统为核心，介绍城市智能交通系统的内涵、城市智能交通信息采集、城市智能交通系统的主要功能、城市智能交通系统规划及城市智能交通系统评价等。

复习思考题

1. 什么是城市交通？
2. 城市交通有哪些特性？
3. 我国的城市问题有哪些？
4. 叙述造成城市交通问题的原因。
5. 城市交通包括哪些内容？

第 2 章

城市交通的内涵、交通方式分类及其特征

概述城市交通系统的内涵及各种交通方式及设施的特征，包括城市轨道交通、城市道路交通、城市航运交通、智能交通系统及城市交通发展模式等。

2.1　城市交通的内涵

城市交通系统是城市社会系统中的一个子系统，它既包含于城市社会系统之中，又与城市用地系统和市政设施系统等其他子系统具有交集，它们之间相互依存和制约，人的广泛参与又使得城市交通系统具有高度的复杂性，如图 2-1 所示。

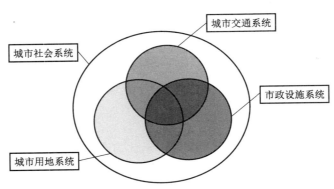

图 2-1　城市交通系统与城市其他子系统的关系

城市交通系统是一个具有综合性、立体化的多方式交通系统，从交通基础设施种类而言，分为城市轨道交通、城市道路、城市航道、城市管道和城市枢纽节点等，具有综合性，这些基础设施又被分别设置在地下、地面和地上高架，从而形成立体交通设施；就交通工具而言，有机动车、轨道交通、船舶、非机动车和行人，机动车又分为客车和货车，客车又分为私家车和运营客车，运营客车又分为公共汽（电）车、出租车和包车等，因此城市交通工具是由多种交通方式组成的；就其范围而言，有城市内部交通和城市对外交通。以下对其主要内容分别进行阐述。

在城市内部，各种交通方式具有其特征。从适应的运输距离和运输密度（单位距离的客运量）的视角，可表示为图 2-2。

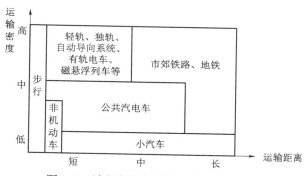

图 2-2　城市交通方式的运输特性示意图

2.2　城市轨道交通

城市轨道交通是以电力为动力，轮轨运行方式为主要特征的车辆或列车与轨道等各种相关设施的总和。它具有运能高、速度快、安全、准时、成本低、节约能源，以及能缓解道路交通拥堵和有利于环境保护等优点。

城市轨道交通因其特点常被称为"绿色交通"。世界范围内人口向城市聚集，城市化步伐加快，大中型城市普遍出现人口密集、住房紧缺、道路交通拥堵、环境污染严重、交通事故频发、能源缺乏等所谓的"城市病"。城市轨道交通经过 150 年的发展，机车车辆、自动控制、通信和信号等技术取得了很大的进步，很多方面代表和体现了当今高新科学技术发展的水平。发达国家城市交通发展的经验表明，轨道交通是解决大城市公共交通运输问题的重要途径，对于城市可持续发展有非常重要的意义。

2.2.1　分类

自 19 世纪中叶，在城市里先后出现地铁与有轨电车以来，经过多年的研究、开发、建设与运营积累，城市轨道交通系统已经形成多种类型并存与发展的态势。根据轨道交通基本技术特征的不同，城市轨道交通主要有市郊铁路、地铁、轻轨、独轨和有轨电车等类型。另外，就城市群而言，还有连接城市群内部城市之间的城际铁路，本教材将对象范围限定于城市或都市圈，因此暂不涉及城际铁路内容。

1. 市郊铁路

市郊铁路，又称为通勤铁路，是连接城市市区与郊区，以及连接城市周围几十千米甚至更大范围的卫星城镇或都市圈的铁路，服务于出行距离较长的通勤乘客、观光、购物和娱乐等，一般站距较长，对疏散中心城市人口到周围卫星城的作用十分明显。它往往又是连接大中城市干线铁路的一部分，一般与干线铁路设有联络线，设备与干线铁路相同，线路大多建在地面，其运行特点接近干线铁路，只是服务对象不同。与城市轨道交通中的地铁等其他类型不同，在市郊铁路上通常是市郊旅客列车与干线旅客列车和货物列车混合运行。市郊铁路的运行速度和输送能力远大于其他交通方式，其运营速度可达 100～120 km/h，运输能力每小时单向可达 6 万～8 万人次，适应的出行距离长，对于客运需求量巨大的城市而言，发展市郊铁路明显优于发展小客车。另外，市郊铁路在能源消耗、投资费用等方面的指标也明显优于其他交通方式。根据日本的研究资料，市郊铁路的投资大概是地铁的 1/10～1/5，每千米的能源消耗是汽车的 1/7，是一种十分经济可行的交通方式。如图 2-3 所示。

（a）日本京都壑山电车　　　　　　　（b）北京城铁 13 号线

图 2-3　市郊铁路

市郊铁路的另一作用是通过其设站方式和运营方式可以进行用地的引导，如通过设置大站距和组织点对点直达运输保护中间用地，避免被过度开发。

2. 地铁

地铁是由电气牵引、轮轨导向、车辆编组运行在全封闭的地下隧道内，或根据城市的具体条件，运行在地面或高架线路上的大运量、中长运距的快速轨道交通系统。据统计，世界范围内，地铁的地下部分约占 70%，地面和高架部分约占 30%，甚至有的地铁线路全部采用高架形式，只有部分城市地铁线路是完全在地下。地铁还可分为重型地铁、轻型地铁与微型地铁 3 种类型。重型地铁为传统的普通地铁，轨道基本采用干线铁路技术标准，线路以地下隧道和高架线路为主，仅在郊区地段采用地面线路，路权专用，运能最大；轻型地铁是一种在轻轨线路、车辆等技术设备工艺基础上发展起来的地铁类型，路权专用，运能较大，通常采用高站台；微型地铁，又称小断面地铁（linear motor），隧道断面、车辆轮径和电动机尺寸均小于普通地铁，路权专用，运能中等，行车自动化程度较高。地铁多用于超大城市或特大城市市区内部高密度地区间的交通出行，车辆制式和线路特征依各国标准而不同，运营速度一般为 35～40 km/h，最大车速可达 80 km/h。就容量指标而言，地铁均可达到单向小时运输能力 3 万～7 万人次，属于大容量快速轨道交通。但地铁造价昂贵，建设周期长。在目前状况下，我国地铁每千米造价高达 7 亿～10 亿元，而建设周期长又导致了投资回收期长，更加重了一般投资者的疑虑，给建设筹资造成了很大的困难。如图 2–4 所示。

图 2–4 地铁（北京）

3. 轻轨

轻轨是指以有轨电车为基础发展起来的电气牵引、轮轨导向、车辆编组运行在专用行车道上的中运量、中运距的城市轨道交通。轻轨的含义是指车辆对轨道施加的荷载而言，轻轨车辆与市郊列车或地铁车辆比较相对较轻。早期的轻轨一般直接对旧式有轨电车改建而成。20 世纪 70 年代后期，一些国家才开始修建全新的现代轻轨。现代轻轨与旧式有轨电车相比，具有行车速度快、乘坐舒适、噪声较低等优点。对世界各国轻轨进行分类研究表明，轻轨存在多种技术标准并存发展的情况。高技术标准的轻轨接近于轻型地铁，而低技术标准的轻轨则接近于有轨电车。轻轨交通的运量介于地铁和公共汽电车之间，它可以根据城市的特点和具体情况，采用地下、地面及高架相结合的形式进行建设，具有很大的灵活性和适应性。轻轨可以根据客流的需要采用不同车型，如单车和铰接车组成不同的编组方式。由于轻轨是介于地铁和公共汽电车之间的一种交通方式，相对于地铁的造价昂贵，轻轨是一种投资较少、建设较快的模式，一般每千米的造价仅为地铁的 25%～50%。轻轨基本的服务功能定位是：适于城市人口数介于 50 万～200 万人的中型城市，每小时单向运输能力为 1 万～3 万人次，发车最小间隔为 1.5～5 min。如图 2–5 所示。

（a）武汉市内轻轨电车　　　　　（b）重庆市内轻轨电车（摘自：中国铁道建筑总公司网站）

图 2-5　轻轨

4. 独轨

独轨是车辆或列车在单一轨道梁上运行的城市客运交通系统。独轨的线路采用高架结构，车辆大多采用橡胶轮胎。从构造形式上可分为跨骑式独轨与悬挂式独轨两种。跨骑式独轨是列车跨坐在轨道梁上运行的形式，而悬挂式独轨则是列车悬挂在轨道梁下运行的形式。独轨交通的运输能力一般在每小时单向 0.5 万～2 万人次，运距较短。由于它是一种让列车在高架的专用轨道上行驶的交通系统，不受地面交通拥堵的影响，可以安全正点地运行；也可有效地利用城市的空间，既占地少又不影响地面的绿化；由于独轨列车使用橡胶轮胎，可以降低噪声，同时也没有废气排放，这些均符合环境保护的要求；与地铁相比，施工周期短，成本低（为地铁的 1/3～1/2），经济性能好，可以按照城市规划和交通需求进行线路选择，减少城市建筑的拆迁和市民的搬迁；车辆的爬坡能力强，易通过小半径曲线。当然，独轨交通由于受一些固有条件的制约，也存在一定不足。一般来说，输送旅客的能力比地铁小；车轮与轨道的磨耗快；与钢轮和钢轨相比，运行阻力大；列车有故障时，疏散旅客难度大。如图 2-6 所示。

图 2-6　独轨

5. 自动导向系统

自动导向系统（automatic guideway transit，AGT）是一种通过非驱动专用轨道引导列车运行的轨道交通。在日本，较早的 AGT 系统是 1981 年开通的两条线路：一是神户新交通公司开通的三宫—中公园线路，全长 6.4 km；二是大阪市住之江公园—中埠头间的 6.6 km 线路。目前这两条线路均采用无人驾驶系统，运营速度为 22～27 km/h，最高速度达到 60 km/h，高峰期最小间隔可达到 3 min。按照专用轨道的位置，AGT 系统可以分为两种型式：一是轨道中央引导方式，二是侧向引导方式。AGT 一般采用 ATS/ATC 人工驾驶或 ATO 无人驾驶，单线或复线线路，平均站间距为 650～1 400 m，采用直流 750 V 或三相交流 600 V 供电方式，最小曲线半径为 25～60 m，最大坡度为 4.5%～6.0%。AGT 列车一般编组为 2～6 节，最高速度为 50～63 km/h，运行间隔为 3～8 min，运输能力一般在单向每小时 0.4 万～1.8 万人次，运距较短。如图 2-7 所示。

（a）神户人工岛 Port Liner　　（b）大阪南港（摘自：Wikipedia 辞典）

图 2-7　自动导向系统

6. 有轨电车

有轨电车通常采用地面设置形式，有时也有隔离的专用路基和轨道。隧道或高架区间仅在交通拥堵的地带才被采用。旧式的有轨电车由于其与公共汽车及行人共用街道路权，且平面交叉口多，因而其运行所受的干扰多，速度慢。现代有轨电车与性能较差的轻轨交通已很接近，只是车辆尺寸稍小些，运营速度接近 20 km/h，运输能力每小时单向约 1.4 万人次，运距较短。如图 2-8 所示。

图 2-8　有轨电车（澳大利亚墨尔本）

7. 磁悬浮列车

磁悬浮列车是一种新型的有轨交通工具，它依靠电磁吸力或电动斥力将列车悬浮于轨面上，实现列车与地面轨道间的无机械接触，再利用直线电机驱动列车运行。磁悬浮技术的研究源于德国，早在1922年德国工程师赫尔曼·肯佩尔就提出了电磁悬浮原理，并于1934年申请了磁悬浮列车技术的专利。但由于技术水平的限制，一直到以电力电子技术为核心的大功率控制技术的迅猛发展，才为磁悬浮列车的实现提供了技术可行性。

磁浮列车技术主要有两大类，即常导型和超导型。

常导型也称常导磁吸型，它是利用普通电磁铁通电后产生电磁吸力的原理，由车上常导电流产生电磁引力，吸引轨道下的导磁体，使列车浮起。常导磁吸型技术较简单，产生的电磁吸力相对较小，悬浮的气隙较小，一般为8～10 mm，速度可达400～500 km/h，适合于城市间的长距离快速运输。常导磁吸型以德国高速常导磁悬浮列车 TransRapid 为代表。

超导型也称超导排斥型，它是利用超导磁体产生的强磁场在列车运行时与布置在地面上的线圈相互作用，产生电动斥力将列车悬起，悬浮气隙较大，一般为100 mm左右，技术相当复杂，并需屏蔽发散的电磁场，速度可达500 km/h以上。根据行驶速度的不同，又可分为高速型和中低速型。超导排斥型磁悬浮列车以日本 MagLev 为代表。

磁浮列车虽然属于陆上有轨交通工具，并保留了轨道、道岔和车辆转向架及悬挂系统等诸多传统机车车辆的特点，但由于磁浮列车在牵引运行时与轨道之间无机械接触，可克服传统列车轮轨黏着限制、机械噪声和磨损等问题，具有低噪声、低能耗、无污染、安全舒适和高速高效的特点，所以它是陆上理想的交通工具之一，由此也引起了世界各国的关注和兴趣，具有广阔的应用前景。我国从20世纪80年代开始常导磁悬浮列车的研究。1992年国家正式将磁悬浮列车关键技术研究列入"八五"攻关计划。1999年11月，我国××公司与德国 TransRapid 国际公司合作开展上海高速磁悬浮列车示范线项目，2003年1月1日建成通车。上海磁浮示范线是世界上第一条投入商业运营的高速磁浮线路，西起地铁2号线龙阳路站，东至浦东国际机场，全长约30 km，设计最高时速为430 km，单向运行时间约8 min。上海磁浮线路的建成和运营为我国发展磁浮交通提供了难得的机遇，将极大地促进我国高速磁浮技术的国产化。如图2-9所示。

图 2-9 上海磁悬浮列车（摘自：上海磁浮交通发展有限公司网站）

2.2.2 系统构成

城市轨道交通系统由多个独立完成不同功能的子系统构成，包括线路、车辆、车站三大基础设备和电气、运行和信号等控制系统，如图 2-10 所示。

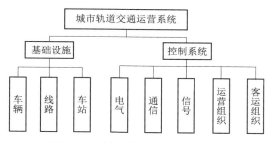

图 2-10 城市轨道交通系统构成

1. 车辆

城市轨道交通车辆是城市轨道交通工程中最重要的设备，也是技术含量较高的机电设备。城市轨道交通车辆应具有先进性、可靠性和实用性，并满足容量大、安全、快速、舒适、美观和节能的要求。城市轨道交通车辆作为城市公共交通的旅客运载工具，不仅要保证车辆运行的安全、准点、快速，而且要为乘客提供良好的服务条件，使乘客乘车舒适、方便，同时还应考虑对城市的景观和环境的影响。为了达到这些要求，在设计、制造城市轨道交通车辆上采用了大量的高新技术。例如，车体结构、材料的轻量化；走行装置的低噪声与高平稳性设计；线性电机驱动；直流斩波调速技术；再生制动技术及交流变频调压技术等。

不同的城市轨道交通模式，所采用的车辆类型之间有很大的区别。但不论是地铁车辆、轻轨车辆或是独轨车辆，均为电动车组编列运行，都有动车和拖车及带驾驶室和不带驾驶室车之分。例如，上海地铁有带司机室拖车（A 型）、无司机室带受电弓的动车（B 型）和无司机室不带受电弓的动车（C 型）3 种车型。当采用 6 节编组时，其排列为 A—B—C—C—B—A；当采用 8 节编组时，其排列为 A—B—C—B—C—B—C—A；这样就能保证所编列车首尾两节车（全列车首尾两端）均带有司机室，中间各节车之间均为贯通，以使乘客沿全列车可随意走动，使乘客在全列车中均匀分布，也有利于在列车发生意外事故时让乘客有秩序地沿此通道经司机室前端安全门撤离。北京地铁按全动车设计，两车为一单元，使用时按2、4、6 辆编挂组成列车组。我国推荐的轻轨电动车辆有 3 种型式：4 轴动车、639 轴单铰接式和 8 轴双铰接式车。

2. 线路

线路是城市轨道交通的基础组成部分，由区间结构、车站和轨道等组成。考虑到乘客出行方便、土地利用、建设费用等因素，线路的走向一般选择易于施工和客流相对比较集中的地区。

轨道交通线路按其在运营中的地位和作用划分为正线、辅助线和车场线。

（1）正线

正线是贯穿所有车站，区间供车辆载客运营的线路。正线行车速度高、密度大，保证行车安全和乘坐舒适，线路标准要求高。正线包括区间正线、支线和车站正线。

城市轨道交通正线是独立运行的线路，一般按双线设计，采用右侧行车制。大多数线路为全封闭。与其他交通线路相交处，一般采用立体交叉。

（2）辅助线

辅助线是为了保证正线运营，合理调度列车，为空载列车提供折返、停放、检查、转线及出入段作业而配置的线路。辅助线速度要求低，最高运行速度限制在 35 km/h，标准也低。辅助线包括折返线、临时停车线、渡线、车辆段出入线、联络线等。

（3）车场线

车场线是车辆检修作业用的线路，行车速度较低，线路标准只要满足场区作业要求即可。

3. 轨道

"轨道"交通与一般的交通最大的区别在于轨道交通车辆必须沿着"轨道"行驶，"轨道"给行驶在轨道上的车辆提供承载作用和导向作用。

轨道是城市轨道交通系统的重要组成部分，一般由钢轨、扣件、轨枕、道床、道岔及附属设施等组成。轨道以连接件和扣件固定在轨枕上，轨枕埋设在道床内，道床直接铺设在路基上。

4. 车站

车站是轨道交通系统运行的主要设施，也是其不可缺少的组成部分。城市轨道交通车站的选址、布置、规模等通常对轨道交通系统的运营效果具有决定性的影响。

轨道交通系统中，车站按照结构型式不同可分为地面站、高架站和地下站；根据运营性质可分为中间站、换乘站、中间折返站和尽端折返站；按照站台型式可分为岛式站台、侧式站台和岛侧混合站台。

城市中心区的轨道交通车站一般采用地下型式，车站相应地建设于地下。进行地铁车站的总体设计时，应妥善处理与城市规划、换乘、地面建筑、地下管线、地下建筑物之间的关系。同时，地铁车站设计要保证乘客使用安全、方便，并具有良好的内部和外部环境条件。车站建筑设计应简洁、大方、易于识别和人性化，并体现现代交通建筑的特点。

在市区以外的地点，轨道交通车站可考虑采用地面或高架型式。

5. 限界

限界是指根据轨道交通车辆轮廓尺寸和性能、线路特性、设备安装及施工方法等因素，经技术经济综合比较确定的空间尺寸。限界通常可分为以下 3 类。

（1）车辆限界

车辆限界是根据车辆外轮廓尺寸和主要技术参数，并考虑车辆在平直线路上静态情况下的外廓线和动态情况下横向、竖向偏移量及偏转角度，按照可能产生最不利情况进行组合计算确定的。

（2）设备限界

设备限界是在车辆限界的基础上考虑轨道的轨距、水平、方向、高低等在某些地段出现最大容许误差时引起车辆的附加偏移量，以及在设计、施工、列车运行中不可预计的因素在内的安全预留量。设备限界是一条轮廓线，所有固定设备及土木工程的任何部分都不得侵入此轮廓线内，它是保证轨道交通系统中的列车等移动设备在运营过程中的安全所需要的限界。

（3）建筑限界

建筑限界是指在行车隧道和高架桥等结构物的最小横断面所形成的有效内轮廓线基础上，再考虑其施工误差、测量误差、结构变形等因素，为满足固定设备和管线安装的需要而必需的限界。换言之，建筑限界以内、设备限界以外的空间主要是为各类误差、设备变形和其他管线安装所预留的空间。

6. 供电设备

电能是现代城市轨道车辆电力牵引系统必需的能源。电动车辆及运营服务的机电设备，包括通风、空调、照明、通信、信号、给排水、防灾报警、电梯、电动扶梯等，也都依赖电能。城市轨道交通供电电源一般取自城市电网，通过城市电网一次电力系统和轨道交通供电系统实现输送相变换，最后以适当的电流形成（直流电或交流电和电压等级）供给用电设备。城市轨道交通的供电系统负责提供车辆及设备运行的动力能源，一般包括供电系统、牵引供电系统和动力照明供电系统。供电系统即是城市电网对轨道交通系统内部的变电所的供电方式，一般视各城市内情况而定。牵引供电系统供给电动车辆运行的电能，它是由牵引变电所和牵引网组成的。动力照明供电系统提供车站和区间各类照明、扶梯、风机、水泵等动力机械设备电源及通信、信号、自动化等设备电源，它是由降压变电所和动力照明配电线路组成的。

城市轨道交通的供电方式主要有集中式供电、分散式供电和混合式供电3种。

（1）集中式供电

沿城市轨道交通线路，根据用电容量和线路的长短设置专用的主变电所。主变电所一般为110 kV，由主变电所变压为内部供电系统所需的电压级，一般为10 kV或35 kV；由主变电所所构成的供电方案为集中式供电。主变电所应有两路独立的110 kV电源。上海、广州、香港地铁即为此种供电方式。

（2）分散式供电

沿城市轨道交通线路沿线直接由城市电网引入多路电源，电源电压等级一般为 10 kV，供给各牵引变电所，这种方式为分散式供电。分散式供电应保证每座牵引变电所和降压变电所皆能获得双路电源。

（3）混合式供电

即前两种供电方式的结合，以集中式供电为主，个别地段引入城市电网电源作为集中式供电的补充，使供电系统更加完善和可靠。北京地铁1号线和2号线即为此种供电方式。集中式供电有利于轨道交通供电的管理，并提高检修作业的独立性。一般而言，混合式供电投资比分散式供电要大，但可提高轨道交通自身供电的可靠性和灵活性，故在客流量大的情况下采用集中式供电较为合适。而沿轨道交通线路由城市电网分散式供电，则要求供电部门的变电所留有足够的备用存量，才能保证电源的可靠备用。再者，轨道交通供电与企业供电不同，它是对沿线所有负荷通过沿线各变电所供电的一个完整供电网络，沿线变电所数量较多，尤其在中压分散供电的情况下，供电部门要满足每个变电所两路专用电源比较困难，而轨道交通自身可以通过一个较完整的系统来提高整个系统供电的可靠程度。城市轨道交通供电规划应为整个城市轨道交通网服务，因此必须根据城市电网规划情况进行统一的技术经济比较后做出决策。供配电系统应满足安全、可靠、接线简单经济、运行灵活的要求。

7. 通信设备

为了保证城市轨道交通系统能可靠、安全、高效运营，并有效地传输运营、维护、管理相关的语音、数据、图像等各种信息，就必须建立可靠、易扩充、独立的通信网。轨道交通通信系统是直接为轨道交通运营、管理服务的，是保证列车及乘客安全、快速、高效运行的一种不可缺少的智能自动化综合业务数字通信网。

通信系统一般由传输网络、公务通信、专用电话、闭路电视、广播、无线、时钟、电源及接地等子系统组成，构成传送话音、数据和图像等各种信息的综合业务通信网。在正常情况下，通信系统为运营管理、行车调度、设备监控、防灾报警等系统进行语音、数据、图像等信息的传送，在非正常和紧急情况下，通信系统作为抢险救灾的通信手段。其中传输网络（即轨道交通骨干网）是通信系统中最重要的子系统，它不仅为本系统的各子系统，而且也为其他自动控制管理系统提供信息通道。

轨道交通的通信系统包括光纤数字传输系统、电话交换系统、闭路电视监控系统、无线通信系统及车站广播系统等。具体而言，它们共同为轨道交通系统的列车运行调度指挥、无线通信、公务通信、旅客信息广播、系统运行状况监视等提供手段。

城市轨道交通信号设备是城市轨道交通的主要技术装备，担负着指挥列车运行、保证列车运行安全和提高线路通过能力的重要任务。现代城市轨道交通要求其信号设备的现代化。

城市轨道交通信号的特点如下。

① 城市轨道交通行车密度大、站间距离短，所以信号的应变速度快、信息量大。

② 城市轨道交通的区间不宜敷设地面信号，而以机车速度信号为主体信号。

③ 为了安全、可靠地指挥行车，由计算机系统自动地实现速度控制和定位（点）停车控制；对于容量大、高密度的交通系统将逐步发展为无人驾驶的自动运行系统。

④ 凡敷设钢轨的轨道交通可以以钢轨作为传输信道，连续地传递速度命令等信息；不敷设钢轨的交通系统可敷设感应环线传递信息。为传递特殊信息可增设地面应答器，完成地面与列车间的信息交换。

⑤ 轨道交通的信号、通信设备应是个完整的运行管理系统。典型的轨道交通运行管理系统应用先进的计算机及光通信技术，完成列车进路控制、运行管理、列车追踪、运行显示、运行监视、列车数据传输、闭路电视监控、旅客导向信息控制及广播系统等。整个系统由中央处理装置、外部记忆装置、运行装置、列车数据的传送装置、网络控制装置和运行显示盘等构成。

8. 环境控制系统

（1）通风与空调系统

地下车站及区间的通风空调系统一般分为开式系统、闭式系统和屏蔽门式系统。根据使用场所不同、标准不同，又分为车站通风空调系统、区间隧道通风系统和车站设备管理用房通风空调系统。

（2）防排烟系统

轨道交通地下车站及其区间对外连通的出口相对来说比较少，一旦发生火灾，浓烟很难自然排除，必须设置机械排烟系统，排烟系统按车站站台和站厅、区间隧道及设备管理用房分开设置。

站台和站厅的排烟系统，一般是与正常通风的排风系统兼用。该系统应满足正常通风和火灾时的排烟要求。区间隧道的排烟系统，宜采用纵向一送一排的推拉式系统。排烟设施最好与平时的隧道通风兼顾。设备管理用房的排烟系统，一般与平时通风系统兼用。

（3）环境监控系统

环境监控系统的作用是对车站从区间的通风、空调、给排水、照明、自动扶梯等设备进行自动化管理，一般包括中央控制室、车站控制室和本地控制装置3部分。

2.3　城市道路交通

城市道路交通是城市交通系统中的一个重要的子系统，由道路设施、管控设备、参与者和车辆构成，其功能是满足城市的各种交通出行活动和城市货物流动。本节阐述城市道路基础设施之外的城市道路交通方式和城市道路交通管理控制设施等。

2.3.1　城市道路交通方式

城市道路交通是保持城市活力最基础的设施，是城市生活的依托，拉动或制约着城市经济的发展。发展多层次、立体化、智能化的城市交通体系，将是城市建设发展中普遍追求的目标。对城市道路客运而言，发展高、中、低客运量相互匹配的多种形式相结合的道路交通工具，将是实现上述目标的重要技术支持。

城市道路交通从交通方式的角度划分，可以分为公共汽（电）车、行人、自行车、摩托车、小客车、出租车、作为公共交通补充的各类班车及各类货运汽车等。

1. 公共汽（电）车

（1）公共汽车

在快速轨道交通日趋普及的今天，公共汽车这种传统的客运交通方式，不仅在许多发展中国家的城市大量使用，而且在发达国家的城市仍然继续存在，这说明公共汽车有其不可替代的使用价值。公共汽车所具有的特性，正像其他交通工具和交通方式一样，都有其独特的优越性和局限性。

公共汽车以内燃发动机为动力，与其他客运交通工具相比，在线路设置和车辆运行等方面具有高度的机动灵活性。这一点，使其具有不可替代的优越性，是任何种类的轨道交通所不能比拟的，即便是带有双电源、可脱线跨过道路交叉口的无轨电车也是不能比拟的。但是，公共汽车作为一种常规的街道内地面公共交通方式，不可避免地受到城市道路条件和道路交通环境的影响，在我国城市机动车与自行车大量混行的条件下更是如此。这一交通特性，是公共汽车和其他街道内地面公共交通方式的弱点之一。

公共汽车是城市最常见的一种公共客运交通工具，运量较大，运距较长。公共汽车的技术性能优势有加速性能好、机动性强、操纵轻便、乘坐舒适方便等。

目前我国公共汽车车辆类型甚多。按照载客量分，有小型（载客 60～90 人）、中型（载客 90～130 人）和大型铰接车（载客 130～180 人）。

（2）公共电车

城市公共电车是一种以电力为动力，由导线导向的公共汽车，是一种运量较大、运距较长、环境友好的公共交通方式，在我国获得了比较多的应用。以北京的公共电车为例，一般采用 2 节车厢铰链式，载客 130～180 人。

（3）出租车

出租车在城市客运交通中起辅助作用，因而也称为准公共交通。出租车的车型有大、中、小和微型，可根据租用者的不同需要而提供服务。出租车是可以随时提供门到门服务的交通方式，其服务比其他公共交通更迅速、方便。

（4）轮渡

轮渡是在城市被江、河分割的特定条件下的客运交通工具，一般起联结两岸摆渡交通的作用，从而使陆上不能直接相通的被分割区域可以连通。这在没有现代化桥梁、江河隧道的城市显得尤为重要。除了摆渡交通外，城市轮渡往往还开发江河游览活动，以丰富人民的文化生活。

2. 私人交通

（1）小客车

小客车的特点是一种机动性强，可以实现"门到门"运输的个性化交通工具，适应的出行距离长。它行驶路线相对自由、灵活方便，无须换乘，舒适随意，宜于个人使用。小客车的使用提高了人们的工作效率，加快了生活节奏，节约了时间，改善了出行条件，扩大了活动范围，带动了产业的发展，小客车无疑是现代世界物质文明的一大进步；但是也应看到，由于小客车的发展和广泛应用，特别是无计划、无控制的任意发展，在污染、交通、能源、占地等方面给城市带来了一系列难以解决的矛盾，使整个城市功能倾斜，城市交通已逐渐失去了它原本的服务本质。

（2）自行车

自行车是一种门到门、连续性的个体、健康交通工具。它对道路无特殊要求，适应在一切道路和小巷内行驶，是适合中速骑行半小时以内出行距离的短程代步工具。自行车可以连续骑行，单独完成出行活动，也可短途至公共交通站点（备有自行车存放场地的公交站点），停车换乘公交车辆。由于它灵活机动，对行驶线路选择有很大的自由性，如遇交通受阻，即可绕道行驶，比起公交车辆在时间上有更大的保证。此外，自行车节省能源，没有空气污染，且有益健康，年龄的适应性也较大等。

自行车作为交通工具与城市交通方式之一，首先在西欧、北美的一些国家和城市得到应用和发展，经历了自行车交通多于汽车交通时期，如1930年哥本哈根自行车交通量占总交通量的70%，荷兰海牙1955年自行车交通量占59.5%，而机动车只占28.9%。20世纪60年代后随着汽车工业的发展，小客车的普及，自行车的使用率下降，如海牙1970年机动车交通量高达71.3%，而自行车只有14.8%，阿姆斯特丹自行车交通量也下降了50%。然而在拥有量方面，自行车却一直持续增长，欧美等国保持着相当高的水平。统计资料表明，到1978年年底，全世界自行车拥有量为4.5亿辆，平均约10人1辆，其中美国和日本分别拥有1亿辆和5 000多万辆。1991年荷兰1 400万居民拥有1 200万辆自行车，平均拥有量最高，为0.86辆/人。

非机动车具有灵活方便、经济耐用、节能健康、不污染环境且适合大众需求的特点，但同时也具有安全性差、舒适性差、稳定性差、受干扰大等缺点。

（3）摩托车

摩托车也是机动灵活、门对门、个性化交通工具，具有较强的机动性，适用于城市内部中短距离的出行。我国将摩托车分为轻便摩托车和摩托车两类。发动机工作容积小于50 mL，最大时速小于50 km的摩托车属于轻便摩托车；质量小于400 kg，最大时速超过50 km或发动机工作容积大于50 mL的两轮或三轮机动车属于摩托车。

（4）步行

步行是最基本、最健康的末端交通方式。行人交通是城市交通综合体系的重要部分。在现代城市内，步行作为上班等工作出行的比重虽逐渐下降，但作为中心商业区、住宅区和各种交通方式末端和换乘的方式，步行交通有其不可替代的作用。在中小城市，步行交通在交通构成中仍占有相当重要的地位。在机动化出行日益增强的现代化社会，如何尽量弃车步行将再度成为衡量现代社会文明和出行者文明的标志之一。

在大城市中心商业区，行人流量一般都很大，为 2 万～3 万人/h，节假日短时间甚至高达 3 万～5 万人/h。我国观测资料表明，步行交通在大城市中平均约占总出行量的 37%，中等城市占 50%以上，而小城市多达 70%以上。美国步行交通的比重，比我国现在城市步行交通的比重低得多，不过在市中心地区、住宅区、商业区的比重也相当大，商业区步行比例一般为 12%～25%。在日本的东京、大阪、名古屋等大城市的步行比重占全部交通总量的 25%以上。

2.3.2 城市交通结构

城市交通结构取决于城市和城市交通的发展战略，是现代城市交通系统的最高层次。现代城市交通体系包括公共汽电车、小客车及采用双轨、独轨、导轨、磁悬浮轨道的各类列车，交通网络包括地面道路网、地下轨道网络、地上高架道路、高架轨道。

城市交通结构体现在两方面：其一是作为各种交通方式载体的基础设施，即道路网络、轨道交通网络和公共汽电车网络的比例结构；其二是公共汽电车、轨道交通、私人小客车等交通方式的客运量比例结构，也称划分率。保持两者的合理结构，对解决城市交通问题至关重要。

目前的城市交通结构，可以概括为以下两种类型。

第一类是以大运量公共交通作为主要交通工具的类型。公共交通在这类城市结构中处于主导地位，公共交通包括公共汽车、无轨电车、小型公共汽车、地铁、城市铁路、市郊铁路、新交通系统等在内的综合公共交通系统。这一类型的城市一般都是城市建设密度较大的城市。如日本的 8 个主要城市的公交客运量占总客运量的 51.6%，而小客车只占 12.3%。俄罗斯的莫斯科、新加坡及我国的香港，城市客运都是以公交为主体。

第二类是以私人小客车作为城市主要客运交通工具的类型。这一类型的城市建设密度小，公交运营费用昂贵，效率很低。如美国的旧金山、洛杉矶、底特律、达拉斯、圣地亚哥等城市公交划分率均不到 10%，而小客车的出行量大多占总出行量的 70%以上。旧金山市的客运结构中，小客车占总出行量的 75%，公交占 8%，步行占 15%，其他占 2%。

2.3.3 交通管理设施

1. 交通信号控制设备

1）交通信号灯

道路上常用的交通信号有灯光信号和手势信号。灯光信号通过交通信号灯的灯色来指挥交通；手势信号则由交通管理人员通过法定的手臂动作、姿势或指挥棒的指向来指挥交通。

交通信号主要用于平面交叉口，是在空间上无法实现交通分离原则的情况下，通过在时间上给不同方向的交通流分配一定的通行权完成交通指挥的设施。

交通信号灯最初的信号仅红、绿两色。绿灯表示允许通行，红灯表示禁止通行。后来出现了红、黄、绿三色信号灯，黄色灯作为红色灯与绿色灯之间的过渡信号。现代信号灯，除原来红、黄、绿三色基本信号灯之外，又增加了箭头信号灯和闪烁灯。箭头信号灯是在灯头上加一个指示方向的箭头，分设左、直、右3个方向，它是专为分离各种不同方向交通流，并对其提供专用通行时间的信号灯。在一组灯具上，具备左、直、右3个箭头信号灯时，就可取代普通的绿色信号灯。闪烁灯在各色信号灯启亮时，按一定的频率闪烁，以补充其他灯色所不能表达的交通指挥意义。

除交叉口交通信号灯外，还有人行横道信号灯和车道信号灯。车道信号灯，悬挂在多车道道路上空，有绿色箭头灯，箭头指向所对的车道，此灯亮时，指示该车道可通行；还有红色X号灯，此灯亮时，指示该车道前方不能通行。车道信号灯一般多用在快速路、大桥、隧道及设有可逆方向车道的道路上。

2）交通流检测器

现代交通控制系统中实际应用的设备很多，其中最基本的设备是交通流检测器和交通流控制设备。

交通流检测器的功能是在路上实时检测交通量、车速或占有率等交通流参数，这些参数都是交通流控制系统中所必需的基础参数。交通流检测器的种类很多，根据其工作原理，主要有以下几种。

（1）压力式检测器

当汽车从检测器上通过时，汽车的重量使密封的橡皮压力板里的接触极闭合，从而发出车辆通过时产生的信号。

（2）地磁检测器

在路面下埋设一个具有高导磁率铁芯的线圈，车辆通过时，通过线圈的磁通量发生变化，在线圈中产生一个电动势，通过放大器去推动继电器，发出车辆通过的信号。

（3）环形线圈检测器

环形线圈检测器由环形线圈、检测单元及馈线3部分组成。环形线圈检测器既可检测交通量，又可检测占有率及车速等多种交通参数。

（4）超声波检测器

该种仪器由超声波发射器发出波束，再接收从车辆或地面的反射波，根据反射时间之差，判断车辆通行状况。

（5）视频检测器

该种仪器利用图像处理技术，识别画面中的车辆通过状况，从而获取交通流相关参数。

交通流检测器是交通流信息采集的重要设施，目前世界各国都致力于研制更加精确、高效的交通流检测器。

3）交通流控制设备及控制系统

交通流控制设备的用途,一是操纵一个或同时操纵几个交叉口的信号灯,一是把几个交叉口的控制机连接到一个主控机或主控计算机上,从而形成干线系统控制或区域控制。现代交通流控制机的基本功能包括:

① 根据预先设定的配时方案或感应控制方案,操纵信号灯;

② 接收交通流检测器送来的信号,处理信息,并根据这些信息按预先设定的方案操纵信号灯;

③ 接收从主控机或主控计算机发来的指令,并根据指令按预先设定的方案操纵信号灯;

④ 配置小型计算机或微处理机的交通流控制机可以收集检测器的交通信息,处理并存储这些数据,或根据指令把数据送给主控计算机。

2. 交通标志、标线

（1）交通标志

道路交通标志是一种以图形符号和文字传递特定信息,用以管理道路交通的设施。一般设置在路侧或道路上方（跨线式）。道路交通标志给道路使用者以确切的道路通行信息,促使道路交通达到安全、畅通、低公害和节能。按《道路交通标志和标线》（GB 5768—2009）规定,道路交通标志分为主标志和辅助标志。

主标志又分为警告标志、禁令标志、指示标志和指路标志 4 类。

① 警告标志:警告车辆、行人交通行为的标志。形状为顶角向上的等边三角形。颜色为黄底、黑边、黑图案。

② 禁令标志:禁止或限制车辆、行人交通行为的标志。形状为顶角向下的等边三角形或圆形,颜色为白底、红圈、红杠、黑图案。

③ 指示标志:指示车辆、行人行进的标志。其形状采用圆形、长方形和正方形,颜色为蓝底白图案。

④ 指路标志:传递道路方向、地点、距离信息的标志。其形状为长方形或正方形,颜色为蓝底白图案或绿底白图案。

（2）交通标线

道路交通标线是由各种路面标线、箭头、文字、立面标记、突起路标和路边线轮廓标志等构成的交通设施。它的作用是管制和引导交通,可以和标志配合作用,也可以单独使用。标线颜色除少数注明可用黄色外,大多用白色。道路交通标线按其不同的功能分为以下几类。

① 车行道中心线:用来分隔对向行驶的交通流。一般设在车行道中线上,颜色可采用黄色或白色。

② 车道分界线:用来分隔同向行驶的交通流。

③ 车行道边缘线:车行道边缘线表示车行道的边线,颜色为白色。

④ 停止线:表示车辆等候放行信号,或停车让行的停车位置,采用白色单实线。

⑤ 减速让行线：采用两条平行的白色虚线。设有"减速让行"交通标志的路面，应设减速让行标线。

⑥ 人行横道线：它是准许行人横穿车行道的白色标线。

⑦ 导流线：采用 45°角斜向的平行白线。它表示车辆需按规定的路线行驶，不得压线或越线行驶。

⑧ 车行道宽度渐变段标线：表示车行道宽度变化及车道数增减。

⑨ 接近路面障碍物标线：表示车辆需绕过路面障碍物。

⑩ 停车位标线：表示车辆停放的位置。设置时应和停车场标志配合使用。

⑪ 港湾式停靠站标线：供公共汽车通行使用，专门分离引道和停靠位置。

⑫ 出入口标线：主要用于高速公路、城市快速路立体交叉口进出匝道，保证车辆安全交汇。它包括出入口的横向标线及三角地带等标线。

⑬ 立面标记：用于提醒驾驶人员注意，在车行道内或近旁有高出路面的构造物，可设在构造物的墩柱或侧墙端面上，或安全岛的壁面上。

随着智能交通的发展，一种被称为"可变情报板 VMS（variable massage sings）"新型交通标志，在大城市道路交通中获得了比较广泛的应用。

3. 交通隔离措施

为了严格交通管理，在城市道路的车行道与人行道之间、机动车道与非机动车道之间、两条对向行驶的机动车道之间的界线位置，一般安装隔离设施。隔离设施的作用是严格防止车辆或行人越界，从而保证车辆与行人的安全运行，减少不同车流、人流的干扰。

交通隔离设施分永久性隔离设施与临时性隔离设施两种。有一些道路为了临时需要，为防止行人与车辆过分集中，相互干扰或引发交通事故而安放的隔离设施称为临时性隔离设施，当交通恢复正常运行后，应予以搬除。而有些道路在正常运行情况下，行人和车辆始终处于相当繁忙状态时，可安装永久性隔离设施。

临时性隔离设施多数由移动式墩座和链条组成，以便于装卸和运送。永久性隔离设施多数采用绿化、铸铁格栅式、钢管护栏式或混凝土墩座和链条，并固定安装在道路分界线位置，长期使用。

尽管交通隔离设施是一种实施交通管理、保障交通安全的基础设施，但是从城市道路总体来看，它又是道路景观的重要组成部分，应该从总体环境出发，配合周围建筑群和绿化布局，精心地对隔离设施的线条、造型、图案、构造和色调进行选择和设计，使之与环境和路容相互配合、协调一致。

2.3.4　交通控制

1868 年 12 月 10 日，英国机械师德·哈特设计、制造的煤气交通信号灯安装在伦敦议会大厦的广场上，成为城市街道的第一盏信号灯。1918 年，美国在盐湖城建成了干线道路上相连几个交叉口信号灯的互联信号控制。同时，信号灯也被改进为白天和晚上皆可运行的电气照明三色信号灯。1926年，英国在沃尔佛汉普顿安装和使用自动化的控制器来控制交通信号，标志着城市道路交通自动控制的开始。1952年，美国丹佛市利用模拟计算机和检测器实现了交通信号灯的实用化，并成为世界上第一个利用电子数字计算机控制城市道路交通信号系统的城市。随着计算机技术的发展和推广，城市道路交通信号控制系统得到了迅速发展。

交通信号控制基本上可分为定时式控制和感应式控制两种形式。定时式控制是利用定时控制器，按照先设定的时间顺序，重复变换红、黄和绿三色灯，其信号周期时间可按交叉口处不同方向车流的情况预先规定一种或几种。感应式控制是通过车辆检测器测定到达交叉口的车辆数，及时变换信号显示时间的一种控制方式。它能充分利用绿灯时间，提高通行能力，使车辆在停车线前尽可能不停车，从而可得到安全畅通的通车效果，但感应式信号装置的造价很高。

城市道路交通控制系统分为单点控制、系统控制和区域控制3种。

1. 单点控制

单点交叉口交通信号控制简称点控制，它以单个交叉口为控制对象，是交通信号灯控制的最基本形式。点控制又可分为两类：固定周期信号控制及感应式信号控制。

（1）固定周期信号控制

固定周期信号是最基本的交叉口信号控制方式，这种控制方式设备简单、投资最省、维护方便，同时这种信号控制机还可以升级，与邻近信号灯联机后上升为干线控制或区域控制。

（2）感应式信号控制

感应式信号控制设有固定的周期长度，它的工作原理是：在感应式信号控制的进口，均设有车辆到达检测器，一相位起始绿灯，感应信号控制器内设有一个初始绿灯时间，到初始绿灯时间结束时，如果在一个预先设置的时间间隔内没有后续车辆到达，则变换相位；如果有车辆到达，则绿灯延长一个预设的单位绿灯延长时间，只要不断有车到达，绿灯的时间可继续延长，直到预设的最长绿灯时间时变换相位。

2. 系统控制

系统控制（简称线控或干线协调控制）就是把一条主干路上的一批相邻的交通信号灯联动起来，进行协调控制，以提高整条主干路的通行能力。系统控制往往是区域控制的一种简化形式，控制参数基本相似。根据道路交叉口所采用信号灯控制方式的不同，系统控制也可分为定时式协调控制及感应式协调控制两种。

3. 区域控制

区域控制（或称为面控制），它把整个区域中所有信号交叉口作为协调控制的对象。控制区内各受控交通信号都受中心控制室的集中控制，对范围较小的区域，可以整区集中控制；对范围较大的区域，可以分区分级控制。分区的结果往往成为一个由几条线控制组成的分级集中控制系统，这时可认为系统控制是区域控制中的一个单元，有时分区成为一个点、线、面控制的综合性分级控制系统。

区域控制系统按控制策略可分为定时脱机式区域控制系统及联机感应式区域交通控制系统两种。

（1）定时脱机式区域控制系统

定时脱机式区域控制系统，利用交通流历史及现状统计数据，进行脱机优化处理，得出多时段的最优信号配时方案存入控制器或控制计算机内，对整区交通实施多时段定时控制。定时控制简单、可靠，效益投资比高，但不能适应交通流的随机变化，特别是当交通流量数据过时后，控制效果明显下降，重新制订优化配时方案将消耗大量的人力进行交通调查。

TRANSYT（traffic network study tool，交通网络研究工具）是定时脱机式区域控制系统的代表，系统主要由两部分组成。

① 仿真模型。建立交通仿真模型，其目的是用数学方法模拟车流在交通网上的运行状况，研究交通网配时参数的改变对车流运行的影响，以便客观地评价任意一组配时方案的优劣。为此，交通仿真模型应当能够对不同配时方案控制下的车流运行参数——延误时间、停车率、燃油消耗量等做出可靠的估算。

② 优化。将仿真所得的性能指标（PI）送入优化程序部分，作为优化的目标函数；TRANSYT 以网络内的总行车油耗或总延误时间及停车次数的加权平均值作为性能指标；用"爬山法"优化，产生较之初始配时更为优越的新的信号配时，把新信号配时再送入仿真部分，反复迭代，最后取得 PI 值达到最小的系统最佳配时。TRANSYT 优化过程的主要环节包括绿时差的优选、绿灯时间的优选、控制子区的划分及信号周期时间的选择 4 部分。

（2）联机感应式区域交通控制系统

由于定时式脱机区域控制系统具有不能适应交通随机变化的缺点，人们便进一步研究能随交通变化自动优选配时方案的控制系统。随着计算机自动控制技术的发展，交通信号网络的自适应控制系统就应运而生。英国、美国、澳大利亚、日本等国家做了大量的研究和实践，用不同方式建立了各有特色的自适应控制系统。归纳起来就是方案选择式与方案形成式两类。方案选择式以 SCATS 为代表；方案形成式以 SCOOT 为代表。

① SCOOT 系统。SCOOT（split-cycle-offset optimization technique），即绿信比—信号周期—绿时差优化技术，是一种对交通信号网实行实时协调控制的自适应控制系统。它由英国 TRRL（英国运输与道路研究所）于 1973 年研制开发，1979 年正式投入应用。

SCOOT 是在 TRANSYT 的基础上发展起来的，其模型及优化原理均与 TRANSYT 相仿。不同的是，SCOOT 是方案形成式的控制系统，通过安装在交叉口的每条进口道最上游的车辆检测器所采集的车辆到达信息，联机处理，形成控制方案，连续地实时调整绿信比、周期长度及绿时差三参数，使之同变化的交通流相适应。

SCOOT 优选配时方案的主要环节为交通检测、小区划分、模型预测及系统优化 4 部分。

我国的北京、大连等城市先后引进了该系统。

② SCATS 系统。SCATS（sydney co-ordinated adaptive system）控制系统是一种实时自适应控制系统。20 世纪 70 年代开始研究，80 年代初投入使用。

SCATS 的控制结构用的是分层式三级控制，可分为中央监控中心→地区控制中心→信号控制机。在地区控制中心对信号控制机实行控制时，通常将每 1～10 个信号控制机组合为一个子系统，若干子系统组合为一个相对独立的系统。系统之间基本上互不相干，而系统内部各子系统之间存在一定的协调关系。随着交通状况的实时变化，子系统既可以合并，也可以重新分开。三项基本配时参数的选择，都以子系统为核算单位。

SCATS 优选配时方案的主要环节为子系统的划分与合并、配时参数优先、信号周期长度选择、绿信比方案选择、绿时差方案选择 5 部分。

我国的上海、南京、天津等城市先后引进了该系统。

2.4　城市航运交通

城市航运，即城市内河航运，是利用水上运输工具，如客船、货船和驳船等进行水上客货运的交通运输系统。

2.4.1　城市航运船舶的种类

1. 客船

客船是指载运旅客及行李、邮件的运输船舶，一般搭载旅客在 12 人以上。客船分为海洋客船、旅游船、汽车客船和滚装客货船、小型高速客船和内河客船 5 种。用于城市内河水运的客船一般以小型高速客船（水上巴士）和内河客船为主。

① 小型高速客船。包括水翼船和气垫船，具有速度快、适航性好的特点，多用于短途运输。

② 内河客船。航行于江、河、湖等内陆水域上，载客量大且停靠频繁。

2. 货船

货船是运送货物船舶的统称，一般不载旅客，若附载旅客，不超过 12 人。货船分为杂货船、散货船、集装箱船、液货船、滚装船、载驳船、冷藏船和驳船等，在城市货运中，以驳船居多。

驳船常指靠拖船或推船带动且为单甲板的平底船。上层建筑简单，一般无装卸货设备，也有的驳船自己有动力装置，称为自航驳。驳船主要用于沿海、内河或港内驳运货物，往往用于转驳那些由于吃水等原因不便进港靠泊的大型货船的货物，或组成驳船队在城市内运输货物。驳船具有结构简单，造价低廉，管理维护费用低，可航行于浅狭水道，编组灵活等特点。

在我国的大部分城市，由于水系资源的缺乏，与其他交通方式相比，城市水上运输所占份额很少，多服务于城市观光旅游。

2.4.2　船舶设备装置及运输特征

现代船舶除了船体以外，为了使船舶正常运行，运送货物与旅客，它还需要一系列的设备与装置。它们是船体舾装设备、船舶动力装置、船舶管系、船舶电气设备、船舶冷藏、空调及通风等。这里仅介绍船体舾装设备和船舶动力装置。

1. 船体舾装设备

（1）舵设备

舵设备是用于控制船舶方向的装置。它主要由舵、舵机、传动装置及操纵装置等部分组成。驾驶人员操纵舵轮或手柄，或由自动舵发出信号，通过传动装置带动舵机，由舵机带动舵的转动来控制船首方向。舵的设计原则是使舵产生的转船力矩最大，而转舵所需要的力矩最小。通常舵装在船尾螺旋桨后，远离船舶转动中心，使舵产生转船力矩的力臂最大，而且使螺旋桨排出的水流作用于舵上，增加舵效。

（2）锚设备

锚设备由锚、锚链和锚机 3 部分组成。锚用于协助制动，操纵船舶和船舶在锚地停泊用。锚利用它在海底的抓力（一般为锚重的 4～5 倍）和锚链与海底表面的摩擦力来制动船舶。常见的锚分为有档锚、无档锚及大抓力锚。商船常用的锚为无档锚中的霍尔锚。一般在船首左、右各布置一只锚，成为主锚。较大船舶还有备锚和装在尾部的尾锚。锚链用于连接锚与船体，当锚链在海底时，也可增加固定船舶的拉力。它由链环、卸扣、旋转链环和连接环组成。锚链的大小以链环的断面直径表示。锚链的长度以节为单位，每节为 27.5 m，一般左、右舷锚链各为 12 节。锚机主要用于收锚或缓慢放锚用。目前商船上采用卧式锚机，两边通常还带动两个系缆绞盘用于收绞系缆用。

（3）系泊设备

船舶的主要停泊方式是系泊。就是用分布在舷侧的缆绳将船舶固定在码头边。缆绳有尼龙缆、钢丝绳和棕绳。目前用得最多的是尼龙缆。除了缆绳外，系泊船上还需要带缆桩、导缆装置、绞缆机与卷缆车。较先进的船上卷缆车本身有动力，用于收绞缆绳。

（4）起货设备

起货设备是用于装卸货物的机械。液货用输送泵与管路；散货用传送带或抓斗；件货则用吊杆或吊车。吊杆或起货设备，由吊杆、起重柱（或桅）、起货机、钢丝绳、滑车、吊钩等组成。吊杆负荷一般不超过 10 t，重吊杆负荷最大几百吨。起重吊车，将起货设备与起货机械合为一体。目前船上一般使用单臂吊车，又称为克令吊，克令吊通常布置在船首尾线上，也有全部布置在船舷一侧。负荷小的为几十吨，大的可达 500 t。船上除克令吊，还有门式起重机。

（5）救生设备

为了保证人命安全，当船舶发生水上事故需要弃船时，要为船员准备足够的救生工具。包括救生艇、救生筏、救生圈及救生衣等。

除了上述设备外，船舶舾装设备还有消防设备、舱盖、水密门、窗等。

2. 船舶动力装置

船舶动力装置是保证船舶推进及其他需要提供各种能源的全部动力设备的总称。有的将它扩大为满足航行、各种作业、人员的生活和安全等需要所设置的全部机械、设备和系统的总称。船舶动力装置由推进装置、辅助装置、船舶管系、甲板机械与自动化设备组成。

（1）推进装置

推进装置也称主动装置，它是为保证船舶航行速度而设置的所有设备的总称，是船舶动力装置中最主要的部分。其中包括主机、传动设备、轴系和推进器。主机发出动力，通过传动设备及轴系驱动器产生推力，使船舶克服阻力航行。根据主机形式不同，船舶动力装置可分为蒸汽动力装置、燃气动力装置和核动力装置。燃气动力装置的主机是采用直接加热式（内燃式），燃烧产生物即是工质。根据运动方式的不同，分为柴油机（往复式）与燃气轮机（回转式）动力装置两种。目前民用船舶使用内燃机最普遍。柴油机具有热效率高、起动迅速、安全可靠、质量轻、功率范围大等优点。在大中型民用船舶上使用的柴油机有大型低速和大功率中速两大类。船舶动力装置由于工作条件的特殊性，要求可靠、经济、机动性好、续航力长等。

（2）辅助装置

辅助装置是产生除推进装置所需要能量以外的其他各种能量的设备，它包括船舶电站、辅助锅炉装置和压缩空气系统。它们分别产生电能、蒸汽和压缩空气，供全船使用。

（3）船舶管系

船舶管系是指为了某一专门用途而设置的输送流体（液体或气体）的成套设备。按用途可分为以下2种。① 动力系统。它是为主、辅机安全运转服务的管系，有燃油、润滑油、海水、淡水、蒸汽、压缩空气等系统。② 船舶系统：又称为辅助系统，它是为船舶航行安全与人员生活服务的系统，如压载、舱底水、消防、通风、饮用水、空调等系统。

（4）甲板机械

为保证船舶航向、停泊及装卸货物所设置的机械设备，如锚机、舵机、起货机等。

（5）自动化设备

用以实现动力装置的远距离操纵与集中控制，以改善船员工作条件，提高工作效率及减少维修工作。主要由对主、辅机及其他机械设备进行遥控、自动调节、监测、报警的设备组成。

总结以上各种城市交通方式的特点如表2-1所示，其功能如表2-2所示。

表2-1　城市交通方式的特点

城市交通方式		空间形式	线路运营形式	轨道形式	信号和操控方式
市郊铁路、地铁		高架 地面 地下	专用	轨道	信号、手动
小截面地铁		地下	专用	轨道	信号、手动
轻轨		高架 地面 地下	专用	轨道	信号、手动
独轨		高架	专用	轨道	信号、手动
AGT		高架	专用	特殊轨道	信号、手动 或无人驾驶
磁悬浮		高架	专用	轨道	信号、手动
有轨巴士/电车	专用轨道	高架	专用	轨道或特殊轨道	信号、手动 或目测、手动
	一般路面	路面	共用	无轨道	目测、手动
公共汽电车		路面	共用或专用（公交专用道或快速公交BRT）	无轨道	目测、手动
城市航运	水上巴士	水上	专用	航道	目测、手动
	客船				

表2-2　各种城市交通方式的功能

交通方式		运输特点、适应性	运营速度/（km/h）	单向运输能力/（万人次/h）	造价
市郊铁路		运输能力大，运营速度高，适应于长距离、大运量、点对点快速运输	50	6	较高
地铁	普通地铁	运输能力大，运营速度比较高，适应大运量、中长距离快速运输	30	6	高
	小截面地铁	运输能力较大，运营速度比较高，转弯灵活，适应于较大运量、转急弯、中长距离快速运输	30	4	高
轻轨		运输能力中等，运营速度比较高，适应于较中运量、中短距离快速运输	25	3	中
独轨		运输能力较小，运营速度比较高，适应于较中小运量、中短距离快速运输	25	2.5	中

续表

交通方式		运输特点、适应性	运营速度/ (km/h)	单向运输能力/ (万人次/h)	造价
AGT		运输能力较小，运营速度比较高，适应于较中小运量、中短距离快速运输	25	1.5	低
磁悬浮	高速	运输能力较大，运营速度高，转弯灵活，适应于较大运量、转急弯、中长距离快速运输	100	1.5	很高
	低速	运输能力较大，运营速度较高，适应于较大运量、中长距离快速运输	30	6	高
公共汽电车	一般公共汽电车	运输能力小但可适当调整，线路可灵活调整，运输速度受道路条件影响，一般较慢	15	0.25	很低
	公交专用道	运输能力较一般公交车大，线路可灵活调整，运输速度受道路条件影响较小，运营速度较一般公交车高	20	0.4	很低
	快速公交 BRT	运输能力较公交专用道大，运输速度受道路条件影响小甚至不受影响，运营速度较公交专用道高	20~25	0.5	低
城市航运	水上巴士	运输能力小，速度较快且无交通拥堵，灵活	20	0.1	低
	客船	运输能力较小，速度一般但无交通拥堵	15	0.2	低

2.5 城市智能交通

自20世纪80年代以来，虽然各发达国家已基本建成了现代化国家道路网和城市道路网，但是随着社会经济的发展，交通拥堵日趋严重，交通污染与交通事故越来越引起社会的普遍关注。实践证明，主要依靠修建更多的道路、扩大路网规模来满足日益增长的交通需求的方法，已经难以适应现代社会飞速发展的客观要求。伴随着计算机、通信、自动控制等技术的迅速发展和人们对交通运输系统效率本质及其影响因素认识的不断深入，智能交通系统（intelligent transport systems，ITS）的研究范围不断拓宽，由最初的道路交通管理系统发展到对整个运输系统的规划、设计和运营管理的智能化，使不同运输方式之间实现最优化的"无缝"衔接。智能交通系统充分利用现有交通设施、减少交通负荷和环境污染、保证交通安全、提高运输效率、促进社会经济发展、提高人民生活质量，并以推动社会信息化及形成新产业而受到各国的重视。

1. 智能交通系统的概念

智能交通系统是将先进的信息技术、数据通信传输技术、电子控制技术及计算机处理技术等综合运用于整个交通运输管理体系。通过对交通信息的实时采集、传输和处理；借助科技手段和设备，对各种交通情况进行协调和处理，建立起一种实时、准确、高效的综合运输管理体系，从而使交通设施得以充分利用并能提高交通效率和安全，最终使交通运输服务和管理智能化，实现交通运输的集约式发展。

2. 智能交通系统的特征

在世界范围内，各国积极就 ITS 技术广泛地开展开放式交流。1994 年，在法国巴黎举行了第一届 ITS 世界大会，这次会议是由美国 ITS 协会、欧洲 ERTICO（European Road Telematics Implementation Coordination Organization）和日本 VERTIS（Vehicle, Road and Traffic Intelligence Society）共同发起组织召开的。随后在澳大利亚、加拿大、韩国等许多国家也相应成立了 ITS 组织。在 VERTIS 的倡导下，由中国、日本、澳大利亚、韩国、新加坡、泰国、印度、马来西亚等国家专家组成了 ITS 亚太地区指导委员会（Asia–Pacific）。从 1994 年第一届 ITS 世界大会开始，每年由各洲轮流负责组织召开一次 ITS 世界大会，每次大会规模人数均超过 2 000 人，对 ITS 在各地区的交流和发展起了很大的促进作用。

纵观 ITS 的发展，美国、欧洲及日本等发达国家处于明显的领先地位，分析其特征，有以下几点共性：政府的积极态度与有力支持；专职机构的领导与协调；社会各界的广泛参与；产品的多样化。除美国、欧洲、日本外，世界上其他国家或地区也积极地投入到 ITS 的研发和实施中，主要包括加拿大和澳大利亚，亚太地区的一些工业化国家，如新加坡、马来西亚、韩国等。

1）美国

美国 ITS 发展的特征："由国家统一规划、投入充足、发展迅速"，ITS 研究开发工作是采用"自上而下"的方式，在组织 ITS 研究时，首先从 ITS 的体系结构着手，通过体系结构的研究，引出各子系统服务功能，并提供全面服务。

美国 ITS 的体系结构（The National ITS Architecture，NA）从用户服务入手，逐步确定了未来在美国发展和实施的逻辑结构、物理结构，针对不同背景的实际需要推荐了一系列市场包，至 2008 年已经推出了第 6 个版本（The National ITS Architecture Version 6.0）。

2）欧洲

欧洲 ITS 发展面临的是在跨国交通网络中实施 ITS，在 ITS 实施中除了存在一些与其他国家共性的问题（如电子收费系统的实施、安全的改善等），也存在其特殊性的问题（如改善国界间道路的衔接、交通信息服务的语言选择性等）。欧洲的 ITS 研究开发是由官方（主要是欧盟）与民间并行进行的。由于欧洲的国家大部分很小，各国的法律制度和技术标准不同，为了实施统一的 ITS，欧洲更注重洲际合作和标准化，强调综合运输系统的智能化。欧洲 ITS 的项目研究有地域层次性的特征，主要包括：欧洲范围内项目（Europe–wide projects），提供全欧服务、达成全欧一致性的项目；欧洲区域项目（Euro–regional projects），在邻国边界地区实现连续、通用性服务达到跨边界协作的项目；成员国或地区项目（National and regional projects），欧盟资助的其他具有共同利益的项目。欧洲 ITS 开发采用了"自下而上"的方式，在组织 ITS 研究时，首先从各子系统服务功能着手，通过把私人、公共团体的研究成果联合起来，导出 ITS 的系统结构，并提供全面服务。

欧盟的 ITS 结构总体设计原则是：建立一个开放稳定的体系结构，能支持多种路面交通模式，可在不同模式之间自由切换，同时保障技术上的独立性。

在欧洲，对 ITS 的合作努力是伴随着 PROMETHEUS（program for a European traffic with highest efficiency and unprecedented safety）和 DRIVE（dedicated road infrastructure for vehicle safety in europe）计划而开始的。PROMETHEUS 计划是面向汽车技术，而 DRIVE 计划是面向道路与交通控制技术。然而，组织机构并没有手段把这两种行动统一起来。为了满足统一这两种行动的要求，在 1991 年晚期成立由私人、公共团体组成的欧洲道路交通通信合作委员会（ERTICO）。成立这个组织的目的就是对欧洲的智能道路与车辆计划的科研、发展与实施进行检查与提供合作。而欧盟成立于 1957 年 3 月 25 日，它在推动和导向欧洲 ITS 协调实施中具有不可替代的作用。

3）日本

日本的 ITS 开发采用"自上而下"模式。日本 ITS 的发展采取产、官、学协调组织、充分利用已有成果、重视商品化的道路。由于日本经济的萧条，ITS 被认为是恢复经济的一种手段。日本积极地促进 ITS 产品的商业化，积极促进 ITS 的实施，如 ETC 安装已经达到收费公路通道的 90% 以上，同时日本也通过 ITS 的建设激发了新技术市场。

日本的 ITS 结构总体设计原则是：建立的体系结构要有足够的灵活性，能适应社会需求变化和技术进步带来的剧烈变革，保障 ITS 与构建在先进的信息和通信基础设施上的社会之间的相容性和关联性，而 ITS 的信息资源及其基础设施作为整个社会信息构架。

日本的 ITS 主要集中于道路交通，尤其是客运小轿车，因为日本认为道路交通是政府可以管理其中要素和相关主体（道路、驾驶员、车辆制造商、电子工业）的一种交通方式。1994 年，日本成立了车辆、道路、交通信息协会（VERTIS）。这是一个由政府部门倡导的组织，以期求合作。VERTIS 类似于欧洲的 ERTICO 和美国的 IVHS America 组织在发挥作用。在 1995 年 ITS Japan（原来的 VERTIS，2001 年 6 月改称为 ITS Japan）成立时，设定获得有效和安全的道路交通是主要的 ITS 目标。2001 年，日本成立了先进的信息和通信网络社会战略总部（IT 战略总部），由内阁总理大臣任总部长。IT 战略总部领导国土交通省、警察厅、总务省及经济产业省 4 个 ITS 相关政府部门共同推进日本 ITS 的发展。此外，4 个 ITS 相关政府部门还与 ITS Japan（前 VERTICS）和 ITS 标准化委员会合作，推动 ITS 的产业化和标准化。

在日本，有关智能车辆道路系统的进展比美国和欧洲都快。这是日本在战后经历了经济迅速发展，造成土地价格迅速上涨的缘故，日本政府授权它的国家政策机构（National Personnel Association，NPA）来组织、管理、经营所有城市交通系统中的有关地面交通部分。

因此 NPA 成了指导日本智能道路系统革新的关键机构。

日本特别重视 ITS 技术产品化发展和 ITS 的实地实验。如跨世纪工程通用交通管理系统（UTMS21）中的重要子系统动态路径引导系统（DRGS）和 AHS 进行了一系列实验。VICS（Vehicle Information & Communication System）作为 20 世纪最成功的 ITS 系统问世以后，经过 20 年的发展，截至 2014 年年底，已经累计销售 4 600 余万套。目前，实施着被称为 Smartway 的国家 ITS 工程。

4）中国

我国的 ITS 启动于 20 世纪末，1999 年，在国家科技部和交通部的支持下，开始了"中国国家 ITS 体系框架的研究"和"国家 ITS 标准体系研究"，并形成了中国 ITS 体系框架。

我国是一个发展中国家，与发达国家相比，我国在发展 ITS 的必要基础条件上还有较大差距，加上我国特有的混合交通特点，以及城市结构、路网结构、交通结构的不完善，国内各地区的地理、人文、经济及交通基础设施等众多方面都存在巨大差异，这势必造成中国智能交通系统具有许多与众不同的特征。

（1）ITS 与基础设施建设并行

中国在 ITS 方面的开发和应用尚处于起步阶段，要想赶超西方发达国家，中国必须同时开展 ITS 的研究工作和交通基础设施建设。根据国家的"九五"计划和 2010 年发展纲要，交通部计划用 30 年左右的时间完成公路主骨架、水运主通道、港站主枢纽和支持保障系统的规划建设。

（2）ITS 的创新特点

中国交通运输正面临经济发展与资源制约的双重压力。一方面，要积极学习发达国家在 ITS 建设过程中的经验，如积极推进政府部门间以及与私有部门间的合作、运营的制度化、重视系统的集成和区域化等；另一方面，也不能重复发达国家走过的老路，一定要立足本国实际，走中国 ITS 发展之路，以推动我国信息化进程及培育自己的 ITS 产业。

（3）分地区、分阶段的发展特点

由于中国地域辽阔，东西部地区 ITS 发展严重不平衡，呈现出 ITS 在发展过程中的区域性，这种发展是符合中国国情的。中国目前的 ITS 水平还不够先进，必须分阶段实施 ITS 的发展战略，在注重基础设施建设的基础上，进一步提高技术水平，促进我国 ITS 的全面稳步发展。

（4）ITS 产品主要应用基础设施建设

国内 ITS 产品分为两种类型：一是硬件设备，二是软硬件集成系统。硬件设备主要以各种交通信息检测产品为主，主要有单通道交通检测器、四通道交通检测器、事件检测器、跟踪识别设备、车辆计数器、非接触感应读卡器等。软硬件集成系统多是利用检测设备探测各类交通信息，结合交通流理论、车辆管理政策、驾驶员管理政策、交通事故管理政策、交通法规等集成的。

高速公路不停车联网收费系统（ETC），是我国经过近 10 年的研究和开发，形成的具有自主知识产权的、最成功的 ITS 系统之一。该系统在我国的跨省分、跨区域高速公路网的收费系统运营中发挥着重要作用。

3. 智能交通系统的组成

智能交通系统的主要内容包括：先进的交通管理系统（advanced traffic management system，ATMS）；先进的旅行者信息系统（advanced traveler information systems，ATIS）；先进的公共运输系统（advanced public transportation systems，APTS）；商用车辆运营系统（commercial vehicle operation，CVO）；先进的车辆控制系统（advanced vehicle control system，AVCS）；自动公路系统（automated highway system，AHS）等。

1）先进的交通管理系统

美国 Mobility 2000 报告中将交通管理系统定义为："为了监视、控制和管理城市街道和公路交通而设的一系列法规、人员、硬件和软件的组合。"先进的交通管理系统的主要功能子系统包括交通监视、装置控制、事故管理、出行需求管理、废气排放管理、公路铁路交叉口管理。

2）先进的旅行者信息系统

先进的旅行者信息系统是运用各种先进的通信、信息技术向利用私家车、公共汽车或同时利用这两种交通方式的出行者提供所需的各种出行相关信息的系统，主要包括以下 5 种服务。

（1）出行前信息服务

利用先进的通信、电子、多媒体、计算机网络等技术，使出行者在出行前可通过多种媒体，在任意出行生成地访问出行前信息服务系统，以获取出行路径、方式、时间、当前道路交通系统及公共交通系统等相关信息，为规划出行提供决策。

（2）行驶中驾驶员信息服务

通过视频或音频向驾驶员提供关于出行选择及车辆运行状态的精确信息、道路情况信息和警告信息，以及向不熟悉地形的驾驶员提供向导功能。

（3）途中公共交通信息服务

利用先进的通信、电子和多媒体网络技术，使已经开始出行的公交用户在路边、公交车站、站台及公交车辆上，通过多种媒体获取实时公交出行服务信息，以便乘客在出行中能够对其出行路线、方式和时间做出恰当的选择。

（4）个性化信息服务

利用先进的通信、电子和多媒体网络技术，通过多种媒体及个人便携装置接收和访问个性化信息服务系统，获取与出行有关的社会综合服务及设施的信息，此类信息包括餐饮服务、停车场、汽车修理厂、医院、警察局等的地址、营业（或办公）时间等。

（5）路径诱导及导航服务

利用先进的信息采集、处理和发布技术，以及通信、控制和电子技术等，为驾驶员提供丰富的行驶信息，引导其在最佳路径上行驶，减少车辆在路网中的滞留时间，从而达到缓解交通压力，减少交通拥堵和延误的目的。

3）先进的公共运输系统

由于在效率、舒适性与吸引力等方面的显著发展，长期以来公共运输被认为是解决城市交通拥堵的有效方法。先进的公共运输系统是 ITS 的子系统之一。APTS 已基本形成了以公共汽车、有轨与无轨电车为主体，以地铁、轻轨、出租汽车、客运轮渡、架空客运索道缆车等其他形式为辅的城市客运公共运输体系。APTS 的目标就是通过将先进的电子技术应用到高使用率、合乘驾驶的车辆、舒适的大公共汽车、有轨车辆和全程通过车辆的使用与运行中，发展公共运输系统。

APTS 的用户服务可以归纳为 4 个主要功能子系统。

（1）公共运输辅助管理系统

公共运输辅助管理系统利用计算机技术对公交车辆及公共设施的技术状况和服务水平进行实时分析，实现公交系统规划、运营及管理功能的自动化。通过实时分析，可发现实际运行情况与行车计划的偏差及原因，并为调度人员和驾驶员提供各种可能的解决方案，从而有助于车辆的准点运行，协调交通服务的提供，加强突发事件的管理。与 ATMS 相结合，采取公交优先等策略，可以推动公交利用率增长，确保出行者换乘的便利。此外，客运量、客运周转量、车辆运行时间和累计里程等信息有助于提高服务质量。而运行信息的自动记录功能及任务完成情况检查功能可以强化公交系统的行政管理力度。

（2）公共运输信息系统

该服务可为利用公共运输方式出行的出行者提供实时准确的车载中转换乘服务信息，帮助出行者在途中根据需要做出合适的换乘决定并调整行程计划。该系统使用各种媒体（电话、监控器、有线电视、VMS、公共电话及个人电脑），提供各种运输方式的信息。

（3）满足个人需要的非定线或准定线公共运输

非定线公共运输指公营或私营的小型合乘车辆可根据用户需要接送乘客。另一种可以改善服务的方案是准定线的公共运输车辆可驶离固定线路一定的距离，以方便乘客上下车。这类公共运输车辆可以是小公共汽车、出租车或其他小型可合乘的车辆。由于该项服务方便快捷，在人口密度较小路段及其相邻地区可扩大公共运输服务的覆盖面。

（4）公共运输安全系统

该项服务可以为公共汽车站、停车场、客运站及行驶途中的公共汽车或合乘车辆提供行驶或工作环境安全监测，及时预警并在必要时自动控制直到危险解除，从而提高公交司乘人员的安全系数。

4）商用车辆运营系统

商用车辆运营服务涉及商用车辆的运营生产管理、安全性能管理等多个方面。通过提供商用车辆运营服务，可以简化如注册情况、车辆技术性能、轴荷、尺寸等检查的程序，优化配送计划，提高管理效率，减少延误，提高运输生产效率。此外，该系统还能为商用车辆运营提供有效的检查、监控，提高商用车辆营运的安全度。

商用车辆运营用户服务主要包括商用车辆电子通关、商用车辆管理、车载安全监控、危险品应急响应和商用车辆辅助运营等。

5）先进的车辆控制系统

先进的车辆控制系统是由一系列车载设备组成的检测、决策及控制系统，该系统与基础设施或其协调系统中的检测设备配合来检测周围环境对驾驶员和车辆产生影响的各种因素，并根据检测结果进行辅助控制或自动驾驶控制，以达到行车安全高效和增加道路通行能力的目的。其本质就是将先进的检测技术、通信技术、控制技术和交通流理论综合运用于车—路系统中，为驾驶员提供一个良好的驾驶环境，在一定的条件下实现自动驾驶。

6）自动公路系统

自动公路系统是指用现代化的传感技术、通信技术、计算机技术和检测技术装备的公路系统。它能够实现车路通信和车车通信，利用车辆上的智能车载设备自动控制车辆的行驶方向、行驶速度和车辆间距，从而使车辆自动行驶于其上。

美国国家自动公路系统联盟（National Automated Highway System Consortium，NAHSC）将 AHS 诠释为："以目前的公路系统为基础进行改装，能够实现全自动的无人（hands–off and feet–off）驾驶，在安全性、有效性和舒适性上都要优于目前的公路系统，同时要让装备了智能设备的车辆不仅能够在自动公路上行驶，也要能够在非自动公路上行驶，在城市道路上是如此，在乡村公路上亦然。"

2.6 城市交通发展模式

城市交通发展模式是指交通运输在一定的区域范围内、一定的社会经济发展水平和一定的用地模式环境下形成的相对稳定的、具有特色的各种交通运输方式在结构、比例、功能和形态上呈现出的整体形式。和谐的城市交通源自该发展模式与城市土地利用和城市经济发展的和谐。城市交通发展模式的特征主要体现在以下几方面。

① 交通运输发展水平体现了在一定的区域范围内、一定的社会经济水平和一定的用地模式环境下，各种交通方式的完善程度、供应能力的发达程度。

② 各种交通方式在整体交通运输系统中的地位、作用、比重、结构，以及各种交通运输方式之间的分工协作所形成的格局。

③ 交通运输为满足和促进社会经济和城市土地利用发展需要，在历史发展过程中形成的交通枢纽、交通网络、交通工具的辐射范围、运输能力、运输速度和运输适应性等综合功能。

④ 交通发展模式反映了社会经济发展、土地利用与交通发展的相互作用及交通自身发展规律，决定了交通发展趋势和起主导作用的典型交通运输形态。

城市交通直接关系到城市居民的生活质量，关系到城市经济发展水平和城市用地布局的合理性，因此，国内外许多城市对交通发展模式都开展了全面、系统的研究，并在实践中不断完善和丰富对其的理解和应用。比较研究国内外大城市的发展模式，将有助于制定城市的交通政策，选择合适的城市交通发展模式。

1. 日本模式（重在发展快速轨道交通系统的城市交通发展模式）

日本人多地少，人口主要集中于大城市，包括东京在内，日本共有 11 个大城市拥有超过百万的人口，另外还有 50 多个人口超过 30 万的中型城市。大城市人口的高度集中，增加了郊区和市中心之间的客流量，这就需要由容量大、运输速度快的轨道交通系统来承担。大容量的轨道交通系统主要包括市效铁路和地铁两种形式。同时，日本又根据本国城市土地资源有限、建筑物之间距离近等特点，多方式地发展了包括轻轨交通、独轨交通、自动导向交通、磁浮交通等的中容量轨道交通系统，使其成为大容量轨道交通系统的补充。这样的一个多层次、多模式的轨道交通系统具有的主要特点是：速度快、运量大、能耗低、污染少、准时、可靠、方便、舒适、安全、人均占用道路面积率小、节约土地。

日本的城市轨道交通主要承担了通勤等具有刚性需求特征的大运量、高集中的客运任务。据不完全统计，日本三大都市圈（东京圈、大阪圈、名古屋圈）的轨道交通系统共完成客运量占总客运量的 80% 以上。

2. 美国模式（以多元化政策体系调节城市交通发展模式）

美国是一个"车轮上的国家"，汽车工业非常发达，同时美国人又崇尚自由，所以在这样一个国家里，小客车的拥有量和使用量都是非常巨大的。因此，从 20 世纪 80 年代开始，美国地方政府的交通政策一直鼓励城市道路建设，从而形成了现代化州际公路网络和城市道路网络。然而，道路供给增长所引发的新的交通出行需求却以更快的速度增长，抵消了道路供给的新增能力，城市道路交通拥堵日趋明显。作为一种调控政策，以公路税收为主的经济手段开始被政府采用，并一直发挥着控制公路使用需求的重要作用。由于经济手段简便易行，且能根据政府的需要灵活使用，并对消费行为有较明显的影响，所以在 20 世纪 80 年代流行起来。到 1989 年前后，所有发达国家都采用了所谓"绿色税制"，把汽车及汽油消费税收政策与国家环境政策直接联系起来，以期有效地抑制汽车总消费，达到既降低污染又缓解道路交通拥堵的目的。可以说，以经济手段为主的调控行为是该阶段美国交通发展模式的一个显著特点。进入 20 世纪 90 年代以后，旨在解决纯供给和纯需求方面的收费政策开始暴露出各自的局限性，当人们驾车消费成为一种习惯之后，经济杠杆的单纯作用越来越弱了。此时，美国政府开始扩展政策的视野，调整政策的重点，对公路交通拥堵的控制政策进入一个全新时期。这一阶段的特点是：政府从供需两个方面共同努力，以控制交通拥堵。需求方面的拥堵控制政策用来调节人们对运输系统现有能力的需求行为。这些政策通过多种多样的手段，来降低车辆运输的总量或在特定时期内降低特定路段及方向上的车流量等。具体政策也不再局限于经济调控，还包括了车道使用及分道政策、通信替代政策、交通信息服务政策甚至行政干预政策等。供给方面的拥堵管理政策的实施重点也有所改变，从过去以新修公路、扩大道路供给能力为主改为以鼓励和刺激公众充分利用现有公路的能力为主。其具体政策有区别对待政策及公交配套运用政策等。实践证明，这种着眼需求、立足现状的综合交通管理政策，能够有效地减缓城市交通拥堵状况。

3. 莫斯科模式（以公共交通为主、以大运量快速轨道交通系统为骨干的城市交通发展模式）

莫斯科作为俄罗斯的政治、经济、文化、交通中心和重要的国际航空站，水、陆、空等各种交通运输方式齐备，城市内部交通全方位、立体化。市内交通系统主要由地铁、城市铁路、公共电汽车、私人小客车等系统构成。莫斯科作为一个拥有现代化的城市交通系统的城市，与其他国家的大城市相比，最显著的不同之处在于，莫斯科基本上是始终坚持一条以公共交通为主、以地铁（大运量快速轨道交通系统）为骨干的城市交通建设方针。加上流动人口，莫斯科是一个人口超过千万的超级大城市，但城市交通问题并不突出，而且城市的道路交通设施用地只占城市总用地的 10%，相比大量使用小客车的国家要节省用地 25%～30%，城市交通的能源消耗相对减少，城市环境也更加良好，其主要原因是莫斯科 50 多年来一贯坚持这条总方针。

在莫斯科客运交通结构中，地面公共电汽车占 55%，其次是地铁和城市铁路，分别为 28% 和 11%。如把有轨电车也作为轨道交通考虑在内（因为莫斯科方面正在考虑将部分有轨电车改造为轻轨），则有轨快运交通比例可能高达 46%。由于历史原因，莫斯科的私人小客车发展速度较慢，所以在城市交通客运量中的比例仅为 4.5% 左右，2000 年达到每千人 250 辆。所以，从总体上看，莫斯科城市客运交通中，公共交通部分占了 94%，是一个非常典型的以公共交通为主的城市。

4. 中国模式

1）中国香港模式（以公共交通为主导，限制个体交通的城市交通发展模式）

香港由于人口众多且高度集中，日客流量高达 1 000 万人次。土地利用充分体现了高密度、多中心、混合用地的特色，从而形成了高度集中、多方向性和长时间的交通需求，其道路网络属于世界行车密度最高的网络之一。

香港特区政府采取了限制私人交通，鼓励发展和使用公共交通的政策。香港的公共交通系统十分发达、系统相对完善，客运工具、运营机构和运营方式多样，轨道交通和各种层次的公交巴士在线路的配置和票价的制定上相互协调统一，使公共交通方式承担了城市客运总量的约 90%，发挥了极其重要的作用。

香港特区政府规定，公共交通经营企业达不到指定的赢利标准时，可以向政府提出申请，要求适当提高票价。由于经营公共交通利润有保障，行业发展环境稳定，极大地吸引了各方投资者，进一步加速了公共交通的发展。其次，在交通管理措施中，政府给予了公交车更多、更优越的道路使用权：开辟了公共汽车专用线，过海隧道公交车免费优先行驶，一些主要路段对公共交通优先放行。此外，香港特区政府还要求企业根据客运量的变化，定期进行行车路线和站点的调整。一系列的交通政策切实、有效地确保了公共交通的优先地位。

另外，香港在积极发展公共交通的同时，严格控制私人小客车的增加。首先，政府实施限量发放牌照的政策，并征收高额牌照费；一旦私人小客车的数量明显增加，政府还要增收海底隧道通过税，同时公司车辆的税务优惠也会被取消。其次，香港特区政府还通过控制停车位的方式来控制小客车的使用需求。香港市区的停车场极少，停车位的售价极高，不经允许，企业不得经营。

2）中国内地模式

在我国内地的许多城市，自行车、摩托车等慢行交通工具一直发挥着其使用方便、准时可靠和价格低廉的特点，成为城市交通系统中一个重要的组成部分。

我国尚处于机动化和城镇化发展过程中，城市交通系统的欠账过多，可以说还没有形成显著的发展模式，只是根据城市发展水平的不同，城市交通的发展方向有些差异，突出的表现有北京、上海等大城市以建设道路为主发展为建设轨道交通和公交系统并举的发展模式。2005年9月23日，国务院办公厅转发建设部等6部委《关于优先发展城市公共交通意见的通知》后，2005年11月17日，百余城市在郑州签署了主旨为"公交优先在中国，让我们做得更好"的《郑州宣言》。从此以后，城市公交优先成为政府部门制定城市交通政策的主要依据，但是总体而言尚处于倡导阶段。2012年开始，我国进行了大部制建设，就交通运输而言，组建了交通运输部，逐渐将民用航空运输、邮政、铁道和城市公共交通的运营管理归入交通运输部。由交通运输部推行的"公交都市"目前正在40个城市示范应用。相对上述国家和地区城市交通的特点，我国城市交通的主要特征如下。

（1）城市交通基础设施薄弱

我国为发展中国家，绝大部分城市的交通设施仍处于开发时期，城市交通基础设施的基本建设任务尚未完成，与发达国家相比，我国的城市交通基础设施薄弱，主要表现在以下两个方面。

① 城市道路密度、人均道路面积率都相对较低。我国城市道路面积率多在3%以下，而发达国家城市则在10%以上；我国城市交通建设用地面积一般都不到10%，而发达国家的城市交通建设用地往往达20%以上。

② 城市交通管理设施薄弱。多数城市道路的交叉口信号灯设置率不到50%，绝大多数城市道路信号交叉口为单点定时控制。

（2）交通出行结构复杂

在发达国家，城市居民的主要出行方式为步行、公共交通及私人小客车，这3种出行方式占总体的99%以上，自行车、出租车、摩托车等出行方式均较少。在我国，城市居民的主要出行方式为步行、公共交通及自行车，这3种出行方式占总体的60%～95%，出租车、摩托车、单位车、私人小客车等出行方式也占有一定的比例，一般不超过10%。

在我国城市居民出行三大方式中：自行车出行是主体，占50%～60%；其次是步行，占20%～30%；公交车出行占第三位，个别特大城市的公交出行率占20%，但大多数城市的公交出行率仅占10%左右。

（3）道路交通流机非混行

我国是自行车大国，道路交通流中自行车占有很高比例。除了城市快速路及部分主干路实行机非分离外，大部分主干路、次干路及支路均为机非混行。

（4）道路交通密度高、速度低

上述 3 种特征导致了我国城市道路交通流中机动车、非机动车及行人之间的相互干扰，我国城市道路机动车运行车速一般都较低，交通流密度高。

■ 复习思考题

1. 举例说明城市交通发展的各种模式与特点。
2. 简述城市轨道交通分类。
3. 简述城市道路及其分类。
4. 城市道路交通管理设施主要有哪些？
5. 简述典型的城市道路交通控制系统。
6. 什么是智能交通系统？
7. 阐述智能交通系统的主要内容。
8. 简述城市交通发展模式。

第 3 章

城市交通系统调查

城市交通系统调查就是通过对各种交通现象进行调查，提供准确的数据信息，为城市交通流分析、交通规划、交通设计、交通管理与控制、交通安全、交通环境保护研究等提供基础数据。本章主要概述城市交通系统调查的内容和种类、城市居民出行调查、城市道路交通调查、城市物流调查、城市公交客流调查、城市停车调查等。

3.1 概　　述

交通调查（traffic survey）是交通工程学的一个重要组成部分，交通工程学的发展在一定程度上依赖于交通调查水平的提高、调查数据的积累、分析和利用。

城市交通系统调查是为了找出城市交通现象的特征性趋向，在城市交通系统的选定点或区段，收集和掌握车辆运行和行人出行的实际数据所进行的调查分析工作。城市交通系统调查是通过一定可靠的技术手段，采取合理和切实可行的调查方法，对城市的交通运行状况以及与其有关现象进行数据和信息采集、分析、挖掘，从而掌握城市交通流运行规律的过程。需要强调的是，交通调查是一项平凡、工作量大而又非常重要、获得交通大数据的基础性工作，为了发展我国的城市交通事业，必须积极开展系统的、有计划的城市交通调查工作。

随着我国城市化进程的不断加快，城市规模正在逐步扩大，城市交通系统日趋复杂。开展城市交通调查的目的就是在城市发展进程中，准确掌握城市不同性质交通设施的运行现状及其交通流参数变化规律，为制定城市交通规划和进行交通管理提供全面、系统而又真实可靠的实际参考资料和基础数据。

城市交通系统调查的主要对象是城市交通流现象，主要包括与城市交通流有关的居民和机动车出行情况、道路交通状况、交通设施及交通环境、城市公交系统、城市停车现状、交通安全设施和措施等。城市交通系统调查既是进行城市交通规划、城市道路系统规划、城市道路设计和城市交通管理与控制等的基础和前提，也是制定城市交通战略规划、中长期综合交通规划和近期交通治理规划与设计的主要数据依据。通过对城市交通系统现状的实地调查与分析，可以较好地摸清城市交通设施的利用状况，准确掌握城市交通的产生、分布、运行规律及存在的主要问题。

3.2 城市交通系统调查的内容

进行城市交通系统调查时，其具体内容因调查的侧重点不同而有所不同，其中，城市社会经济调查、土地利用调查及交通运输调查是城市交通系统调查的主要研究内容，应该给予足够的重视，力求真实、全面、系统、客观。社会经济调查主要包括经济和人口调查。交通运输调查主要包括运输量调查和交通基础设施调查。

1. 社会经济调查

社会经济状况对交通有直接的影响，一定的社会经济状况对应一定的交通状况。对未来城市社会经济状况进行预测，建立交通与社会经济的关系需要历史及现状的社会经济基础资料。城市社会经济基础资料一般可从统计、计划、交通等政府机构获得。调查内容主要包括以下几个方面。

① 城市人口资料：城市人口总量及各交通区人口分布量，城市人口年龄结构、性别结构、职业结构、出生率、死亡率、机械增长率等。

② 国民经济指标：城市 GDP、各行业产值、产业结构、人均收入等。

③ 运输量：城市客货运输量、周转量、综合运输方式比例等。

④ 交通工具：城市各车种的交通工具拥有量。

为了分析、预测未来的城市社会经济发展变化情况，调查中应包括历史及现状的资料。

2. 土地利用调查

城市土地利用与交通运输有着密切的关系，不同性质的土地（如居住、商业、工业等）有不同的交通特征。交通与土地利用的关系是进行交通需求预测的基础。

城市土地利用基础资料调查包括城市和各分区现状用地状况、规划的土地开发计划。城市土地利用基础资料一般可从规划、建设、土地管理等政府机构获得。调查内容主要包括以下几个方面。

① 土地利用性质与面积。各交通区主要土地利用类别的土地面积，如居住用地、公共管理与公共服务用地、商业服务业设施用地、工业用地、物流仓储用地、交通设施用地、公用设施用地等土地利用类别的面积。我国现行的《城市用地分类与规划建设用地标准》（GB 50137—2011）将市域内用地分为城乡用地和城市建设用地两大类。其中，城市建设用地分为8 大类、35 中类、44 小类，其大类如表 3-1 所示。

表 3-1　城市用地分类与代号

城市用地分类	居住用地	公共管理与公共服务用地	商业服务业设施用地	工业用地	物流仓储用地	交通设施用地	公用设施用地	绿地
代号	R	A	B	M	W	S	U	G

② 就业岗位数。全部交通区或典型交通区的就业岗位数。

③ 就学岗位数。全部交通区或典型交通区的就学岗位数。

④ 商品销售额调查。调查规划区域或典型交通小区的商品销售额。

3. 居民出行调查

居民出行调查是为了掌握城市调查区域在一天内居民出行活动及相关信息而进行的家庭访问式问卷调查。居民出行调查能得到调查区域的居民基本特性，如居民属性、交通设施、出行特性等，以及调查对象区域的人均日出行次数、人均出行距离、人均出行时间、交通方式分担情况、居民出行 OD（origin and destination）矩阵等基本出行信息。

居民出行调查的实施步骤一般包括：① 成立专门调查机构；② 资料准备；③ 编制调查技术方案；④ 宣传；⑤ 调查员培训；⑥ 调查前检查和准备；⑦ 调查的全面实施；⑧ 调查表回收；⑨ 调查数据的输入及处理。在制作调查表格时，主要包含家庭信息、家庭成员信息及出行信息。居民出行调查常用的调查方法有 RP（revealed preference）调查（交通参与者的出行行为）和 SP（stated preference）调查（交通参与者的意识行为）。

4. 机动车出行调查

城市机动车出行 OD 调查包括公交车出行 OD 调查及非公交车出行 OD 调查两类。城市公交车出行 OD 调查的内容包括行车路线、行车次数、行车时间等，可直接由公交公司的行车记录查得。城市境内除公交车外的其他机动车辆境内出行 OD 调查的内容，包括车辆的种类、起讫地点、行车时间、距离、载客载货情况等，其出行 OD 调查的方法，一般有发（收）表格法、路边询问法、登记车辆牌照法、车辆年检法、明信片调查法等。

5. 道路断面交通量调查

交通量是描述交通流特征最重要的参数之一，通过对城市道路交通量调查资料的整理分析，可以了解交通量的空间和时间分布特性、变化规律和影响因素，从而为城市道路网规划、道路设计和建设、交通管理与控制、交通安全和道路环境等提供可靠的依据。

城市道路交通量调查主要调查研究范围内所有道路不同类型的机动车流量，调查时间为正常工作日的早高峰时段或晚高峰时段。道路机动车流量调查应分车型进行，采取人工观测或机械设备检测法，记录通过调查断面的所有双向车流量。车辆类型包括大货车、小货车、摩托车、出租车、小汽车、大客车、公交车和小公共汽车。在实施调查之前，需要到现场进行实地踏勘，选定各路段上的具体调查地点，并进行拍照以方便工作。调查地点的选取要求能够清楚观测到调查路段的交通量，并且充分考虑调查人员的交通安全。

6. 道路交叉口调查

交叉口是城市道路网络中的节点，交叉口调查包括交叉口道路主体调查、交叉口交通组织方案调查和交叉口方向交通量调查。

交叉口道路主体包括平面交叉口或立体交叉口的几何线形、构造物。对于平面交叉口，调查内容包括各相交道路的几何线形、转向车道及各种构造物等设施。对于立体交叉口，其道路主体分为主线、匝道、辅助车道及其他构造物。交叉口交通组织方案调查中主要考虑信号灯配时方案及车道转向方案，重点考察左转交通控制方案。调查是否有禁止转向，以及禁止何种转向。调查其他控制方案，如停车让行，并记录交叉口范围内的速度限制、禁令标志及其他警告标志。交叉口方向交通量调查是整个交叉口调查的核心内容，通常连续调查最小时间为 15 min（一般应选取 30 min）。

7. 公共交通调查

城市公共交通调查是建立和优先发展城市公交系统的基础和前提。公共交通调查的目的主要有：

① 调查公交线路网、公共交通工具供给及城市公共交通结构的状况，从而找到制约城市公交系统运营的问题，为解决问题提供方法和思路；

② 通过调查，获取规划或优化公交线路网、公交站点及枢纽、公交场站等所需的基础资料；

③ 通过调查，为采取保证公交优先的交通管理措施（如设置公交专用道、公交专用信号等）提供依据。

了解和掌握城市公交的线路及其运营状况，包括轨道交通和公共汽（电）车交通两种方式。公共交通调查主要分为 3 部分：线路调查、公交客流调查和公交满意度调查。线路调查是指指定区域内的公交线路、场站及运营等基本情况，由调查人员到所调查区域的公交场站进行问询或站牌登记。公交客流调查是对公交的乘降量进行调查。公交满意度调查是指乘客对公交服务满意程度的调查，由调查人员随车对乘客进行问卷调查。

8. 停车调查

城市停车调查是为了获得研究范围内停车场的分布和使用状况、停车特性及停车意向等而实施的调查。完整的停车调查包括 5 部分内容：停车设施现状调查、停车现状调查、停车特性调查、停车意向调查、其他停车相关调查。其中停车设施现状调查主要包括社会公共停车场、住宅小区停车场、公建配建停车场、路边停车场。此外，还包括自行车停车场的分布和使用情况。

停车设施现状调查是了解研究区域内可利用停车资源的规模、性质及分布等宏观信息；停车现状调查是对研究区域所有路边和路外停车场进行现状停车普查，能够清楚地反映区域内不同的停车需求强度；停车特性调查包括停车场利用率、收费、停放车辆类型、停车时间等基本参数；停车意向调查是通过问卷的形式调查研究区域内停车者的意愿，以及对未来停车供给的接受程度；其他停车相关调查主要包括停车收费、停车管理、静态交通与动态交通之间的相互影响关系等。

9. 其他调查

除上述所列的几项调查内容外，城市交通调查还包括货物流动调查、城市出入口调查、道路交通安全调查、交通环境调查等。在实际工作中，应根据工作的实际需要，实施相应的交通调查。

3.3　城市居民出行调查

1. 居民出行调查概念

居民出行调查是指在调查区域内，以在当地居住的交通参与者为对象进行的一种综合性交通出行行为调查，从而了解居民一天内的交通出行特征（如出行起讫点、出行目的、出行方式、出行时间、出行距离、出行次数、出行路径等），以及交通参与者家庭特征、个人特征等情况，从而掌握城市交通出行总量、主要发生吸引源、时空分布、使用交通方式等资料，是城市交通规划中必不可少的组成部分。

2. 居民出行调查发展历程

居民出行调查始于 20 世纪 40 年代的美国。在此之前，交通规划所需的基础数据主要依赖于路侧的问卷调查所得。1944 年通过的《联邦公路法案》使居民出行调查得到了联邦政府的支持，现联邦公路局（Federal Highway Administration，FHWA）的前身公共道路署（Bureau of Public Roads，BPR）联合部分州政府制定了入户调查的基本流程，根据这些调查流程，美国堪萨斯城、林肯、小石城、孟菲斯、新奥尔良、俄克拉荷马城、萨凡纳和塔尔萨等城市开展了首次大规模的居民出行调查。

美国在 2009 年进行了最近一次的全国居民出行调查（national household travel survey，NHTS），该调查是在 1969 年、1977 年、1983 年、1990 年和 1995 年开展的日常出行的全国个人交通调查（nationwide personal transportation survey）和 1977 年、1995 年开展的长距离的全美出行调查（American travel survey）的基础上，将二者整合后对居民日常和长距离出行开展的综合性交通调查。该调查目前进行过两次，分别为 2001 年和 2009 年。调查信息主要包括家庭属性中的人口、收入和车辆拥有情况，个人属性中的性别、年龄、职业情况，日常出行特征中的出行目的、出行次数、出行方式等信息，长距离出行的详细信息等内容。

英国目前的全国交通调查（national travel survey，NTS），始于 1965 年，其调查方法主要为家庭访问调查，调查内容细致和全面，涵盖了个人属性、家庭属性、出行属性中几乎所有内容。在 1965—1966 年实施了第一次全国交通调查后,英国在 1972—1973 年、1975—1976 年、1985—1986 年间又进行了 3 轮大规模的全国交通调查。从 1986 年开始,英国的全国交通调查由原来的数年一轮大规模调查改为每年数次小规模的调查。在最近 5 年里,英国交通部每年开展约 12 次出行调查,其中,2010 年为 5 年内调查次数最多的一年,进行了 17 次居民出行调查;2012 年为 5 年内调查次数最少的一年,进行了 8 次居民出行调查。尽管居民出行调查开展的次数每年略有不同,但调查的总样本量基本控制在每年 8 000 户左右。近 30 年连续的全国交通调查数据也使得英国成为全世界拥有最为翔实的居民出行调查数据的国家,这些数据可以为英国的交通规划提供连续和规律的居民出行信息。

日本的居民出行调查都是基于都市圈进行的,其首次居民出行调查始于 1967 年的广岛都市圈。在广岛都市圈正式进行了第一次居民出行调查之后,日本其他都市圈相继开展了此类调查,到目前为止,日本共有 40 余个城市或都市圈实施了居民出行调查。

从上述 3 个开展交通调查的典型国家来看,国外开展居民出行调查时间较早,宣传和信息透明度高,国民对居民出行调查参与的积极性很高。此外,由于近年来新型采集设备的研发和使用,通过 GPS 等设备来记录居民日常出行信息被广泛使用。

我国进行居民出行调查起步较晚,天津和上海于 1981 年率先开展了居民出行调查,并在数据统计分析的基础上开展了相关研究工作。随着居民出行调查数据在交通规划中的作用日益明显,北京、广州、沈阳、大连、徐州等城市也相继开展了居民出行调查。其中上海于 1981 年、1986 年、1995 年、2004 年和 2009 年开展了 5 轮市域范围内的居民出行调查,为国内开展居民出行调查次数最多的城市,如表 3–2 所示。

表 3–2 上海市 5 次居民出行调查情况

年份	调查范围/km²	常住人口/万人	调查人数/万人	抽样率/%
1981	230	627	21	3
1986	6 180	1 232	24	2
1995	6 340	1 415	13	1
2004	6 340	1 710	9	0.5
2009	6 340	1 888	15	0.8

*数据来源:上海市第五次居民出行调查与交通特征研究。

北京于 1986 年、2000 年、2005 年和 2010 年开展了 4 轮市域范围内的居民出行调查。最近 2010 年的调查内容除居民出行调查外,共涉及 11 个大项、16 个分项,按调查形式划分为以下 4 类:一是居民出行调查,二是公共交通调查,三是出行辅助核查类调查,四是数据收集类调查(表 3–3)。

表3-3　北京市4次居民出行调查情况

年份	调查范围	专项调查数/个	调查入户数/万户	抽样率/%
1986	城八区和远郊的通州区、昌平及大兴的部分乡镇	1	7.5	5
2000	城八区、2个卫星城（昌平、顺义）、5个典型镇（通州、黄村、门城、亦庄、沙河）	10	6.2	2.1
2005	全市域范围（重点中心城区和新城建成区范围）	12	8.2	1.5
2010	在2005年调查范围的基础上，增加新城、边缘集团、城乡接合部地区的覆盖	16	5.1	0.64

*数据来源：北京市第四次交通综合调查报告。

表3-4和表3-5分别表示根据北京市居民出行调查统计得到的不同出行目的交通方式分布情况以及各年度出行方式变化情况。

表3-4　2010年北京市不同出行目的出行方式构成

出行方式	上下班/%	上下学/%	公务外出/%	接送人/%	购物/%	休闲娱乐健身/%
地铁	14	5	11	2	5	2
公交	23	27	10	8	18	14
小汽车	23	15	54	44	11	4
出租车	3	2	18	2	2	3
班车校车	2	2	1	0	1	0
自行车	15	14	3	19	10	6
步行	19	32	3	24	52	70
其他	1	3	0	1	1	1
总计	100	100	100	100	100	100

表3-5　北京市历年出行方式构成

交通方式	地铁/%	公交/%	小汽车/%	出租车/%	自行车/%	其他/%	步行/%	总计/%
2000年	2.40	15.40	15.60	5.90	25.80	2.00	32.90	100
2005年	3.90	16.60	20.50	5.30	20.90	1.70	31.10	100
2010年	8.00	19.60	23.80	4.70	11.40	2.10	30.40	100

由表3-5可知，从2000年至2010年，北京市公共交通的使用比例有了较大幅度的提高。公共交通作为集约化的客运方式，在人口密度高、用地规模大的城市，是优化城市交通方式

结构、改善城市交通系统、减少道路交通拥堵的关键环节和首要条件。从城市交通发展策略来看，如何引导居民使用公共交通，成为维持城市交通可持续发展的必要条件。

3. 居民出行调查分类

（1）按调查目的分

按调查目的可分为综合居民出行调查和专项居民出行调查。综合居民出行调查为了掌握城市整体的全部的交通现状，为城市综合交通规划和交通建设提供服务，此类居民出行调查最为复杂，技术难度最高，调查内容包括城市交通的所有方面，主要有：住户特征（所属区、家庭住址、户籍类型、车辆拥有、家庭人口数等）；个人特征（年龄、性别、户籍状况、职业、工作单位及个人收入等）；出行特征（居民一日出行链的构成，包括出行强度、出行起点、出行目的、出发时间、到达时间、到达地点、出行方式、交通方式换乘等）；个人意愿（购买小汽车的打算、需求管理政策意见等）。专项居民出行调查是为了特定的交通规划的编制和修编或者是对特定的交通现状而进行的局部的规模较小的交通调查，具体来说，调查目的有：为制定公共交通规划的居民出行调查；为城市轨道交通线网规划或修编的居民出行调查；为实施一项公共交通设施建设的居民出行调查等。专项居民出行调查具有很强的针对性，调查内容也主要为以后的专项规划和建设服务。

（2）按调查区域分

按调查区域可分为全市居民出行调查和局部居民出行调查。全市居民出行调查是调查区域涵盖整个城市管辖范围，为了调查整个城市交通现状；局部居民出行调查是调查区域限制在城市中的某一局部区域，为了调查此局部区域内的交通现状。

（3）按调查过程分

按调查过程可分为试验调查和正式调查。试验调查是在正式调查之前对试点单元进行的一次检验性调查，以发现调查方案中的不足之处，随后调整以保证正式调查质量，大部分综合性居民出行调查都要进行试验调查；正式调查是按照调查方案设计而进行的调查。

（4）按调查对象分

按调查对象可分为常住居民出行调查、暂住居民出行调查和流动人口出行调查。常住居民出行调查是对城市内常住居民进行的调查，这是居民出行调查的主体调查对象；暂住居民出行调查是对外来人口在城市中暂时居住的调查，在经济发达地区，暂住居民占总体人口很大一部分，也是不可忽略的一部分；流动人口出行调查是对城市外来流动人口的出行调查，在商业型城市和旅游型城市中，流动人口出行占城市总出行的比例很大，应予以重视。

（5）按调查日期分

按调查日期可分为工作日居民出行调查和节假日居民出行调查。工作日居民出行调查是在法定节假日之外的调查，用以调查居民工作日出行情况，大部分居民出行调查都选择在工作日进行；节假日居民出行调查是在节假日进行的调查，以调查居民在特定的节假日的出行情况。

在实际的居民出行调查中，都是上述几类调查分类的综合，如全市居民综合出行调查、暂住人口节假日出行调查等。

4. 调查方案设计

在完成基本的居民出行调查问卷设计后，需要针对整个调查来设计其具体的调查方案和实施步骤。这里应当包含调查区域范围的确定、交通小区的划分、调查个体的抽样 3 个主要阶段。

（1）调查区域范围的确定

交通规划根据交通出行的范围，将出行分为内内出行、内外出行和过境出行 3 类，而这 3 类出行的前提就是对交通出行区域的划分。在进行居民出行调查的区域设定时，若制定的调查范围过小，则会将内内出行变为内外出行，将内外或内内出行统计为过境出行；若制定的范围过大，则会将内外甚至过境出行都统计为内内出行。

（2）交通小区的划分

为了便于调查统计及分析需要，按照一定的规则将调查区域划分成适当数量的交通调查小区。分区太细、太多，会使调查分析难度加大；分区太粗、太少则一方面会影响抽样精度，另一方面会将大部分出行都归于区内出行而影响后续交通分析的准确性。

（3）调查个体的抽样

居民出行调查由于受到现有人力、时间、财务等资源的多重限制，使其只能够利用抽样调查的方法，通过获取部分个体的出行数据，来推断总体出行的规律和特性。由于抽样方法和抽样率等多方面的因素都会影响到抽样结果，那么合理地确定抽样方法和抽样率对居民出行结果的准确性有着极为重要的影响。但不论如何去设计抽样方法和抽样率，抽样调查只能通过小部分群体的特性尝试着去估计总体样本的特性。

由于抽样过程中会丢失部分的信息，就使得抽样群体的特性一定会与总体的特性有所偏差，这里所说的偏差主要是由两种不同类型的误差即抽样误差和抽样偏差联合导致的。抽样误差的产生是由于在实际操作中分析的仅仅是总体的一个子集而非总体造成的，抽样误差是不可避免的。抽样偏差是在抽样样本选取过程中，或是抽样方法选取过程中存在的错误导致的。抽样误差不能够被消除，只能够通过增大抽样样本来提高其精度；抽样偏差则能够通过对抽样方法的重新设计加以消除。

3.4　城市道路交通调查

1. 道路断面交通调查

道路断面交通调查是城市交通调查中使用频率最高的交通调查，它被广泛应用于城市交通规划和城市交通管理，为改善城市道路交通拥堵和城市交通安全提供必要的数据支持。道路断面交通调查主要包括：交通量调查、车速调查、密度调查和交通流主要影响因素调查（包括横穿道路的行人、混入汽车流中的其他车辆、停车车辆、路面标线和交通标志、信号配时等）。

1）交通量调查

交通量是描述交通流特性的三大基本参数之一。交通量及其调查是交通工程学中的必要内容，其调查方法虽然简单，但却越来越受到重视。通过对交通量调查资料的整理分析，可以初步了解交通量的空间分布和时间分布特性、交通量的各种变化规律和影响因素，从而为道路网规划、道路设计和建设、交通管理和控制、工程项目的经济分析和效果对比、交通安全和道路环境等各个方面提供可靠的依据。

交通量调查是为了获得车和（或）人在道路系统选定地点处运动情况的真实数据而进行的调查研究工作。交通量数据用一定时间内通过的车辆数表示，时间单位的长度根据调查目的和用途而定。交通量调查的测记方法取决于所能获得的设备、经费和技术条件、调查目的及要求提供的资料情况等，常用的方法有人工计数法、浮动车法、录像法、自动计数法、GPS法、航拍法、遥感测量法等。

（1）人工计数法

人工计数法的优点是适用于任何地点、任何情况下的交通量调查，机动灵活，易于掌握，精度较高，资料整理也很方便，是我国最常用的交通量调查方法。其缺点是对调查人员的培训需要花费较多人力和时间，需要的调查人员数量较多，劳动强度大，冬夏季户外工作辛苦，同时需要持续的经费支持，且长时间连续观测时，精度不易保证。

（2）浮动车法

浮动车法由英国道路研究试验所的 Wardrop 和 Charlesworth 于 1954 年提出，该方法可同时获得某一路段的交通量、行驶时间和行驶车速，是一种较好的交通调查方法。

（3）录像法

录像法的优点是现场工作人员少，资料可长期反复应用，且比较直观。其缺点是费用较高，整理资料花费人工较多。

对于交叉口交通状况的调查，通常将摄像机安装在交叉口附近的某个制高点上，镜头对准交叉口，按一定的时间间隔自动拍摄一次或连续摄像。根据不同时间间隔情况下每一辆车在交叉口内其位置的变化情况，数点出不同流向的交通量。录像法能够获取一组连续时间序列的画面，只要适当选择摄影的时间间隔，就可以得到最完全的交通资料。对于自行车和行人交通量、分车种分流向的机动车交通量、车辆通过交叉口的速度及延误时间损失、车头时距、信号配时、交通拥堵原因、各种行人与车辆冲突情况等，均能提出准确的证据，并且资料可以长期保存。但录像法需要在图像上做大量的量距和计算工作，并且在有繁密树木或者其他遮挡物时，调查比较困难，可能会引起较大误差。

（4）自动计数法

近年来，随着电子通信和计算机技术的不断改进，自动计数法得到了突飞猛进的发展。自动计数法通过采用移动或固定的计数器来得到交通流参数，这些计数器包括传感器设备、通信设备、计数设备等。自动计数器是实现智能交通控制的基础设备之一。

（5）GPS法

采用GPS法进行交通量调查，目前尚在研究阶段，其主要障碍在于目前GPS在车辆上应用的普及率还不够高，数据共享难度大。但是，随着近年智能手机的普及，出行者个体GPS已经普及，并且结合大数据可以对交通出行者的出行行为、交通方式利用甚至活动进行深度分析，准确获得道路交通量、公共交通工具的客流量等，是一个具有前沿性的新方法。

（6）航拍法

航拍法是通过带有摄像头的直升机（或调查人员带摄像机）对某地区的交通状况进行拍摄，然后通过对录像的人工处理，得到交通量。该方法方便灵活，受天气的影响较小，适用于对一个片区的交通量进行调查，但是较难区分车型，且调查费用较高。

（7）遥感测量法

随着军事卫星技术向民间的应用和民用卫星技术的快速发展，通过动态遥感图片调查交通流是一种新方法，但目前无论是在分辨率还是在动态图片以及成本方面距离商业应用尚有距离。我国北斗卫星技术发展迅速，近期将会开发出应用于城市交通调查的卫星遥感识别技术。

2）车速调查

行车速度既是道路规划设计中的一项控制指标，又是车辆运营效率的一项评价指标。速度在某种程度上是效益的表征，对于运输安全、迅捷、经济和舒适具有重要意义。

由于交通规划、交通控制与管理、交通设计及交通质量评价等均以车速作为最基本的资料，因此车速调查成为城市交通调查中最重要的调查项目之一。常见的调查有地点车速调查和区间车速（行程车速）调查。

3）密度调查

交通流密度（又称车流密度）是指在某一时刻，某单位长度的路段上一条车道内的车辆数。密度是反映道路上车辆的密集程度、衡量道路上车流畅通情况的重要指标。

交通流密度的调查一般采取定点观测、出入流量调查观测和摄影观测3种方法。

2. 交叉口交通调查

（1）交叉口交通量调查

交叉口交通量调查主要是为了获得有关交通量的实况、通行能力、流向分布、交通量变化、高峰小时交通量和交通组成等方面的资料，以便对交叉口的运行效能做出准确的评价，从而提出交通管理、控制措施或改建、扩建方案。

交叉口交通量调查一般应选在高峰时段进行。同时，可以根据需要，分别对机动车和非机动车的高峰时段进行观测。调查时段的划分大多数采用15 min，亦可采用10 min或5 min的时间间隔，如对上下班高峰时的自行车交通量调查而言，即可采用5 min的时间间隔计数。另外，对于信号交叉口，也可按其信号周期来统计计数，但此时应同时进行信号灯配时的调查，以便于数据的换算。

交叉口是道路交通的枢纽，城市的交通问题往往突出地表现在交叉口上，因此了解交叉口的交通量是十分重要的。交叉口交通量调查的测记方法有很多种，主要包括人工计数法、机械计数法和录像法等。无论是信号控制交叉口、无信号交叉口，或者是环形交叉口，均可采用上述 3 种方法进行交通量的调查。

对交叉口观测方案的确定，是一项十分细致的工作，必须根据实测交叉口的条件和特点、交通情况等确定观测断面及人员配备，稍有疏忽，就会影响调查质量和精度。

调查的日期，除专门的目的外，一般应避开节假日。天气则应避开雨、雪、雾等影响正常交通状况的恶劣天气。对于以交叉口改建前后对比研究为目的的交通量调查，要使前后两次调查的时间、地点、方法、气候等条件尽可能相同。同样，对设置信号灯前后，采取某项交通管制措施前后（如区域控制、线控，禁止左转、单向通行等）的对比研究时，也同样应遵循上述要求。

对交叉口进行饱和流量调查，可用于通行能力等的研究。当交叉口交通量很大、每次绿灯结束尚有大量车辆未能通过时，不难获得饱和交通量。在其他情况下，要得到饱和流量，往往可采用"阻车法"人为地促成饱和状态，即利用原有道路上的车辆，使其在短时间内暂停通行，待各入口引道上积累了一定数量的车辆后再一起放行，这时进行观测即可获得源源不断的饱和交通量。但是这种方法影响面很广，容易发生交通事故，造成交通拥堵，给过往车辆、乘客造成人为的延误。因此，除非确有必要，否则应尽量不用或少用。阻车法一般应避开上下班高峰时段，以便尽可能地减少影响和损失。参加调查的人员要明确分工、精心尽责，熟悉调查要求和方法，务必使搜集的资料完全适用。

（2）交叉口延误调查

交叉口延误调查通常采用点样本法，该方法来自于加利福尼亚大学伯克利分校。若一个交叉口只有其中一个或几个入口方向上经常发生交通拥堵，也可以只对这一个或几个方向进行调查。但调查若是为了评价整个交叉口的运行效率，则要对该路口的各方向同时进行调查。

点样本法调查可得到车辆在交叉口引道上的排队时间，其具体调查方法是：每一入口需要 3～4 名观测员和一块秒表，观测员站在停车线附近的路侧人行道上，其中一人持秒表，按预先选定的时间间隔（通常为 15 s，根据情况也可以取其他值，如 20 s）通知另外 2～3 名观测员。第二名观测员负责清点停在停车线后面的车辆数，每到一个预定的时间间隔就要清点一次。第三名观测员负责清点经过停车通过停车线的车辆数（停驶数）和不经停车通过停车线的车辆数（不停驶数），当交通量较大时，可由两个观测员分别进行清点，每分钟小计一次。连续不间断地重复上述过程，直至取得所需的样本量或道口交通显著地改变时为止。

若所调查的交叉口为定时信号控制，则选定的取样间隔时间应保证不能被周期长度整除，否则清点停车数的时间有可能因为周期中某个固定时刻而失去抽样的随机性，调查启动（开始）时间应避开周期开始（如绿灯或红灯启亮）时间。

对于入口为多车道的交叉口，若不要求区分某一具体车道上的延误，可不分车道进行调查，否则要按车道安排相应的调查人员。

用点样本法调查交叉口延误，必须有足够的样本数，以保证其调查精度。当调查停驶车辆的百分率时，可应用概率统计中的二项分布来确定最小样本数。

3.5　城市物流调查

1. 物流调查的概念

从一般意义上讲，所谓物流调查，是指以科学的方法、客观的态度，明确研究物流市场营销问题所需的信息，有效地收集和分析这些信息，为物流企业决策部门制定更加有效的营销战略、策略提供基础性的数据和资料。具体到城市交通中，物流调查是以科学、实际的方法，收集和整理城市货源点和吸引点的分布，货流的流量、流向、经过路线，货物的分类、数量、比重，货运方式分配等信息的一项调查工作。

物流调查对物流企业来讲意义重大，具体表现为：

① 有利于物流企业进行正确的市场定位；
② 有利于物流企业制定与实施正确的市场营销战略；
③ 有利于物流企业实行正确的产品策略；
④ 有利于物流企业实行正确的价格策略；
⑤ 有利于物流企业开展有效的广告促销活动；
⑥ 有利于了解竞争产品的市场表现，并制定有针对性的市场竞争策略。

2. 物流调查的范围及对象

物流调查包括供需调研、结果分析、供需预测、综合分析研究等，其对象主要包括交通物流企业、储运公司、制造业、流通企业、社会中介（银行、咨询公司、媒体等）。下面主要对交通物流企业进行简要介绍。

根据交通行业现代物流的定义，交通物流企业有广义和狭义之分。广义的交通物流企业包括所有交通行业的企业和单位，狭义的交通物流企业则指交通行业从事运输、港口、站场、仓储、代理、运输服务等两种以上活动的企业和单位。

交通行业现代物流调查的对象是由交通行业现代物流相关活动的特征及交通行业现代物流统计工作的实践要求所决定的，其统计对象是交通行业现代物流各种活动过程及其数量特征和发展变化规律，通过对相关物流活动数量特征方面的统计，反映交通行业现代物流发展规模、结构、水平、质量、效率和效益等。

交通行业现代物流统计的范围主要包括：由交通行业主管部门实行行业管理，主要业务涉及公路、水运或多式联运货物运输及物流服务活动的物流企业、功能型物流企业，以及从事公路或水运货物运输相关活动的个体经营业户。

目前，交通行业货运物流市场存在较为无序的运行状态，但是，随着有关市场准入和退出机制及其他法律法规的健全，交通行业物流市场的运行将得到逐步完善。在政府引导和市场机制的双重作用下，通过资源整合、资产重组、企业的联合并购，交通行业货运市场运作的集约化、规模化、规范化程度将不断得到提升，交通行业现代物流统计的工作效率和质量也将相应地得到改善和提高。

3. 物流调查的种类

物流是集运输、仓储、装卸搬运、流通加工、配送、信息处理于一体的综合性经济活动。物流调查是一项系统的工作，即物流市场调查的每个阶段都必须进行系统规划，每一阶段的所有步骤也应有条不紊地进行。调查必须客观，应努力提供能够反映真实状况的信息。物流调查要做到"实、宽、活"。"实"即调查要实事求是，客观反映现实；"宽"即调查的范围要大，以保证取样的全面；"活"即调查要灵活采用不同的方式。

物流调查的种类根据研究重点的不同可以有不同的划分方法，从研究目的、品种、业务、抽样方式、媒介等角度，物流调查主要可以分为以下几类。

（1）根据研究目的进行分类

根据研究目的，物流调查可分为物流需求调查和物流供给调查。

① 物流需求调查是调查物流客户群体对物流服务的产品种类、数量、时间等。通过调查可以使物流企业了解物流服务的内容，以便做出及时、准确的决策。

② 物流供给调查是调查物流服务提供商所提供物流服务的范围、种类等。通过调查可以使物流客户更好地选择物流服务的提供商，以得到最优的物流服务。

（2）根据研究品种进行分类

根据研究品种的不同，物流调查可以分为单一品种物流调查和综合品种物流调查。

① 单一品种物流调查是根据物资品种的分类情况对某一品种进行物流调查，如钢材物流调查、水泥物流调查、小麦物流调查、食油物流调查、电视机物流调查等。

② 综合品种物流调查是对综合品种大类、甚至所有品种的物流调查，如建材物流调查、粮食物流调查、生活资料物流调查等。

（3）根据研究业务进行分类

根据研究业务的不同，物流调查可以分为专业物流业务调查和综合物流调查。

① 专业物流业务调查是对专业化物流业务种类的物流调查，如运输量物流调查、仓储物流调查、搬运物流调查、信息化程度物流调查等。

② 综合物流调查是对综合物流业务进行的物流调查，如第三方物流调查、供应链物流调查、外包物流调查、自办物流调查等。

在具体情况下，常常把以上几种分类方法综合运用。例如，物资储运公司的建材市场物流调查，需要研究建材物资各种品种的供应和需求、储存和运输等；商业储运公司所进行的蔬菜物流调查，需要研究各种蔬菜的生产、调运、储存和配送等。

（4）根据抽样方式进行分类

根据抽样方式的不同，物流调查可以分为普查和抽样调查。

① 普查是将调查区域中的每个对象都列为调查对象，逐个地进行调查。这样的调查比较全面，但是工作量大，成本高，一般只适用于垄断市场的调查。尤其对于物流调查来说，由于很少有垄断市场，因此很少采用普查方法。

② 抽样调查就是在调查区域中选取有限的若干个对象作为调查对象。这种调查方法针对性强、调查次数少，可以降低调查成本，提高调查效率。物流企业采用抽样调查，一般只选取那些已经成为或者可能成为自己客户的企业作为调查对象进行调查，这样可以大大提高调查效率，降低调查成本。

（5）根据调查媒介进行分类

根据调查媒介的不同，物流调查可以分为访问调查、电话调查和书面调查。

① 访问调查主要是以交谈方式进行的调查。调查者和被调查者通过问答或座谈形式进行调查。

② 电话调查是一种最方便、成本低、效率高的调查方式。电话跨越任何空间距离、排除任何外界干扰、双方直接进行交谈，谈话可以直接针对主题，时间短、调查效率高。随着电信业的不断发展，用电话交谈进行调查则是一种既方便又普遍的调查方式。

③ 书面调查主要是以文字形式进行的调查。最主要的文字形式有两种：一是问卷，二是调查表。书面调查是被调查者根据预先设计的问卷或调查表的内容，自主考虑、自主提供调查结果的方法。这种调查由于被调查者有比较充足的时间进行考虑、反复琢磨，所以调查结果比较可靠，而且成本低、效率高。

（6）根据利用互联网的方式进行分类

根据利用互联网的方式，物流调查可以分为网上调查和网下调查。

① 网上调查是利用 Internet 技术进行调查的一种方法。网上调查的优势在于网络信息传递迅速，网络调查便捷，成本较低，且具有较高的效率，客观性较强。但是，网上调查也面临着信息过载、垃圾信息、互联网的速度、用户不愿意在互联网上透露信息、很多人还没有上网、上网困难等一系列障碍。

② 网下调查：凡是非网上调查方式，都是网下调查方式。例如，访问调查、书面调查等方式均属于网下调查。

（7）根据与被调查者的接触方式进行分类

根据与被调查者的接触方式，物流调查可以分为直接调查和间接调查。

① 直接调查主要是和被调查者直接接触，直接由被调查者提供信息而获得资料的调查方法。

② 间接调查是从侧面的其他渠道调查、了解调查对象的有关资料，主要通过政府主管部门的统计资料、企业档案，报纸杂志的报道性文章，调查对象的关系企业或部门，如客户、供应商、银行、社区邻居等处获取调查所用的资料。

3.6 城市公共交通客流调查

公共交通客流调查是指公共交通企业、城市交通管理部门等，有目的地对公共交通客流在线路、方向、时间、地点、断面上的动态分布等所进行的经常性或定期、全面或抽样调查，并进行统计处理与分析的过程，是对城市居民乘车情况的收集、记录和分析过程。

乘客是公共客运交通的服务对象和研究对象，对客流的动态调查与分析，是公共客运交通部门必须经常进行的一项工作。公共交通客流量是随着时间的变动并在各个方向和各个断面上不断变化的，通过公共交通客流调查，能够掌握客流变化的动态规律和特点，为公共交通运营企业和城市交通管理部门提高运营管理水平、改进调度措施、充分发挥车辆的运营效能等提供重要参考信息和决策依据。具体而言，包括合理布设线路网，开辟新线路，调整既有线路；合理设置停靠站或调整原有停靠站；选择客运交通工具的车种、车型，经济合理地配备运力；组织行车调度，编制行车作业计划，改进调度措施，制定公共交通企业的发展规划，适应城市发展，满足人们不断增长的乘车需求等。

公共交通客流时空分布特征及其相关影响因素，是编制城市公共交通规划，合理开辟新线路，调整旧线路，选择车型配备运能等的主要依据。

1. 公共交通客流分类

根据城市公共交通客流调查资料分析的需要，按照乘客乘车的目的性，通常将公共交通客流分为以下 3 种类型。

（1）工作性乘车

乘客因工作需要而在上下班期间乘坐公共交通车辆形成的客流，统称为工作性公交客流。工作性公共交通客流每天有固定的乘车次数和一定的乘车时间，相对来说比较稳定，有一定的规律，是城市公共交通的基本客流。

（2）学习性乘车

乘客因学习需要而在上下学期间乘坐公共交通车辆形成的客流，统称为学习性客流，包括城市中各初、高中、高等院校等的学生客流，业余学习客流，课外辅导培训学习客流等。学习性客流也有固定的乘车时间和乘车次数，但数量比较少，是城市公共交通的次要客流。

（3）文娱生活性乘车

属于文化生活需要而出行的客流范围很广，如乘车去文化娱乐场所、购买商品、走访亲友等，这种客流统称为文化生活性客流。这种客流没有固定的次数，但数量很大，特别在节假日的数量更大。影响文化生活性客流的客观因素很多，如天气的转变、社会活动的增减、乘客的经济水平等都直接影响这种乘车的次数。所以，文化生活性客流的稳定性很弱，有着特殊的规律性，是调度部门较难处理的一部分客流。

2. 公共交通客流调查指标

为了分析客流在公共客运交通线路上的具体分布，经常要了解某一路段或某一站点的乘客乘车情况，这就需要进行客流调查。公共交通客流调查主要应该掌握以下几个指标。

（1）集结量

集结量是指在单位时间内某站（站段）需要乘车的乘客人数，它等于运载量和待运量之和。

（2）运载量

运载量是指在单位时间内某站（站段）乘上车的乘客人数。

（3）待运量

待运量是指在单位时间内某站（站段）未乘上车而留站等待上车的乘客人数。

（4）疏散量

疏散量是指在单位时间内某站（站段）下车的乘客人数。

（5）集散量

集散量是指在单位时间内某站（站段）的集结量和疏散量之和。

（6）通过量

通过量是指在单位时间内车辆向一个方向运行时，经过某路段（站段）的乘车人数。

3. 公共交通客流调查的种类

城市公共交通客流调查要根据一定的目的和需要来进行，通常来说，公共交通客流调查分为以下几类。

（1）季节调查

季节调查是指每季节进行一次公共交通客流调查，如果每季度均进行调查受到限制，则至少要在冬夏两季固定的时间各进行一次调查。

（2）节期调查

节假日的客流调查可以分节前、节日期间的调查。节前调查是为了向安排节日期间的运行调度提供预测，节日期间调查是为了反映节日期间的实际客流情况，为今后的节日调度积累参考资料。

（3）日常调查

日常调查是城市公共交通运营、管理、调度部门的基本工作。现场调查资料必须符合定时定点的原则，以便于分析和汇总。

（4）随车调查

随车调查是指由专人乘坐在线路运营车辆上，逐站地记录两个方向的上、下车乘客人数。

（5）驻站调查

驻站调查是指派专人在站内记录上、下车乘客人数，以及通过驻站点的车内乘客人数。

（6）出访调查

出访调查是指派专人走访调查单位，了解该单位所属人员乘车情况和参与该单位主办各项活动的人数。在一定范围内对所有调查对象都进行调查，这虽然能全面反映客流动态，但是因受调查力量等条件限制，在实际应用中较少。实际应用中，通常在抽样调查的基础上，按照数理统计方法做数据处理，从而推测得到整体的公共交通客流资料。

（7）直接调查

城市客流随着国民经济的发展而增长，城市建设的发展会影响居民的出行次数和距离。因此，应定期从有关部门了解、收集国民经济和城市建设的资料，以便及时掌握客流的变化趋势。

（8）间接调查

间接调查就是进行出行调查、月票调查和单位调查。居民的出行活动是构成客流的基础，月票乘客是城市公共交通的一种基本乘客。广大企业事业单位的上下班时间和工作班次构成是影响客流的基本因素。直接调查的内容一般均按调查目的，设计专用表格。间接调查还包括现场调查，其中有集会调查和线路现场调查。

① 集会调查。集会调查是对客流变化有较大影响的大型活动进行专门性的调查。因为大型活动能产生大客流的集散量，必须派专职人员参与集会观测，为现场调度提供动态信息。

② 线路现场调查。线路现场调查是在固定的线路和站点上对客流来源和去向进行调查，是公共交通调度部门的日常业务。

4. 客流调查方法

客流调查方法包括问询法、观测法、填表法、凭证法、计票法和数据挖掘法等。

客流调查，一般都需要积累比较长期的资料来进行分析，选择哪种调查方法合适，需要在熟悉各种方法的基础上，结合调查目的和要求，经过客观、合理的分析来决定。选择调查方法时应注意以下两点：一是要尽可能以最少的劳动消耗和时间消耗，取得能够满足需要精度的资料；二是尽可能以最简便的方法，得到被调查者的配合，保证所需资料的及时性和可靠性。

问询法和观测法是公交企业经常采用的两种调查方法；数据挖掘法是一种新方法。

1）问询法

问询法，按照调查地点的不同，有驻站问询法和随车问询法。

（1）驻站问询法

驻站问询法是指派专人在调查站点内通过询问来调查乘客在线路上的起讫点及客流其他情况的方法。这种方法适合于了解线路某个段或某几个站点客流资料的情况。

（2）随车问询法

随车问询法是指派专人在车上，沿线询问调查乘客在线路上的起讫点及客流其他情况的方法，也称为跟车问询法。若要了解全线路的客流去向情况，通常采用这种方法。

问询法提供了基于分析线路客流的乘客分布情况，是调查线路运营实际情况很好的一种方法，它是确定线路的行车组织形式、车辆调度方法及车辆配置等汇集乘客数量和方向的数值依据。

2）观测法

观测法通常包括3种常用方法：高断面观测法、随车观测法和驻站观测法。下面将分别对这3种方法进行简单介绍。

（1）高断面观测法

高断面观测法是指派专人在旅客流量比较多的路段，选取一个合适断面，观测通过该断面的车辆的车内人数，以得到该路段的乘客通过量等客流情况。通过高断面观测，可以了解全日各段时间内的客流量变化程度，评价高低峰时间内行车组织的合理性，以作为配车或增减车辆的依据。

高断面观测法的特点是处理简单，资料整理速度快，可以比较准确地反映公共交通客流的变化情况，还可以利用调查资料及时修改行车时间表。虽然资料的正确性与实际情况略有出入，但是一般相差不大，完全可以作为运力和运量的平衡依据。

（2）随车观测法

随车观测法是在线路上的运行车辆中派专人记录沿途各站上、下车乘客的数量及留站人数。随车观测的调查车辆数量，可以采取每车调查的方法，也可以抽取其中部分车辆进行调查。

（3）驻站观测法

驻站观测法是在规定时间内，派专人分驻各个调查点记录上下车人数、留车人数和留站人数的调查方法。按清点留车人数的观测方法的不同，驻站观测法一般又可以分为两种：一种是直接点录乘客实数，另一种是估计车厢内乘客的满载率程度。这两种方法在实际中都可以采用。

在一条公共交通运营线路上，选择哪一个停靠站作为观测点，要根据平时掌握的资料和实际工作中的具体问题来决定。假如研究一条大线路上是否需要增加一段较短的辅助线路，就应该选择可作为终点站的停靠站为观测点，这个点既是沿线主要站点，又有流转量较大的特点。如要研究停靠站是否增加、撤销，是否开辟临时站，或者确定大车站、区间车是否需要每站必停，就可以根据观测的数据资料来分析决定。

3）数据挖掘法

数据挖掘法是随着交通信息采集技术的发展而产生的大数据分析新方法，分为IC卡数据挖掘法和智能手机数据挖掘法。

（1）IC卡数据挖掘法

进入21世纪以来，公交一卡通技术在世界城市范围内获得了发展，尤其在我国发展迅速。我国交通运输部推行着全国公交一卡通的互联互通工作，以推动城市公共交通优先发展，并于2015年12月率先推动了京津冀地区一卡通试点工作。IC卡数据分析法就是从乘客IC卡利用数据中分析乘客利用和公交运行情况的方法，与上述方法相比，方法简单、技术先进、分析准确。

（2）智能手机数据分析法

城市公共交通方式的运行具有其显著特性，如按照固定路线行驶、停车站点固定且有规律减速、停车上下客、起步加速及匀速行驶等。目前，乘客均携带智能手机乘车，因此可以利用对乘客手机数据进行分析并获得利用公共交通的客流数据。理论上，该方法不仅可以替代所有的调查方法，而且操作简单，成本低，技术先进、准确。但是该方法受制于数据公开和共享。

3.7　城市停车调查

1. 停车调查的主要内容

停车调查是指运用科学的观测和统计方法，针对城市内停车设施的供应和利用状况进行调查，并通过评价相关指标值分析停车特征。停车调查是获取停车数据的基础，主要包括停车设施供应调查、车辆停放实况调查、停车者行为决策调查及停车特征分析。

其中，停车供应主要指各类型停车设施可能提供的停车容量及场地位置等，而停车需求（又称停车吸引）则指车主（驾驶人、骑车人）在出行活动中有目的的路内或路外的车辆停放。值得一提的是，因受阻延滞、信号灯、沿途上下车等引起的临时停车不被视为"停车需求"，而停靠时间大于 5 min 以上的公交车、出租车、厂车、长途客车等车辆的停车则被视为"停车吸引"。具体的停车吸引量，是指在特定小区或停放点（段）上一定时间内（一天、高峰时段、小时等）的停车数量，可用实际停车数和累计观测停车数两个指标来表征。

城市停车的总体水平与特性，即城市停车供给和停车状况的时空分布，主要通过车辆停放的统计特征指标得以反映。通过停车调查得到翔实、可靠的基础数据资料，并通过计算、分析基础数据，获得车辆停放统计特征，从而了解停车场实际利用情况、城市停车设施供应状况、停车行为及停车意识。

停车调查的主要内容如下：

① 停车设施的容量、位置和相关运营指标（收费、营业时间等）；

② 不同时刻、不同车型、不同停车时间的停车数量；

③ 现有停车设施的使用情况（停车时间、停车目的等）；

④ 停车形式（平行式、垂直式等）；

⑤ 平均停车时间；

⑥ 停车地点和目的地的关系（位置、距离、步行时间等）；

⑦ 停车场的使用状况（停车场利用率、车位周转率、停车集中指数等）；

⑧ 对停车设施及客货装卸设施的要求，对停车及客货乘降的限制等；

⑨ 停车场对地区交通流的影响；

⑩ 停车场的经营情况等。

2. 停车实况调查的方法

停车实况调查的方法主要有人工实地调查和航测照片方法，其中人工实地调查法又可分为实地观测调查（可分为连续式和间歇式）和询问式调查。在实际的调查中，根据实际的调查目标、规模和要求，选择与停车特征相适应的方法。通常会采用几种方法的组合，以保证调查项目与调查目的相适应。

1）人工实地调查法

人工实地调查法，即直接派人在停车场地对停车情况进行观测记录的实地观测调查，以及通过发放明信片或询问方式的询问式调查。其中，实地观测调查又可分为连续式调查和间断式调查。

（1）连续式调查

连续式调查是指从开始存车到结束存车为止，连续记录停车情况。连续性调查可以了解到停放车辆的车型及车牌号、最多存放车辆数、停车最长时间等情况，是一种精度比间断式调查更高的调查。该方法适合于大型公共建筑、专业停车场的机动车停放调查，如果将此项调查与征询意见调查相结合，可得到包括停放目的、步行距离、管理意见在内的丰富的停放信息。

连续式调查有两种方法，即泊位连续调查法和停车车辆连续调查法。

泊位连续调查法是连续记录每个泊位的停车车辆及其相应的停车时间的方法。这种方法对泊位数量较少而周转率高的情况较适用。这种调查方法对分析停车场泊位的利用情况有很大的帮助。

停车车辆连续调查法是指对进入停车区域的每辆车，记录其进入停车区域的时间和离开停车区域的时间。其方法有牌照式和非牌照式两种。牌照式调查在调查中记录车辆牌照，来区分停车车辆。而非牌照式则是调查时不记录车辆牌照，由于非牌照式无法区分具体车辆的停车时间，因而较少使用。

牌照式车辆连续调查法比较容易统计停车场的平均利用率和平均周转率，还比较容易得出停车的高峰时段和实际停车数，这对分析整个停车场的停车时间分布特征很有帮助，需要的人力、物力较泊位连续调查方法少。

传统的连续式调查方法多采用人工调查员对泊位及车辆的相关信息进行记录。近年来，随着视频及图像处理等技术的快速发展，连续式停车调查可以通过采用摄像机对泊位及停车场出入口的车辆进行连续的观测记录，然后再通过视频检测软件对记录的视频画面进行处理，就可以自动获取相关的停车调查信息，从而大大提高连续式调查的效率。

（2）间歇式调查

间歇式调查法是指调查人员每隔一定时间间隔（5 min、10 min、15 min）记录调查范围内停放车辆的数量和停车方式、车型等情况的停车调查。该方法可分为牌照式调查和非牌照式调查两种，非牌照式调查主要是为了调查指定范围内各种车辆停放数量随时间的变化，而牌照式调查除了能获得非牌照式调查的信息外，还可以获得机动车的停车延续时间和停放点上的周转率等特征参数。由于非牌照式调查只观测记录调查区间内的各种停车数量，因此其了解的信息不如牌照式调查丰富。另外，非牌照式调查通常适合自行车的停车调查，而牌照式调查更适合于机动车的停车调查。

间歇式调查的精度与观测时间间隔的选定有一定的关系，观测时间可根据不同的停车场类型确定，车型的分类也可根据调查需要设置相应的代号，以方便记录填写。

（3）询问式调查

询问式调查是指给调查员派发调查卡片，调查员直接向驾驶员询问，以了解车辆停放目的、停放点到目的地的距离、车辆的 OD 及步行时间等信息。该调查主要适用于停车场使用者停放行为的调查。

在实际调查中，根据调查目的和内容的不同，可采用不同的调查方式，如向停车者提问、当面发放问卷，以及向停车者发放问卷或明信片，由停车者填完后邮寄回收等方法来获得足够的调查样本。访问式调查需要积极的宣传，以得到公众最大限度的支持。直接访问可以在路边或停车场（库）内或在出入口进行。访问内容应该简明、准确，访问项目应该控制在 1～3 min 完成为宜。通常，明信片的回收率一般较低，在 30%～50%。

针对以上各种停车调查方法，根据美国、日本和我国上海等地进行停车调查的资料，各类调查方法对不同调查项目的适应性如表 3–6 所示。

表 3–6　调查方法比较一览表

	航测照片判读	间断调查		连续调查		征询意见调查	
		记车号	不记车号	记车号	记车号与征询意见并用	明信片	面谈
不同时刻停放车辆数	△	△	△	○	○	×	×
最大停放车辆数	△	△	△	○	○	×	×
车辆平均停放时间	△	△	×	○	○	×	×
平均周转率	△	△	×	○	○	×	×
停放点至出行目的地距离	×	×	×	×	×	△	○
停放车辆起讫点	×	×	×	×	×	△	○
停放车目的	×	×	×	×	○	△	○
调查人员数	—	② 2 人/（100～200 m）	① 1 人/（100～1 000 m）	② 2 人/50 m	② 4 人/50 m	③ 1 人/100 m	② 2 人/100 m

注：○——所得数据能满足精度要求。

　　△——所得数据精度不高。

　　×——所需数据几乎不能获得。

　　①——步行时 1 人/100～200 m，骑自行车或乘汽车巡回可达 1 人/1 000 m；大量自行车停放时人数要增加。

　　②——人数减半，负责路段和调查车辆数宜减半。

　　③——专指明信片发放，边巡回、边宣传。

2）航测照片方法

对于地面停车场，通过空中摄影照片来判别停车数量，这是一种效率较高的大面积的停放车辆调查技术。

航测照片方法的优点：能够真实、直观地反映瞬间交通情况，且可多次在线摄影现场进行测量和校正；可以掌握较大范围的道路设施和同一瞬间的交通资料，并保持以同一精度进行测定；省时省力，避免人工调查组织实施的种种困难。

但航测照片方法也存在如下缺点：与实地现场调查比较，航测拍照易受气候条件影响；对于高层建筑密集区域，容易失去停车的许多细节，无法掌握停车场、库内的情况；由于反射和阴影反差，容易对不同类型车辆和地面的地物等产生判读的错误。

3. 停车调查资料的应用

通过停车调查获得的停车设施供应（包括路边、路外场、库）、停车使用状况（包括停车数量的时空分布、停车时间、步行时间及停车目的等资料），以及停车特征对治理与改善日常的交通活动过程无疑是十分有用的。一方面，有助于交通管理部门采取正确的管理措施疏导交通，也有助于停车管理部门制定合理的收费办法与收费标准；另一方面，由于停车与土地利用密切相关，停车供需调查也可以为城市规划和交通规划提供必要和丰富的基础资料。具体而言，停车调查资料主要应用于以下方面：

① 评价区域内的停放车辆供应状况；

② 绘制各个停放点（区）内停车数量与时间变化曲线和整个调查范围的日累计和高峰停放量的空间分布图，以分析停车密度和饱和程度，并进行分级评价，为局部的改善和提高周转率指明方向；

③ 运用停车目的和停放时间调查资料，可以找出不同出行目的停放时间的基本规律；

④ 制定科学的停车收费政策，通过出行停放时间分布规律、步行距离和停车密度（吸引量分布）分析，可以为调整收费政策、控制停车需求提供依据；

⑤ 根据调查数据，构建累计停放量（或吸引量率）与土地利用的现状关系模型，以分析土地利用和停车吸引的关系，并预测不同区域的停车需求。

随着计算机科学、通信技术、传感器技术、网络技术等的发展，城市交通调查方法和信息采集技术正在发生巨大变化。在可预见的将来，还会产生更多更加方便、更加精确的城市交通调查方法和手段。

未来的城市交通调查应该是基于先进科学技术的、动态、实时、精确、可视化的先进方法来开展的，期待其在 21 世纪获得新发展。

复习思考题

1. 简述城市交通调查包含的主要内容。
2. 简述居民出行调查的分类。
3. 简述交通量调查的主要方法。
4. 简述城市物流调查的种类。
5. 简述公共交通客流调查的主要指标。
6. 简述公共交通客流调查的种类。
7. 简述停车调查的主要内容。

第 *4* 章

城市交通流分析

概述城市交通系统的交通流研究发展及其特性，包括城市道路交通流、城市轨道交通流、城市交通节点设施交通流，交通流分析方法，交通流评价及以交通流理论为基础的城市交通系统无人驾驶等。

4.1 城市交通流及其发展

交通流的研究是交通领域研究较早，也是相对成熟的领域之一。针对道路交通流，从 20 世纪 30 年代开始，经历了 40 年代由于第二次世界大战的影响而缓慢发展之后，50 年代初期，人们主要从交通流基本参数的测量及其相互关系模型建立、车辆跟驰、交通波理论和车辆排队理论对交通流理论进行了深入研究。研究人员来自各个学科，包括理论物理学、应用数学、控制理论、心理学、经济学及工程领域等。到 20 世纪 50 年代末期，举行第一次国际会议，并于 1959 年 12 月 7—8 日在美国通用汽车研究所的邀请下，于美国汽车城底特律市举行，会上学者们建议每 3 年举行一次，并一直延续至今。

在道路交通流的研究方面，J. G. Wardrop、B. D. Greenshields、Greenberg、Underwood、M. J. Lighthill 和 G. B. Whitham、Edie、Van Andre、C. F. Daganzo 等在交通流参数的测量、基本参数之间的关系模型等方面做出了开创性贡献。B. S. Kerner 于 2000 年又提出了三相交通流模型。

在车辆跟驰模型方面，Reuschel、Pipes、R. Herman、M.Bechmann、E. Kometani、T. Sasaki、G. F. Newell、Chandler、Gazis、Bando、Gipps、Leutzbach、Kikuchi 等给出了丰硕的研究成果。

在交通波理论方面，Lighthill、Whitham 和 Richard 提出了流体力学模型，被称为 LWR 模型而广泛应用。Stephanopoulos 和 Michalopoulos 提出了信号交叉口交通波及排队的形成和消散模型。Payne 提出了高阶模型。Kerner 和 Konhauser 率先研究了交通流的亚稳态特性和局部集簇现象。

排队论的基本思想是 1910 年丹麦电话工程师 A. K. 埃尔朗在解决自动电话设计问题时开始形成的。车辆排队模型作为运筹学的应用，Adams、Tanner、Moskowitz、Miller、Akcelik、Pacey、Robertson 等针对信号交叉口、公交站点和出入口等的排队问题进行了深入研究。

信息技术和交通信息服务的发展为驾驶人提供了实时动态交通信息，从而对驾驶行为产生了较大的影响，Lunenfeld 和 Alexander 等进行了深入研究。包括驾驶行为在内的交通行为分析随着交通信息服务水平和计算机仿真技术进步获得了快速发展，VISSIM、EMME、PARAMICS 等交通流仿真软件相继投放市场。

行人流和城市轨道交通及交通节点内部客流的研究长期不被人们重视，尽管其是关系到每位出行者的最基本交通方式。汤姆·拉尔森于 1990 年曾将行人和自行车描述为"被遗忘的交通方式"。随着城市交通问题的日益严峻，1990 年以后，首先在诸如荷兰、瑞典、英国等国家得到重新提倡与发展。进入 21 世纪以来，在城市交通枢纽等人员短时聚集的交通节点，通道、闸机、站台等的设计及安全疏散通道设计等问题日益凸显，引起了城市政府和研究人员的重视。

无人驾驶系统，尤其是汽车无人驾驶系统的核心为交通流理论。美国 GM 汽车公司、日本丰田汽车公司、美国加利福尼亚大学伯克利分校、谷歌（Google）等均进行了研究开发。据报道，截至 2015 年，Google 自动驾驶车辆已经无事故累积行驶超过 160 万 km。中国政府、部分汽车厂家和百度（Baidu）公司等也在积极开发汽车无人驾驶，并取得了可喜的成果。

城市轨道交通，包括导向交通系统，由于在固定的轨道上行驶，所以与在开放的道路上行驶的汽车相比，容易实现无人驾驶。目前的多数城市轨道交通系统均采用移动闭塞式自动追踪行驶，驾驶人的作用是在突发事件情况下进行应急驾驶。

4.2　交通行为与交通流特性

交通行为是构成交通流的基础。道路上行驶的机动车驾驶人、非机动车驾驶人和行人的交通行为因性别、年龄、驾龄、性格、职业和受教育水平等不同而异。在出行过程中，又因获得的交通信息不同或获取信息的方式不同对交通行为产生不同的影响。

4.2.1　交通行为特征

城市交通参与者中，不同的交通方式利用者有着不同的交通行为。机动车驾驶人驾驶车辆出行，受交通法律法规约束强，其行为相对规范；非机动车驾驶人则次之；行人的随意性则较大。然而，非机动车和行人受体力的影响，又缺少安全防护，因此被称为"交通弱者"，在法律上受到了应有的保护。

1. 机动车驾驶人交通行为特征

机动车带有动力装置，机动性强，适合长距离出行，并且带有封闭的车内空间，不受外界环境的影响。因此，与非机动车和行人相比，机动车是一种"强势"交通工具。因此，机动车驾驶人在行驶过程中受到法律的约束较非机动车和行人强。

由于机动车驾驶人驾驶汽车出行，既需要操纵汽车这一机器装置，又要不断进行信息感知、判断决策和做出驾驶动作。因此，机动车驾驶人的交通行为是一个极其复杂且因人而异并受环境影响的过程。

（1）机动车驾驶人的行为特征

① 感知信息。驾驶人主要通过视觉、听觉、触觉和嗅觉等来感知道路交通环境因素和车辆性能、状态因素。汽车在行驶时，驾驶人要根据环境、道路交通标志、信号及车内仪表等提供的信息来进行车辆的控制。在这一阶段主要是由感觉器官完成。据研究表明，驾驶人80%以上的信息是通过视觉获得的，其次是听觉。

② 判断决策。驾驶人在感知信息的基础上，对信息进行分析判断，决定采用相应的操作。这一阶段主要由中枢神经系统完成。一般来说，驾驶人根据获取信息的不同，决定采用不同的操作；不同的驾驶人在获取相同信息的情况下，也会做出不同的决策；并且同一驾驶人在不同条件下获取相同的信息也可能做出不同的决策。驾驶人的异质性反映在操作时，不仅依靠感知到的信息，而且还依赖于过去接受的教育、经验、技能及当时生理、心理状态等。

③ 驾驶动作。驾驶人依据判断决策来操纵汽车或者通过汽车信号传递给其他道路使用者，包括变速、转向、制动、超车、打转向灯、鸣笛等。驾驶人对汽车进行控制的操作分为两类：一类是通过加速和减速来控制汽车的纵向运动；另一类是通过转向来控制汽车的横向运动。这一阶段主要由运动器官完成。

（2）机动车驾驶人的行为影响因素

影响机动车驾驶人驾驶行为的因素主要有环境、生理、心理、交通和社会等因素。

① 环境。环境是指物理环境和自然环境。其中，物理环境指交通设施等机动车行驶空间；自然环境指天气和路面状况等。

机动车在平直及视野较好的道路上行驶速度快，在上坡和转弯及坡弯组合的山区道路，以及在雨雪天气和湿滑的道路上，行驶速度慢。

② 生理。生理条件中最重要的是年龄和性别。通常，青壮年较老年人驾车速度快，男性的驾驶速度较女性快，驾驶动作也较大。

③ 心理。机动车驾驶人在驾驶过程中受外部条件制约，心理也会发生变化，从而影响其行车速度。过量饮酒或者使用某些混合药品或者毒驾，会导致驾驶机能不同程度的下降，从而延长感知反应时间和处置时间，甚至会因产生心理幻觉而出现危险驾驶行为。

④ 交通。交通因素主要包括交通拥挤程度和车种。拥挤的交通条件迫使机动车降低车速，

货车、公交车等车辆的混入影响小客车驾驶人的驾驶速度。交通拥堵还会带来驾驶人的心情烦躁，带来动作粗暴甚至产生路怒等。眩光影响驾驶人的视线，从而影响驾驶行为和安全。

⑤ 社会。机动车驾驶人所处的区域、文化背景、受教育的程度、职业等均影响其驾驶行为。

机动车驾驶人的驾驶信息感知、判断决策和驾驶动作通过驾驶感知—反应时间和控制运动时间之和来体现。尽管这两个时间受上述因素的影响，但统计结果表明，感知—反应时间和控制运动时间之和平均值约为 2.45 s。

2. 非机动车驾驶人交通行为特征

非机动车有着机动灵活，几乎不受道路交通拥堵的影响，不消耗能源，无污染，作为短距离出行的交通工具，速度快，准时性高等特点。骑非机动车还可以锻炼身体，有利于身体健康，减少疾病。作为末端交通工具，非机动车还可以作为城市公共交通补充，进行衔接运输。

利用非机动车出行也必须依赖道路，其行为受到道路空间的限制。

（1）非机动车驾驶人出行行为

① 随机性。与机动车相比，行动方向随意，会带来交通行为的随意性。

② 慢速性。依靠骑行人的体力驱动，受体力、年龄、身体状况等的限制，运行速度慢。

③ 瞬时性。反应相对直接，延迟小，具有行动的瞬时性。

④ 从众性。在通过交叉口或横穿道路时，具有从众心理和行为。

（2）非机动车交通行为影响因素

① 环境。物理环境指交通设施等非机动车行驶空间；自然环境指天气和路面状况等。

非机动车在平直的空间内具有较快的行驶速度，在有坡度的道路上速度将受到影响，上坡速度随坡度的增加而减慢，下坡则相反，但过大的坡度从安全的角度不适于骑行，美国的 HCM 推荐的坡度范围在 –3%～3%。

非机动车受自然环境影响大，雨雪天气、大风、烈日天气均不宜骑行。

② 生理。生理条件中最重要的是年龄和性别。通常，青壮年较老年人骑行速度快，男性的骑行速度较女性快。

③ 心理。人们在骑行过程中，受外部条件制约，心理也会发生变化，从而影响其骑行，如避开障碍物和拥挤的交通流，避免与陌生人并排骑行等。

④ 交通。交通因素主要包括交通拥挤程度，拥挤的非机动车交通流速度降低。

⑤ 社会。非机动车骑行人员所处的区域、文化背景、受教育的程度、职业等均影响其行为。

3. 行人交通行为特征

行人在出行过程中，每个人都是一个智能体，具有其特性，生理、职业、受教育的程度等影响着交通行为。

（1）行人行为特征

① 多样性。与利用机动车和自行车出行必须依赖道路不同，行人的行为既因人而异，又可以在多种、非标准的基础条件下行走，因此带来了多样、复杂的交通行为。

② 随机性。行人的出行受环境约束较小，其行动方向随意，带来了交通行为的随意性。

③ 慢速性。行人依靠自己的体力步行，受体力、年龄、身体状况等的限制，运行速度慢。

④ 瞬时性。尽管行人的步行速度慢，但是人的反应直接，不需要任何中间装置，延迟小，具有行动的瞬时性。

⑤ 自组织性。行人一般都有自己的想法，自助独立决策，根据与行动目标的偏差自我调节，具有典型的自组织性。

⑥ 从众性。行人在通过交叉口或横穿道路时，具有从众心理和行为。

受行人的体力和时间所限，出行距离短，速度慢，但流量大。

（2）行人交通行为影响因素

① 环境。物理环境指交通设施等行人行走空间；自然环境指天气和路面状况等。

行人在平直的空间内具有较快的行走速度，在有坡度和上、下楼梯速度将受到影响。行人在水平无干扰的道路上行走平均速度约为 1.3 m/s，而上坡的平均速度约为 0.97 m/s；上、下楼梯的速度均有减小，分别约为 43% 和 39%。美国 HCM 推荐当坡度超过 3% 时，坡度每增加 10%，步行速度降低 0.1 m/s。

② 生理。生理条件中最重要的是年龄和性别。成年人的平均行走速度为 1.3～1.5 m/s，而老年人的平均行走速度则在 0.6～1.2 m/s。通常，男性的行走步幅比女性大，步频也比女性高，调查显示男性的行走速度比女性快约 10%。

③ 心理。人们在行走过程中受外部条件制约，心理也会发生变化，从而影响其行走，如避开障碍物和拥挤场合，避免与陌生人接近。行人行走的前后、左右均需要一定的间隔距离，前后的间隔距离约 2 m，左右的间隔距离约 0.5 m。

④ 交通。交通因素主要包括交通拥挤程度、人群中老年人和儿童的比例及行人流的方向等。研究表明，行人流密度有临界值，约为 0.8 人/m²，超过该值时，随着密度的增加速度下降。美国 HCM 给出人行道行人自由流速度为 1.52 m/s，当老年人比例小于 20% 时，推荐速度为 1.22 m/s；当老年人比例超过 20% 时，推荐速度为 1.0 m/s。有人逆向行走时，将严重影响正向行走交通流的速度。

⑤ 社会。行人所处的区域、文化背景、受教育的程度、职业等均影响其行为。例如，处在办事效率高的区域，行走速度就快。

4.2.2　城市道路机动车交通流特性

城市道路因其交通参与者的刚性出行多等特征，有着与公路交通流不同的交通特性，即因时空位置的不同有着不同的交通流统计和到达分布特性。

图 4-1 为某道路断面一周的日交通流特性。可以看出，交通流量因周日不同而异，且周六日相对较少。

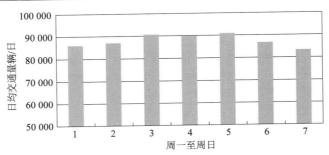

图 4–1 某道路断面一周的日交通流特性

图 4–2 为某道路断面工作日交通流特性。可以看出，一天中有 2 个峰值，表明城市居民出行受上班和下班时间的影响而比较集中，其余时间段则是其他出行而相对较少。

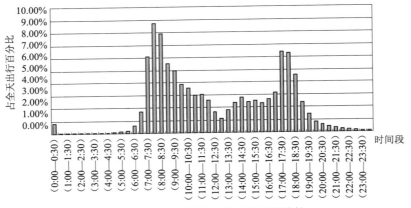

图 4–2 某道路断面工作日交通流特性

图 4–3 为某道路断面休息日的交通流特性。可以看出，休息日的出行集中不如工作日明显，并且明显后移。

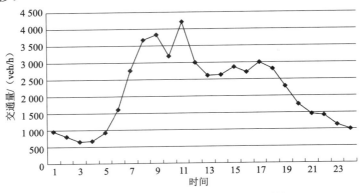

图 4–3 某道路断面休息日的交通流特性

城市道路交通流还具有因方向不同而异的特性。图4-4为某道路进城方向和出城方向的交通流量随时间的变化特征。可以看出，呈现出明显的方向（潮汐）交通流特征。

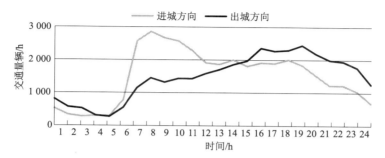

图4-4　某道路进、出城方向的交通流量随时间的变化特征

交通流在不同等级的道路，即城市快速路、主干路、次干路和支路上呈现不同的变化特性，如图4-5所示。由此可知，等级高的道路承担较大的交通量，由于承担较长距离的出行，高峰时段的峰值凸显，而低等级道路则相对平缓。

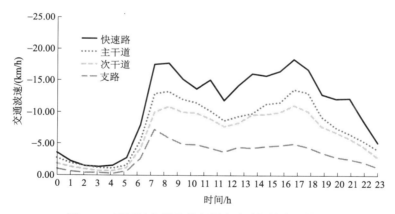

图4-5　不同城市道路的交通流随时间的变化特性

城市道路交通流还呈现不同区位具有不同特征的性质，如图4-6所示。一般而言，因城市不同区位的用地性质不同，开发强度（如容积率）不一，带来人口的差异，从而导致交通发生和吸引强度的差异。

城市机动车出行的到达分布与公路具有相异的性质，以交叉口为例，城市道路因交叉口密度高，机动车交通流量相对较大，其到达服从均匀分布，而公路的机动车到达多服从泊松分布。

图 4-6　某区域道路交通流特征

4.2.3　城市道路自行车交通流特性

非机动车在机动车与非机动车混行的道路上，在非机动车与行人混行的道路上，以及在自行车专用道路上行驶的交通流分别具有不同的特性。

在混行的道路上，受交通方式之间相互干扰的影响，非机动车骑行人需要不断顾及而影响速度。

美国 HCM 认为非机动车交通流与机动车或行人交通流的特性不同，在交通流变化很大的范围内，速度不受影响。HCM 还推荐用非机动车骑行人遇到的障碍（单位时间内遇到的事件数量）来衡量非机动车交通流的状态和舒适程度。

4.2.4　城市道路行人交通流特性

如前所述，行人交通行为具有其特征，又受多种因素影响。因此，在不同的环境下，行人交通流有着不同的特性。

1. 行人通道交通流特性

行人交通流的基本参数同样可以用机动车交通流中使用的流量 q、速度 u 和密度 k 表示，并且当单向行人交通设施宽度大于 0.6 m 时，具有式（4-1）所示的关系。

$$q = u \cdot k \tag{4-1}$$

式中：q 为行人流量，人/h；u 为行人流速度，m/s；k 为行人流密度，人/m。对于后述的机动车交通流，q 为交通量，pcu/h；u 为交通流速度，km/h；k 为交通流密度，pcu/km。pcu（passenger car unit）为当量小客车交通量。

2. 上下楼梯交通流特性

行人需要上下楼梯的交通基础设施主要是城市轨道交通车站、交通枢纽及行人过街设施等。

如前所述，行人上下楼梯的速度均较平面行走速度有较大减小。但是其流量、速度和密度之间仍然存在式（4-1）所示的关系。

4.3 宏观交通流模型

道路宏观交通流模型有速度-密度模型、流量-密度模型和速度-流量模型，刻画交通流三要素流量、速度和密度三者之间的宏观相互关系。除此之外，还有交通波模型。

4.3.1 速度-密度模型

格林希尔兹（B. D. Greenshields）于 1933 年在 13 届 HRB 年会（如今的 TRB 年会）上首先给出了速度-密度关系模型，即被人们称作的格林希尔兹速度-密度模型，如式（4-2）所示。

$$u = u_f\left(1 - \frac{k}{k_j}\right) \qquad (4-2)$$

式中：u_f 为自由流速度，k_j 为阻塞密度，如图 4-7 所示。可以看出，当 $k=0$ 时，u 值可达理论最高速度即自由流速度 u_f；当 u 为零时，k 达到最大值，即产生交通阻塞。

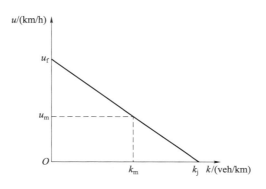

图 4-7 格林希尔兹速度-密度曲线

格林希尔兹速度–密度模型也被称作线性模型。此外，还有对数模型、指数模型、单段模型、多段模型及 Van Aerde 结构模型等。

4.3.2 流量–密度模型

根据式（4-1）所示流量、速度、密度之间的关系，一旦确定了"速度–密度"关系，就可确定"流量–密度"关系模型。因此，利用格林希尔兹速度–密度模型可以得出其流量–密度模型，如式（4-3）所示。

$$q = u \cdot k = u_f \left(1 - \frac{k}{k_j}\right) k = u_f k - \frac{u_f k^2}{k_j} \tag{4-3}$$

对式（4-3），令 $dq/dk=0$，并定义 q_m 为最大流量，k_m 为最大流量时的密度（临界密度），u_m 为最大流量时的速度（临界速度），如图 4-8 所示。

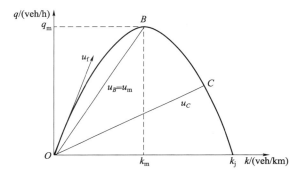

图 4-8　格林希尔兹流量–密度关系曲线

同理，可以得出对数模型、指数模型、单段模型、多段模型及 Van Aerde 结构模型等其他流量–密度模型。

4.3.3 速度–流量模型

同样的道理，可以得出格林希尔兹速度–流量模型，如式（4-4）所示。

$$q = k_j \left(u - \frac{u^2}{u_f}\right) \tag{4-4}$$

式中：u_f 为自由流速度，k_j 为阻塞密度。图 4-9 为该速度–流量关系曲线。由图 4-9 可知，速度和流量呈抛物线关系。通过最大流量点作一条水平线，直线上方为不拥挤区域，下方则为拥挤区域。在流量达到最大值之前，速度随流量的增加而下降；达到最大流量之后，速度和流量同时下降。

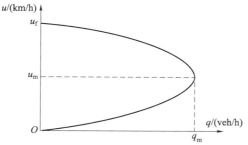

图 4-9　格林希尔兹速度-流量关系曲线

若将基于格林希尔兹模型的交通流量、速度和密度三者的相互关系绘入同一张图，如图 4-10 所示的二维和三维关系曲线。

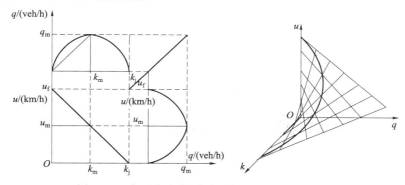

图 4-10　交通流速度-密度-流量的相互关系曲线

4.3.4　交通波模型

交通波被定义为密度和流量发生变化所带来的移动或传播，它常产生于交通流速度发生变化之处，如信号交叉口、快速路入口、施工区等交通瓶颈路段。

20 世纪 50 年代，Lighthill 和 Whitham 及 Richard 彼此独立提出了交通流的流体力学模型，人们将这一理论称为 LWR 理论。这一理论运用流体力学的基本原理，建立车流的连续性方程，把车流密度的疏密变化比拟成水波的起伏，从而抽象为交通波。

如图 4-11 所示，假设沿着一条笔直的道路有两个相邻的不同交通密度区域 A 和 B（密度分别为 k_1 和 k_2）。用垂直线 S 分割这两种密度，称 S 为波阵面，设 S 的速度为 u_w，并规定按照所画的箭头 x 正方向运行，速度为正。

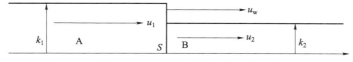

图 4-11　两种交通密度的运行

图 4–11 中的符号表示如下。

u_1，k_1：在 A 区车辆的区间平均速度、密度；

u_2，k_2：在 B 区车辆的区间平均速度、密度；

$u_{r1} = (u_1 - u_w)$：在 A 区相对于移动阵面 S 的车辆速度；

$u_{r2} = (u_2 - u_w)$：在 B 区相对于移动阵面 S 的车辆速度。

显然，在时间 t 内通过分界线 S 的车辆数 $N = u_{r1}k_1t = u_{r2}k_2t$，因此，存在如下关系：

$$(u_1 - u_w)k_1 = (u_2 - u_w)k_2 \tag{4-5}$$

式（4–5）反映物质守恒，也就是分界线移动后 A 区车辆数变化量与 B 区车辆数变化量相等。整理后可写成下列形式：

$$u_2k_2 - u_1k_1 = u_w(k_2 - k_1) \tag{4-6}$$

由 $q = uk$ 可知，A 区和 B 区的流量分别为 $q_1 = u_1k_1$，$q_2 = u_2k_2$。代入式（4–6）可得：

$$u_w = (q_2 - q_1)/(k_2 - k_1) \tag{4-7}$$

若两区域中的密度均匀，则 $(q_2 - q_1) = \Delta q$，$(k_2 - k_1) = \Delta k$，式（4–7）变成：

$$u_w = \Delta q / \Delta k = \mathrm{d}q / \mathrm{d}k \tag{4-8}$$

式（4–8）为波速 u_w 的计算公式。

交通波描述了两种交通状态的转化过程，u_w 代表了转化的方向和进程。$u_w > 0$，表明波面的运动方向与交通流的运动方向相同；$u_w = 0$，表明波面维持在原地不动；$u_w < 0$，说明波的传播方向与交通流的运动方向相反。在流量-密度曲线上，点 A 表示交通流量正在接近通行能力，而速度则大大低于畅行速度。点 B 表示交通密度较低、流量较小而速度较高的状态。点 A 和点 B 处的切线表示这两种交通状态的波速。现在假定点 B 较快的车流比点 A 车流稍迟出现，点 B 所对应的车流将赶上点 A 所对应的车流。从图 4–12（b）中可以看出，两种车流状态相遇形成一条斜线，这就是所产生的交通波的轨迹。该斜线的斜率等于流量-密度曲线上点 A 和点 B 连线的斜率。

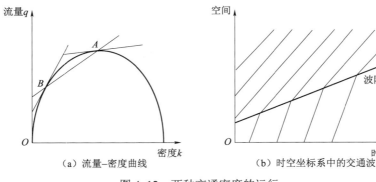

（a）流量-密度曲线　　　　　　（b）时空坐标系中的交通波

图 4–12　两种交通密度的运行

按照式（4-8），图4-12（a）所示交通波可以表示为式（4-9）。

$$u_w = \frac{q_B - q_A}{k_B - k_A}$$

（4-9）

交通波分为正向波和负向波，前者被称为停车波，后者为启动波。

4.4 微观交通流模型

机动车驾驶人在行驶过程中，经常进行路况判断，进行着巡航行驶、跟驰行驶、换道行驶、汇入行驶、超车行驶和避开障碍等微观行为，从而形成交通流。

4.4.1 城市道路车辆跟驰

自 Reuschel（1950）和 Pipes（1953）利用运筹学的方法对车辆跟驰进行数学解析的研究以来，人们对车辆跟驰模型进行了长期大量的研究，已成为微观仿真模型的核心模型。

1. 车辆跟驰模型的基本假设及分类

一般来说，跟驰模型的基本假设如下。

① 道路平直，不允许换道、超车。

② 当前方车辆较远时，车辆自由行驶；当车头间距（或时距）小于一定临界值（如 125 m 或 6 s）时，车辆间存在相互影响，后车处于跟驰行驶状态。

③ 在跟驰行驶时，后车根据前车和自身的运行状态来调整自身的运动状态。

车辆跟驰模型主要关注跟驰行驶状态下驾驶人的行为特征和车辆运动特征的模型描述。通常，可以将跟驰车辆驾驶人的反应归纳为以下 4 个阶段。

● 感觉阶段：感官察觉交通环境和车辆状态信息，包括车头间距、前车速度、加速度和速度差等。

● 认知阶段：驾驶人对感官察觉的信息进行处理，形成对事件的认知。

● 决策阶段：根据对事件的认识，对将要采取的措施做出决定。

● 控制阶段：根据决策，形成由大脑到手脚对车辆的操作动作。

跟驰模型是在对驾驶人反应特性深入分析的基础上，经过简化抽象得到关于"刺激-反应"的关系式：

反应=λ×刺激

（4-10）

式中，λ 为驾驶人对刺激的反应参数，称为敏感度系数。通常，驾驶人受到的"刺激"因素是指前车的加速或减速行为，以及随之产生的两车的速度差和车头间距的变化。驾驶人对刺激的"反应"是指根据交通条件变化对车辆的加减速控制。

通常，跟驰模型可以分为以下几个类别：刺激-反应类（stimulus-response model）、安全距离类（safety distance model）、理想速度类（optimal velocity model）、心理-生理类

（psycho–physical model）、元胞自动机类（cellular automaton model）和基于人工智能的模型（artificial intelligence–based model）。本质上，这 6 类模型可统一视为广义"刺激–反应"方程的特殊形式。另外，根据数学模型的性质，可以将车辆跟驰模型分为线性模型和非线性模型两类。

2. 刺激–反应类跟驰模型

刺激–反应类跟驰模型形式简单，物理意义明确，具有重要的理论意义。根据发展过程，分为线性和非线性两类。线性跟驰模型提出了两条被广泛认可的假设：

① 驾驶人考虑本车和前车的速度差来加减速；

② 驾驶人存在反应延迟。

之后提出的非线性跟驰模型则进一步考虑了第三条假设：

③ 驾驶人将考虑本车当前速度和前后车的间距来加减速。

线性跟驰模型是基于刺激–反应关系原理的最简单模型形式，图 4–13 为线性跟驰模型原理示意图。

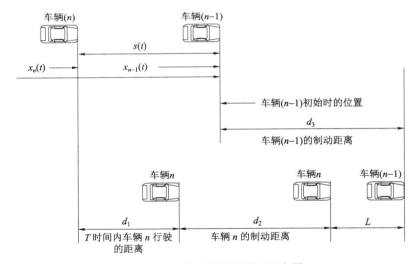

图 4–13　线性跟驰模型原理示意图

$x_{n-1}(t)$ 和 $x_n(t)$ 分别表示 t 时刻前车 $(n-1)$ 和其跟随车 n 的位置，$s(t)=x_{n-1}(t)-x_n(t)$ 为 t 时刻车辆间的车头间距，T 表示驾驶人的反应时间，$d_1=T \cdot v_n(t)$ 表示驾驶人在反应时间 T 内车辆 n 行驶的距离，d_2 表示车辆 n 的制动距离，d_3 表示车辆 $(n-1)$ 的制动距离，L 表示停车安全距离。

根据图 4–13，可以得出如下基本关系式：

$$s(t) = x_{n-1}(t) - x_n(t) = d_1 + d_2 + L - d_3 \tag{4-11}$$

$$d_1 = T \cdot v_n(t) = T \cdot v_n(t+T) = T \cdot \dot{x}_n(t+T) \quad (4\text{--}12)$$

假设两车的制动距离相等，即 $d_2=d_3$，则有

$$s(t) = x_n(t) - x_{n+1}(t) = d_1 + L \quad (4\text{--}13)$$

综合上述关系式，可得

$$x_n(t) - x_{n+1}(t) = \dot{x}_{n+1}(t+T) \cdot T + L \quad (4\text{--}14)$$

两边对 t 求导，得到

$$\dot{x}_n(t) - \dot{x}_{n+1}(t) = \ddot{x}_{n+1}(t+T) \cdot T \quad (4\text{--}15)$$

即

$$\ddot{x}_{n+1}(t+T) = \lambda[\dot{x}_n(t) - \dot{x}_{n+1}(t)] \quad n=1,2,3,\cdots \quad (4\text{--}16)$$

或写成

$$\ddot{x}_{n+1}(t) = \lambda[\dot{x}_n(t-T) - \dot{x}_{n+1}(t-T)] \quad n=1,2,3,\cdots \quad (4\text{--}17)$$

其中，$\lambda = T^{-1}$。与刺激–反应关系式对比，可以看出，式（4–17）是对刺激–反应方程的近似表示：刺激为两车的速度差；反应为跟驰车辆的加速度。

式（4–15）是在前导车制动、两车的制动距离相等以及后车在反应时间 T 内速度不变等假定下推导出来的。实际的情况要比这些假定复杂得多，比如刺激可能是由加速度引起的，而两车的制动距离也可能不相等。为了考虑一般的情况，通常把式（4–16）或式（4–17）作为线性跟驰模型的形式，其中 λ 不一定取值为 T^{-1}，也不再理解为灵敏度或灵敏系数，而看成与驾驶人动作强度相关的量，称为反应强度系数，单位为 s^{-1}。

Gazis、Herman 和 Rothery（1961）（简称"GHR 模型"）在线性模型的基础上考虑前后车间距、后车当前速度等因素对跟驰行为的影响，形成了非线性的刺激–反应类车辆跟驰模型。这些成果很大程度上来自于 20 世纪五六十年代通用汽车（general motors，GM）实验室的研究，极大地推动了跟驰模型的基础性研究，其影响力持续至今。非线性跟驰模型的一般表达式如式（4–18）所示。

$$\ddot{x}_n(t+T) = a_{l,m} \frac{\dot{x}_n^m(t)}{[x_{n-1}(t)-x_n(t)]^l}[\dot{x}_{n-1}(t)-\dot{x}_n(t)]^2 \quad n=1,2,3,\cdots \quad (4\text{--}18)$$

式中：$a_{l,m}$ 为常数，通常由实验确定；$l \geq 0$ 和 $m \geq 0$ 为参数。

在式（4–18）中，通过设置不同的 l 和 m，可以得到前面提出的线性跟驰模型和各种表达的非线性跟驰模型。

4.4.2 城市道路车辆换道

与头车不受后车影响的"跟驰模型"相比，"换道模型"涉及诸多参数，因此也更加复杂。换道的原因多种多样，可能为了转弯、出入匝道而换道，或者为超车而换道。另外，驾驶人不管与目标车道上行驶的车辆协作与否，都可能换道。因此，换道特性是多样的，这是

对换道模型的研究并没有跟驰模型那么广泛的原因。

经典的车辆换道过程通常作为几个决策步骤的模型，如图 4–14 所示。

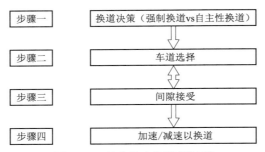

图 4–14　经典的车辆换道过程

步骤一，驾驶人考虑换道是否是必需的或者值得的，当换道是必需的（如为了转弯）时候，称为强制性换道；否则称为自主性换道。自主性换道是为了获取速度或者位置的优势，不同的驾驶人对于是否进行自主性换道具有不同的主观判断。因此，驾驶人的行为特性在换道过程中尤为重要。在这一步中，就可能存在着不同的标准或阈值，一旦超过阈值，可能会引起换道意愿。而这些标准或阈值随着驾驶人和交通环境的不同而不同。

步骤二，驾驶人选择换道的目标车道。自主性换道中，这一步较为复杂，驾驶人需基于一系列的标准去选取一条车道（如队列长度或目标车道的车速）。不同的驾驶人也有不同的标准，例如，有人将驾驶人的"礼貌系数"作为换道选择的一个参数。应用于目标车道选择的一种方法是离散选择模型，该模型的基本逻辑是实现效用的最大化，即假设驾驶人能计算每个方案的效用，且选择具有最高效用的车道。驾驶人 x 选择车道 i 的概率如式（4–19）所示。

$$P_{x,i} = \text{prob}\,[V_{x,i} > V_{x,n}]\quad n \neq i \tag{4–19}$$

式中：$V_{x,i}$ 为车道 i 对驾驶人 x 的总效用；$V_{x,n}$ 为其他车道对驾驶人 x 的总效用。

总效用的计算如式（4–20）所示。

$$V_{x,i} = U_{x,i} + \varepsilon_{x,i} = \sum_j a_{i,j}\, y_{x,i,j} + \varepsilon_{x,i} \tag{4–20}$$

式中：$U_{x,i}$ 为车道 i 和驾驶人 x 的特定的、非随机效用的组成部分；$\varepsilon_{x,i}$ 为车道 i 和驾驶员 x 的非特定效用成分，假设是随机的；$a_{i,j}$ 为由车道 i 的道路环境 j 特性的实际数据估计得到的模型参数；$y_{x,i,j}$ 为道路 i 和驾驶人 x 的道路环境特性。

假设效用的随机项 $\varepsilon_{x,i}$ 服从广义极值分布，可得到式（4–21）所示的 logit 模型。

$$P_{x,i} = \frac{e^{U_{x,i}}}{\sum_i e^{U_{x,i}}} \tag{4–21}$$

式中，e 为自然对数的底，取值 e=2.718。

步骤三，驾驶人计算目标车道中可能的插车间隙。间隙不够时，会寻找其他可接受间隙，或者重新考虑是否需要换道。步骤二和步骤三可能同时发生，比如在自主性换道中，某驾驶人在两条车道间需找适合间隙的时候，"计算效用"和"间隙接受"是同时进行的。

步骤四，车辆通过调整车速（加速或减速）并线插入目标车道。

4.4.3 城市立体交叉、城市快速路出入口和交织区交通流

由于城市道路立体占地空间小，因此其立体交叉形式往往较公路立体交叉复杂，变形立体交叉多，线形条件也较公路立体交叉差，因此其交通流也具有不同的特征。为了防止交通拥堵，通常配以交通组织措施进行交通通行限制。图 4-15 为北京西直门立交桥及其交通组织示意图。由图 4-15 可知，该立交桥是一座典型的变形立体交叉，南北方向主线通过下穿完成，东西方向主线通过地上一层完成，南向西的左转通过地上二层的半定向式匝道完成，西向北左转通过地上三层半定向式匝道完成；该立交受用地限制由西向南的右转没有修建右转匝道，而采用了限时通行（晚 20 点至早 7 点直接右转）和禁行（即早 7 至晚 8 点前，利用三个变形式环圈匝道的 3 次右转完成。这种行驶的立体交叉需要配以完善的交通标志诱导，以免迷路而为驾驶人带来不便。在规划设计时，应尽量避免功能不明细、交通组织复杂的立体交叉。

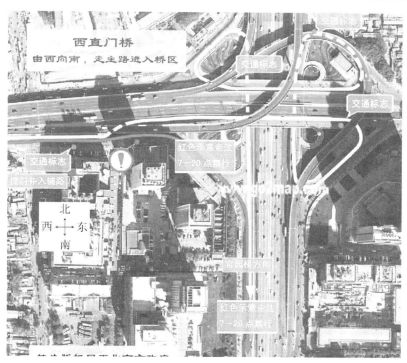

图 4-15 北京西直门立交桥及其交通组织示意图

城市快速路因出入口多，出入口间距短而存在较多的交通流交织和交汇，干扰严重，是典型的交通瓶颈，又因为有大型公交车辆通行容易造成交通拥堵，典型的汇入、汇出和交织的结构及其交通流如图4-16所示。图4-16（c）为典型的合流-分流形式，在其之间存在交织。其他几种情况为仅存在分流或合流的情况。由于分流、合流、交织的存在，交通流之间产生相互干扰，从而影响通行能力。此种情况下，研究的关键是分流、合流、交织区的通行能力、交织区的类型、交织区长度、加减速车道长度等。

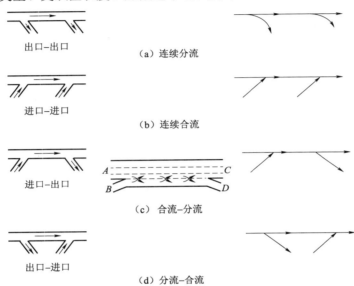

图4-16　城市快速路分合流及交织区交通流

不同的交汇、分流和交织的交通流特性不同。图4-17为典型交织区及其前后断面的观测交通流特性。可以看出，不同的断面具有不同的交通流特性，并且在入口上游断面，具有自由流和阻塞流；在交流区断面则有自由流和拥挤流；而在分流下游断面则仅有自由流。

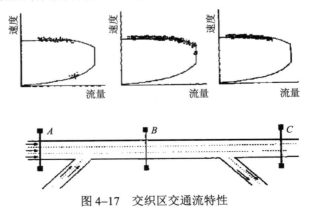

图4-17　交织区交通流特性

4.4.4　城市轨道交通车辆运行

城市轨道交通系统与铁路系统运营的区别在于城市轨道交通系统网络密度高、行车密度高、运行间隔小，因此带来运营调度模式的不同，铁路列车多采用闭塞（固定闭塞）运行，而城市轨道交通则采用移动闭塞或追踪运行，以提高运输效率。

移动闭塞不需要设置闭塞区间，而是完全依靠车辆间的无线通信及高精度的车辆定位技术实现车辆在线路上的受控运行，以实现安全与效率的双赢。

20 世纪 80 年代，计算机技术和通信技术的飞速发展，为移动闭塞系统的实现创造了条件。近年来，各国相继投入力量研制基于通信的列车控制系统 CBTC（communication based train control system），具有代表性的主要有法国国铁的实时追踪自动化系统 ASTREE 系统、日本铁道综合技术研究所的计算机和无线列车控制系统 CARAT（computer and radio aided train control system）、欧洲铁道联盟研究所的列车控制系统 ETCS（European train control system）和美国、加拿大铁路协会的先进列车控制系统 ATCS（advanced train control system）等。这些系统在高速铁路和城市轨道交通系统中获得了应用，实现着移动闭塞式追踪运行或无人驾驶。

CBTC 移动闭塞技术是北京交通大学自主研发的城市轨道交通列车控制技术，具有自主知识产权，并于 2010 年首次在北京地铁亦庄线获得成功应用，使得中国成为继德国、法国、加拿大之后，第四个成功掌握该项核心技术并成功开通运营的国家。除亦庄线之外，该系统还在北京的昌平线等获得了推广应用。它采用地面信标的定位信息，并将采集到的信标点的信息与列车行驶方向、速度值、加速度值信息进行计算，得出高精度的列车定位，通过无线车地通信设备发送给地面控制单元——区域控制器（ZC），ZC 汇总本控制区域内所有移动闭塞列车发来的位置信息，并结合线路当前情况为每一组在线 CBTC 列车分配移动授权。CBTC移动闭塞城市轨道交通列车系统示意图如图 4-18 所示。

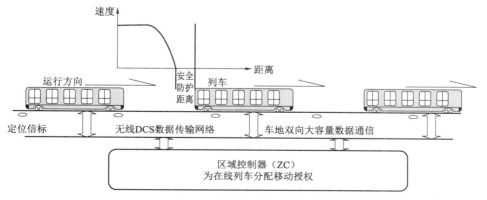

图 4-18　CBTC 移动闭塞城市轨道交通列车系统示意图

4.5 城市交通流运行分析

城市交通中各种交通方式的运行状况是城市交通出行的具体反映，科学分析其运行状态是交通设施规划、建设和协同运行管理，求得最佳运行状态和服务质量的依据。

4.5.1 城市道路交通流运行分析

城市道路交通拥堵、公交拥挤、汽车排气污染和道路交通事故多发已经成为城市发展和运行中备受关注的问题，甚至被称为"城市病"。为了准确评价城市交通的运行质量，以制定有效的交通政策措施，需要进行城市交通网络运行状况分析。

美国、日本、欧洲及我国分别从道路 V/C 比、出行时间比、拥堵里程比等不同角度出发，建立了不同交通运行分析方法。

1. 基于 V/C 比的交通拥堵分析

美国得州交通研究所的 Schrank 和 Lomax 提出经验指标——道路拥堵指数（road congestion index，RCI）。道路拥堵指数可由高速公路和主干路相应区域范围内的车辆行驶里程与车道里程的比值经加权平均而得。计算方法如下。

（1）计算日车英里数。公式为

$$DVMT = \frac{AVMT}{365} \tag{4-22}$$

$$DVMT_{高速公路} = UDVMT_{高速公路} + RDVMT_{高速公路} \tag{4-23}$$

$$DVMT_{主干路} = UDVMT_{主干路} + RDVMT_{主干路} \tag{4-24}$$

其中：DVMT 为日车英里数，AVMT 为年车英里数，UDVMT 为城市的日车英里数，RDVMT 为乡村的日车英里数。

（2）计算日车道英里数。公式为：

$$PLM_{高速公路} = \frac{UDVMT_{高速公路}}{ULM_{高速公路}} + \frac{RDVMT_{高速公路}}{RLM_{高速公路}} \tag{4-25}$$

$$PLM_{主干路} = \frac{UDVMT_{主干路}}{ULM_{主干路}} + \frac{RDVMT_{主干路}}{RLM_{主干路}} \tag{4-26}$$

其中：PLM 为日车道英里数，ULM 为城市车道里程，RLM 为乡村车道里程。

计算道路拥堵指数。公式为：

$$RCI = \frac{DVMT_{高速公路} \times PLM_{高速公路} + DVMT_{主干路} \times PLM_{主干路}}{14\,000 \times DVMT_{高速公路} + 5\,000 \times DVMT_{主干路}} \tag{4-27}$$

其中，2012 年美国城市畅通性报告（Mobility Report）推荐分母中常数 14 000 和 5 000，分别代表高速公路和主干路每日车道英里容量估计值。

若所得 RCI≥1.0，则区域交通处于拥堵状态。由于 RCI 用于宏观评价区域整体、长周期的交通状况，而非区域路网内动态或部分特定路段的交通状况，因此当用 RCI<1.0 判断区域整体交通处于非拥堵状态时，有可能忽略部分路段正处于拥堵状态的情况。同时 RCI 对于拥堵改善措施实施效果的反映也不够灵敏。早期多使用 RCI 作为判断拥堵状态的基本指标，现今它基本已被其他诸如基于时间比等的指标所取代。但由于 RCI 易于理解，它在一些应用中仍然是很有效的宏观评价指标。

2. 基于时间比的交通拥堵分析

美国城市畅通性报告中广泛使用 TTI（travel time index）作为评价拥堵强度和持续时间的指标。TTI 定义为平均高峰出行时间与自由流下出行时间之比。它着重考虑高峰出行时间比自由流速度下多用的出行时间。区域平均 TTI 指数值可由路段各自的 VMT 作权重对路段 TTI 进行加权求得。具体公式如式（4-28）和式（4-29）所示。

$$\text{TTI}_i = \frac{\text{平均高峰出行时间}}{\text{自由流下出行时间}} = \frac{\text{延迟时间+自由流下出行时间}}{\text{自由流下出行时间}} \qquad (4-28)$$

$$\text{TTI}_{\text{区域平均}} = \frac{\sum_{i=1}^{n}(\text{TTI}_i \times \text{VMT}_i)}{\sum_{i=1}^{n}(\text{VMT}_i)} \qquad (4-29)$$

TTI 全面考虑了城市交通者要面对的常发性和偶发性交通拥堵状况。由于 TTI 为时间比，故其没有单位，因此可用于不同旅行距离之间的比较。此外，TTI 仅限于对高峰交通拥堵状态的描述。

3. 基于严重拥堵里程比的交通运行分析

进入 21 世纪以后，由于大量交通实时监测数据（包括浮动车、智能手机等），尤其是近年来大数据的出现，研究人员建立了基于实时数据的动态运行指数模型。目前，我国很多城市（如北京、广州、深圳、上海）及商业机构开展了交通指数模型的研究和应用。其指数模型计算方法的基础大致可以归纳为基于严重拥堵里程比、出行时间比和混合评价等几类。

严重拥堵里程比定义为在一定统计时间间隔内，道路网中各等级道路处于严重拥堵等级的路段里程比例。利用基于严重拥堵里程比的交通运行指数方法求拥堵指数时，要先根据标准求出各等级道路的严重拥堵里程比；再以各等级道路的车公里数（VKT）作权重，加权得到全路网的严重拥堵里程比；然后按照一定的转换关系，计算得到道路交通运行指数（traffic performance index，TPI），并以此反映全路网的实时交通运行状况。具体计算方法如下：

① 按照 GB 50220—1995 划分的道路标准，以不大于 15 min 为统计间隔，计算路网中各路段的平均行程速度；

② 根据路段交通运行等级划分标准（见表 4-1），分别计算各道路等级，即城市快速路、

主干路、次干路和支路中处于严重拥堵等级的路段里程比；

③ 以各等级道路的 VKT 比作权重，对各等级道路严重拥堵里程比进行加权，整合为道路网严重拥堵里程比例；

④ 依照路网严重拥堵里程比与道路交通指数的线性转化关系，将路网严重拥堵里程比转换为取值区间为 [0, 10] 的道路交通运行指数；

⑤ 根据路网交通运行水平划分标准，将 TPI 值转换为对应的道路网运行水平。

表 4–1　路段交通运行等级划分标准　　　　　单位：km/h

	等　级				
	畅通	基本畅通	轻度拥堵	中度拥堵	严重拥堵
快速路	>65	<50~65	<35~50	<20~35	≤20
主干路	>45	<35~45	<25~35	<15~25	≤15
次干路	>35	<25~35	<15~25	<10~15	≤10
支路	>35	<25~35	<15~25	<10~15	≤10

其中，各等级道路的 VKT 计算方法如下。

① 计算统计时段内某道路等级的各路段的 VKT 值，具体公式为：

$$\mathrm{VKT}_{S_i} = V_{S_i} \cdot L_{S_i} \tag{4–30}$$

其中：VKT_{S_i} 代表统计时段内路段 S_i 的 VKT 值，单位为 pcu·km；V_{S_i} 代表统计时段内通过路段 S_i 的当量小汽车交通量，单位为 pcu；L_{S_i} 代表路段 S_i 的长度，单位为 km。

② 汇总统计时段内该道路等级的 VKT 值。公式为：

$$\mathrm{VKT}_{道路等级} = \sum_{i=1}^{N_1} \mathrm{VKT}_{S_i} \tag{4–31}$$

其中，$\mathrm{VKT}_{道路等级}$ 为某道路等级的 VKT 值；N_1 为某道路等级的路段条数。

③ 计算各等级道路 VKT 值占道路网总 VKT 值的百分比。

需要注意的是，从系统（或管理者）的角度分析，严重拥堵是路网能力（总容量或效率）显著下降的状态。轻度和中度拥堵是路网能力较大、效率较高（高于畅通和基本畅通）的状态——可结合 MFD 模型中的路网交通产出量（production）和路网出行完成车辆数（output）这两个指标来理解。因此，从系统运行角度出发，轻度和中度拥堵状态并不可怕，而严重拥堵应该尽可能避免。北京和广州等城市的交通指数采用此种基于严重拥堵里程比的计算方法。北京市道路交通运行指数系统如图 4–19 所示。

4. 基于混合评价的交通运行分析

基于混合评价的交通运行分析应考虑服务等级与道路交通评价指数两种指标的统一性，在构造交通运行评价指数时，采用出行时间与道路 V/C 比作为混合评价指标，通过数学手段，结合逻辑分析建立混合评价交通运行水平的交通指数模型。具体方法如下。

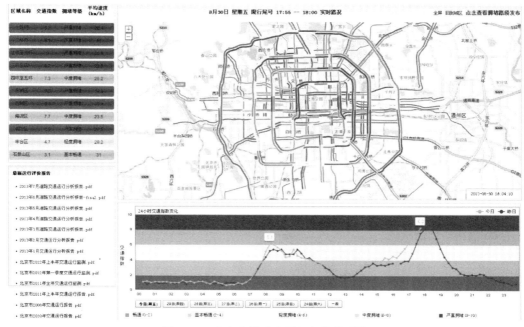

图4-19 北京市道路交通运行指数系统

① 确定评价因子：出行时间和 V/C 比；

② 采用层次分析法及专家打分法确定评价因子的权重；

③ 确定模型参数，并通过实际调查数据进行模型验证。

如图4-20所示，目前交通运行指数已经在我国各城市得到了应用，在交通状态评估、交通政策评价和辅助决策，以及引导居民合理出行方面发挥了重要作用。

4.5.2 城市公共交通系统运行分析

城市轨道交通系统通过站点进行客流的集散，通过列车的运行实现乘客车站与站间的运输。因此，其运输的特点是站点的客流集散、固定线路上的输送及枢纽节点内的客流换乘。

客流集散和站内的客流组织是轨道交通站点管理的主要任务，是运输的保障。与道路交通流相同，轨道交通客流同样具有时空特征。在早晚高峰时段，站点的集结客流是重点，而在紧急时间条件下，疏散客流是重点。在北京等我国的大城市，早晚高峰时段轨道交通站点常采用限流措施，以保障乘客安全。据报道，北京的工作日常态限流轨道交通站点达60个；车内拥挤也是常见的现象，北京城市轨道交通中多条线路拥挤度达到了1.2以上。

站点拥挤、车内拥挤和正点率是城市公共交通系统运行分析的重点。站点拥挤可以用乘客排队长度、乘客密度等指标进行分析；车内拥挤可以用车内平均拥挤度指标进行分析；正点率可以通过实际运行时间与列车时刻表的贴合程度来度量分析。

拥堵指数	市民感受的定性描述	市民出行时间
畅　通（0-2）	路上车很少、畅行无阻	T
基本畅通（2-4）	基本还是畅通的	1.0-1.5 T
轻度拥堵（4-6）	有一些拥堵，但不严重	1.5-2.0 T
中度拥堵（6-8）	拥堵有点严重	2.0-2.8 T
严重拥堵（8-10）	拥堵非常严重	2.8 T以上

注：其中"市民出行时间"是建立在将近3000个调查样本基础上的平均值。

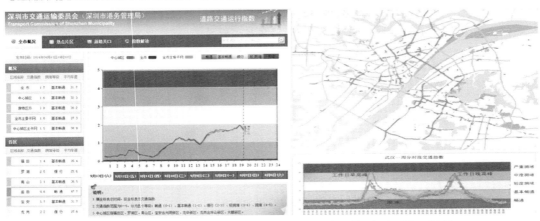

图4-20　城市道路交通运行指数应用系统（上海、杭州、深圳、武汉）

乘客公交 IC 卡、车辆的 GPS 定位技术的普及应用及大数据分析方法等为城市公共交通运行分析提供了支撑。

地铁运营安全评价标准 GB/T 50438—2007 中，针对系统运行负荷要求采用线路负荷、行车密度和高峰小时断面满载率进行分析，如表4-2至表4-4所示；针对站点的运行负荷，则要求采用站台高峰小时集散量及通道和楼梯每小时通过人数。

表4-2　线路负荷分类

类别	1	2	3
乘客人次/[万人／（d·km）]	<1.5	1.5～2.5	>2.5

表4-3　行车密度分类

类别	1	2	3
最小间隔/min	>5	>3～5	≤3

表 4-4 高峰小时断面车辆满载率分类

类别	1	2	3	4
车辆满载率	<80%	80%～100%	>100%～超员	>超员

城市公共交通的延误或正点率影响着其运行服务质量和生产率，应该将其作为一项重要的分析指标。但是，由于城市轨道交通系统的正点率非常高，几乎接近 100%而没有行车延误，而目前我国的城市公共汽（电）车还没有设置中间站点的时刻表，因此无法分析其正点率。

4.6 无人驾驶系统

交通流模型在交通科学和交通工程中得到了广泛的认可，其在交通安全、交通管理、通行能力、服务水平等的分析方面得到了广泛应用。从 20 世纪 80 年代开始，随着智能交通技术的发展，其不仅应用于车辆自主巡航控制系统（autonomous cruise control system）的开发，而且无论是用于研究汽车无人驾驶，还是城市轨道交通无人驾驶均受到了重视。

1. 汽车无人驾驶系统

将交通流模型与自动控制技术、通信技术和传感技术等结合在一起，实现无人驾驶，在确保交通安全的前提下，使驾驶人逐步成为"驾驶人—汽车"系统的管理者，或者将汽车变为移动的办公室成为可能。

无人驾驶汽车就是实现将图 4-21 所示的驾驶任务全部由车载装置完成。

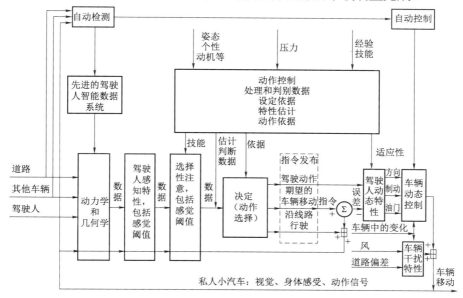

图 4-21 驾驶中人车路系统作用框图

　　在谷歌等的无人驾驶汽车系统中，依靠雷达等传感器、监控装置和全球定位系统协同合作，利用人工智能、视觉计算，让计算机在没有任何人主动的操作下，自动安全地操作机动车辆，如图 4-22 所示。

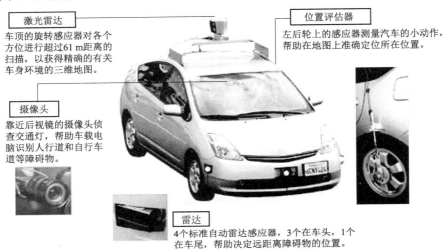

激光雷达
车顶的旋转感应器对各个方位进行超过61 m距离的扫描，以获得精确的有关车身环境的三维地图。

位置评估器
左后轮上的感应器测量汽车的小动作，帮助在地图上准确定位所在位置。

摄像头
靠近后视镜的摄像头侦查交通灯，帮助车载电脑识别人行道和自行车道等障碍物。

雷达
4个标准自动雷达感应器，3个在车头，1个在车尾，帮助决定远距离障碍物的位置。

图 4-22　无人驾驶车辆

　　其中，车顶的"水桶"形装置是自动驾驶汽车的激光雷达，它能对半径 60 m 的周围环境进行扫描，并将结果以 3D 地图的方式呈现出来，给予计算机最初步的判断依据。前置摄像头：在汽车的后视镜附近安装了一个摄像头，用于识别信号灯，并在车载电脑的辅助下辨别移动的物体，如前方车辆、自行车或是行人。左后轮传感器：是自动驾驶汽车的位置传感器，它通过测定汽车的横向移动来帮助计算机给汽车定位，确定它在道路上的正确位置。前后雷达：分别安装了 4 个雷达传感器（前方 3 个，后方 1 个），用于测量汽车与前（和前置摄像头一同配合测量）、后、左、右各个物体间的距离。主控计算机：在后车厢，除了用于运算的计算机外，还有测距信息综合器，负责汽车的行驶路线、方式的判断和执行。截至 2015 年年底，Google 自动驾驶车辆已经无事故累积行驶超过 160 万 km，并且可以在高速公路、城市快速路及部分城市道路上实现无人驾驶行驶。

　　美国的 GM、德国奥迪、日本丰田等汽车公司从 20 世纪 80 年代开始研究无人驾驶汽车，美国、日本、德国等也在大力推进无人驾驶汽车的研发工作。

2. 城市公交车无人驾驶

　　与汽车无人驾驶相同，一些国家和汽车厂家正在大力研制无人驾驶公交车，瑞士 BestMile 公司、我国的宇通汽车公司均有在开放的城市道路上试验成功无人驾驶公交车的相关报道。

3. 城市自动导轨式公交系统

　　自动导轨式公交系统（automated guideway transit）是一种带有侧向导向的胶轮路轨公交。

该系统在日本应用较多，连接神户中心三宫与人工岛的 port liner 是日本第一条，也是世界上首条实现编组无人驾驶的自动导轨式公交系统，于 1981 年 2 月 5 日开通运营，2003 年延伸至神户空港。如图 4-23 所示。该系统采用无人控制系统 ATO（automatic train operation）进行无人驾驶操控。

图 4-23 日本神户 port liner 自动导轨公交线路（https://ja.wikipedia.org/wiki/）

图 4-23　日本神户 port liner 自动导轨公交线路（https://ja.wikipedia.org/wiki/）（续）

在日本，除该条线路外，还有神户的六甲人工岛线、大阪南港新城线、东京临海线等十余条线路。

我国的首都机场 T3 航站楼内的乘客运输和广州的珠江新城线均采用了自动胶轮路轨系统。

复习思考题

1. 叙述城市交通流的发展。
2. 在城市交通中，各种交通方式利用车的交通行为特征及其影响因素是什么？
3. 叙述城市交通中各种交通方式的交通流特性。
4. 叙述宏观交通流模型。
5. 什么是交通波？
6. 什么是线性跟驰模型？
7. 叙述城市交通流分析的主要方法及其应用情况。
8. 城市轨道交通客流的特点是什么？
9. 城市公交客流的特点是什么？
10. 叙述城市交通无人驾驶系统的发展。

第 5 章

城市交通规划与设计

城市交通规划与设计是对城市交通系统的发展战略、交通结构体系和各种交通方式体系的顶层设计。本章主要概述城市交通系统的发展战略、城市交通体系、交通方式体系及衔接、交通出行结构体系，以及城市交通枢纽、立体交叉、停车场及慢行交通系统的规划与设计等内容。

5.1 概 述

城市有自己的自然地理、发展历史、人文、经济、规模等固有属性。城市交通系统规划与设计就是根据城市自身的自然地理、历史、人文环境、经济社会和规模等要素，进行交通系统的规划和顶层设计，具体内容有城市交通发展战略、城市交通体系、交通方式体系及衔接及计划达到的交通出行结构体系。

一个城市的交通发展战略决定着城市的交通体系规划、建设和运营，从而决定城市居民的交通出行方式结构。例如，城市的公交都市发展战略，决定了城市交通是以公共交通体系为主的系统，构建方便、快捷、舒适、安全、低排放的城市交通系统，居民的交通出行以公交出行为主，交通出行结构中公交方式划分率高，私家车划分率低，道路交通状况良好，引导城市向紧凑型发展。相反，以私家车为主的城市交通发展战略，城市交通体系必然以道路交通为主，居民的交通出行中小汽车划分率高，城市道路交通拥堵、空气污染和交通事故多发的"城市病"严重，并引导城市向"摊大饼"的蔓延型发展。

城市交通系统规划与设计就是根据城市的现状和发展进行交通体系的"量身定做"。

5.2　城市交通规划设计的内容

城市交通发展战略定位是根据城市的现状和经济社会等的发展，对城市交通的未来发展制定发展目标、交通体系规划设计、各种交通方式体系之间的协同关系、每种交通方式内部的体系结构，以及计划达到的交通出行体系结构。

1. 城市交通发展战略

城市交通发展战略是根据城市交通的现状，协同城市经济社会发展规划、城市总体规划和城市规划等确定城市交通发展方向的顶层设计。例如，公交导向的城市发展、公交都市、低碳交通城市等。

解读城市经济社会发展规划、城市总体规划、城市规划和产业发展规划等，是制定城市交通发展战略的首要任务。其次，是以极大限度地发挥城市交通系统的支撑和引导作用，制定出符合城市具体情况、满足城市可持续发展的交通发展战略。

2. 城市交通发展目标

一个城市的交通发展战略通过目标和指标具体体现。发展目标是在近期、中期和远期等不同阶段计划实现的目标，可以是 1 个目标，也可以是多个目标，如构筑"安全、高效、可靠、低碳、多元"的快速交通体系，合理的交通体系结构，实现"1 小时交通圈"之类的平均出行时间等，也可以对综合交通及各种交通方式交通分别制定。

3. 城市交通发展模式

模式（pattern）是事物的标准样式。城市交通发展模式就是根据城市发展战略和目标确定其发展的样式。

城市交通发展模式一般按照其范围制定不同的发展模式。城市范围是城市用地、产业、人口和经济发展的具体体现，交通发展也应根据其特点制定相应的模式，可以分为中心城区交通发展模式和对外交通发展模式等。例如，中心城区以公共交通为主导的交通发展、鼓励步行和自行车交通的交通模式；城市对外以高速铁路和高速公路为主，以航空和水运为辅的交通发展模式。

5.3　城市交通系统规划

城市交通系统规划是按照城市交通系统的发展，确定目标年份做出科学安排，其依据是城市交通发展战略、发展目标和具体指标，以及发展模式。发展年份分为近期、中期和远期。近期一般为 3～5 年，中期为 10～15 年，远期为 15～20 年。城市交通系统规划的主要内容有城市交通系统现状分析、城市交通网络系统规划、城市交通需求预测、城市停车规划、城市交通枢纽规划、城市交通系统建设规划和城市交通系统规划保障体系等。

1. 城市交通系统现状分析

城市交通系统现状分析是城市交通规划的主要组成部分，也是城市交通网络规划和交通需求预测的基础。城市交通系统现状分析，可以找出现状交通网络系统和运行系统中存在的问题和距离目标的差距，以便调整城市交通体系结构和交通出行结构，优化城市交通系统的运行。

2. 城市交通网络系统规划

我国的城市分为建成区和郊区，其区别是用地性质、人口密度和产业发展。在建成区，居住用地、教学科研用地、商业金融等用地比例高，人口密度大，农业等用地比例低，保护性用地少，而在郊区则相反。因此，在交通网络系统规划一般因建成区和郊区而不同。

对多中心的超特大城市和特大城市而言，有城市主城区（或核心区）和卫星城，即有多个建成区，在进行城市交通规划时，除进行全市域的交通规划外，还需要分别进行各卫星城的交通规划，相应的交通网络规划也同时进行。

城市交通网络系统规划按照范围分为城市对外交通网络系统规划和城市内部交通网络系统规划，前者规划城市对外的交通枢纽节点和通道，以方便城市的进出交通；后者则规划城市内部的交通网络系统，以方便城市内部交通出行。

1）城市对外交通网络系统规划

作为解决城市交通中内外交通和过境交通的基础设施，规划城市对外交通系统，主要有公路系统规划、铁路系统规划、航空系统规划和港口集疏运系统规划等，并且这些系统规划因城市的大小和区位条件等的不同而异。

通常，城市对外交通网络系统与城市交通网络系统通过各种形式的交通枢纽（机场、轨道交通站、客运站或综合交通枢纽等）、立体交叉或平面交叉口等实现圆滑衔接，其衔接形式分为单点中心衔接和多点环线衔接。

2）城市交通网络系统规划

在建成区范围内，交通组成和交通工具来得更加复杂，在交通组成上主要表现在道路上的行人和非机动车交通量增大，交通秩序相对混乱；在交通工具上主要表现在非机动车、电动车、公共汽（电）车、私家车、城市轨道交通和快速公交等，方式多样。因此，在城市建成区范围内，合理的城市交通网络系统规模和体系结构是支撑和引导城市经济社会健康可持续发展的首要保证和充要条件。我国目前多数城市的城市交通问题多起源于城市交通网络系统规模过小和体系结构不合理。

城市轨道交通布局在地下、地面和高架不同的层面，线路之间及其与其他交通方式的衔接换乘也是一个重要的问题。

（1）城市交通网络体系结构规划

城市交通网络系统包括城市道路、城市轨道交通、城市水运及摆渡，以及部分城市的极少量索道，其中城市道路网络和城市轨道交通网络是我国多数大城市的主要交通基础设施网络，而在中小城市则只有城市道路网络。

如前所述，合理的城市交通网络系统规模和体系结构是支撑和引导城市经济社会健康可持续发展的首要保证和充要条件。那么，一座城市以何种规模的网络总规模为宜，至今没有制定相应的整体指标和交通方式网络间的比例指标，只是在《城市道路交通规划设计规范》（GB 50220—1995）中对城市道路按照城市人口规模给出了路网面积、不同等级道路路网面积和比例等建议指标，对于城市公共汽（电）车按照城市中心区域和边缘区域分别给出了路网密度、站点覆盖率和非直线系数等建议指标。

表 5-1 以世界上几个著名的大城市或者被称为世界城市的城市，即以伦敦、纽约、东京和巴黎为例，分别给出了城市轨道交通方式和道路网络的规模（营运里程）及两者之间的比例。由此可知，这些城市在其通勤范围内均有庞大的城市轨道交通网络和道路网络，其比例以东京的城市轨道交通最高，占到了 17.6%。此外，东京从 1868 年开始建设了城市轨道交通线路，并不断地以城市轨道交通的规划建设引导城市的发展，形成了城市轨道交通与城市用地之间的良好互动关系，有力支撑着通勤等刚性交通出行。

表 5-1 世界城市都市圈城市轨道交通和道路网络规模

城市	城市轨道交通		城市道路	
	里程/km	比例/%	里程/km	比例/%
纽约	1 468	9.9	13 352	90.1
东京	2 530	17.6	11 883	82.4
伦敦	1 225	7.6	14 926	92.4
巴黎	2 087	15.5	11 400	84.5

（2）城市道路网络系统规划

道路是城市居民生产活动、物流的基础和末端交通基础设施。该系统既需要足够的规模，也需要相应的密度、不同的功能等级，以及各功能等级的比例，还需要不同功能等级道路的间隔搭配和相互衔接搭配，以保证既满足总体道路需求的要求，又保证不同性质的交通出行由相应的道路承担。例如，城市内长距离出行要求通过性，应该由城市快速路和主干路承担；近距离出行要求兼顾通过性和可达性，则应该由次干路承担；从起点（家庭或办公地点）到干路部分交通，要求可达性，应该由支路承担。因此，城市道路网络系统规划的核心是根据城市的实际，科学合理地规划道路网络构架，安排道路网总长，城市快速路、主干路、次干路和支路的长度及其比例，干路间隔，以及相互衔接。

图 5-1 表示城市道路等级及其功能的对应关系。由图 5-1 可知，城市快速路的功能是通过性，生活区道路的功能是可达性，其他道路的功能介于两者之间，并称 S 形曲线在通过性和可达性之间变化。

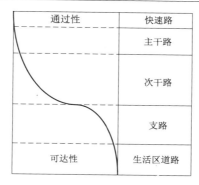

图 5-1 城市道路等级及其功能的对应关系

《城市道路交通规划设计规范》(GB 50220—1995) 规定了不同城市规模的道路体系结构，要求规划里程和比例成塔形结构，即城市快速路、主干路、次干路和支路的顺序逐渐增加。

图 5-2 表示城市主干路、次干路和支路之间的相互连接关系。可以看出，支路多规划在生活环境区域，次干路规划于生活环境区域之间，主干路则规划于生活环境区域之外。

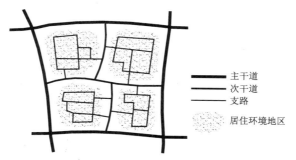

图 5-2 不同等级城市道路之间的连接示意图

城市道路交叉根据其相交道路的等级确定。《城市道路工程设计规范》(CJJ 37—2012) 根据城市平面道路交叉交通组织，将其分为平 A 类、平 B 类和平 C 类 3 种。同时，规定的交叉口最小间距如表 5-2 所示。

① 平 A 类：信号控制交叉口。

平 A_1 类：交通信号控制，进出口道展宽交叉口。

平 A_2 类：交通信号控制，进出口道不展宽交叉口。

② 平 B 类：无信号控制交叉口。

平 B_1 类：支路只准右转通行的交叉口。

平 B_2 类：减速让行或停车让行标志管制交叉口。

平 B_3 类：全无管制交叉口。

③ 平 C 类：环形交叉口。

表 5–2　交叉口最小间距值　　　　　　　　　　　　单位：m

交叉口等级	平 A_1 类	平 A_2 类	平 B_1 类	平 B_2 类	平 B_3 类
平 A_1 类	>2 000	800~1 200	400~600	—	—
平 A_2 类	800~1 200	800~1 200	400~600	200~300	—
平 B_1 类	400~600	400~600	400~600	200~300	100~150
平 B_2 类	—	200~300	200~300	200~300	100~150
平 B_3 类	—	—	100~150	100~150	75~100

《城市道路工程设计规范》（CJJ 37—2012）还根据相交道路等级、直行及转向车流行驶特征、非机动车对机动车的干扰情况等，将城市立交分为枢纽型立交、一般立交和分离式立交，如表 5–3 所示。

① 立 A 类：枢纽型立交。

立 A_1 类：主要形式为全定向、喇叭形、组合式全互通立交。

立 A_2 类：主要形式为喇叭形、苜蓿叶形、半定向、定向或半定向组合的全互通立交。

② 立 B 类：一般立交。

其主要形式为喇叭形、苜蓿叶形、环形、菱形、迂回式、组合式全互通或半互通立交。

③ 立 C 类：分离式立交。

表 5–3　城市道路立体交叉类型及交通流特征

立体交叉类型	主线直行机动车流行驶特征	转向机动车流行驶特征	非机动车及行人干扰情况
立 A 类（枢纽型立交）	连续快速行驶	较少交织、无平面交叉	机非分行，无干扰
立 B 类（一般立交）	主要道路连续快速行驶，次要道路存在交织或平面交叉	部分转向交通存在交织或平面交叉	主要道路机非分行，无干扰；次要道路机非混行，有干扰
立 C 类（分离式立交）	连续行驶	不提供转向功能	—

如表 5–3 所示，城市立体交叉交通流特征是直行车辆连续快速行驶、转弯车辆较少的交织、非机动车交通流与机动车交通流分离，因此适用于高等级城市道路之间的交叉，如高速公路与城市快速路和主干路之间、城市快速路之间、城市快速路与主干路之间的交叉，以及高等级城市道路与轨道交通线路之间的交叉等，而城市主干路与主干路之间及低等级城市道路上不适合规划立体交叉。

（3）城市轨道交通网络系统规划

城市轨道交通是大城市客运的骨干交通基础设施。该系统也需要适量的规模，合理的功能等级，适度的密度，站点覆盖率，以及与其他交通方式的衔接，如城市公共汽（电）车和自行车等。因此，城市轨道交通网络系统规划的核心是根据城市的实际，科学合理地规划城市轨道交通系统的构架，安排网络总长、线路和站点等。

值得注意的是，城市轨道交通的骨干作用需要一定的规模，根据统计，当城市轨道交通网络规模达到城市道路和轨道交通线网总规模的 10%以上时，方能开始显现骨干作用，而接近 20%是比较理想的比例结构。

城市轨道交通网络结构形态分为直达型和骨干环线枢纽站换乘型两种。前者以莫斯科地铁网络为代表，后者以东京城市轨道交通网络为典型，分别如图 5–3 和图 5–4 所示。前者多为以地铁为主的城市轨道交通网络，适用于均匀型用地和交通出行需求；后者为市郊铁路与其他城市轨道交通结合的城市轨道交通网络，适用于局部高密度型用地和向心型城市交通出行需求，如卫星城与中心城之间。

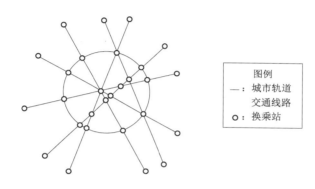

图 5–3　直达型轨道交通线路示意图

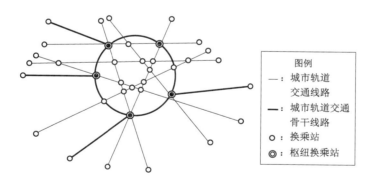

图 5–4　城市轨道交通骨干环线枢纽站换乘型示意图

尽管城市轨道交通的网络规模和密度在标准规范中尚无规定，其规模的确定是一个复杂的过程，需要考虑城市的经济、人口、用地模式和规模等要素，但是迄今为止，世界上已经有 120 余个城市开通了地铁线路。我们可以利用统计回归的方法找出城市轨道交通规模与相关要素之间的回归关系，以便进行概算。

式（5–1）为孙有望利用世界上 48 个城市的城市轨道交通建设数据，以运营里程为因变量，以城市人口和面积为自变量拟合的回归分析模型。

$$L = b_0 \cdot P^{b_1} \cdot S^{b_2} \tag{5-1}$$

式中：L 为城市轨道交通长度，km；P 为城市人口，万人；S 为城市面积，km^2；b_0、b_1、b_2 为回归参数，分别为 1.839、0.640 013 和 0.099 66。

然而，由于城市轨道交通的修建需要巨大的资金投入，在我国单位里程的地铁建设成本在 5 亿～10 亿元，轻轨建设成本也在 2 亿～3 亿元，因此应考虑城市的经济发展水平，尤其是地方财政收入的关系模型有待构建。此外，城市的等级、性质、用地特征等均影响轨道交通的建设，因此考虑城市等级等因素的模型构建对城市轨道交通系统的规划建设更具针对性。

值得注意的是，轨道交通结构形态的设计，均应适合城市用地发展和交通需求的特性，不能一概而论。

（4）城市常规公交网络系统规划

城市常规公交网络系统规划，即公共汽（电）车网络系统规划是基于城市道路交通网络系统的公交车辆运行网络规划，也是城市交通中的普遍服务网络系统。该系统不但需要足够的规模，很高的网络密度和站点覆盖率，还需要与其他交通方式的良好衔接，如城市轨道交通、自行车交通和行人交通等。因此，城市常规公交网络系统规划的核心内容是根据城市的实际，科学合理地安排线路、站点，确定合适的车辆及适合的运营模式。

（5）城市慢行（行人和非机动车）交通网络系统规划

城市非机动交通系统作为城市居民出行的末端交通系统，具有基础性和通达性两种性质，作为低碳和益于健康的交通系统近年来得到广泛推崇。城市非机动交通系统规划的核心是根据城市的实际，科学合理地安排非机动车系统、步行系统及其换乘系统，以及学校周边的道路系统规划等。

目前我国的城市交通系统过于追求机动化，而忽略了非机动车和行人出行系统的建设和管理，原有的非机动车和行人的通行权利被侵占，机动车占用非机动车道甚至占用人行道现象严重。因此，亟须城市道路设计理念的转变和交通执法管理的加强。就城市非机动交通系统规划而言，需要站在行人和非机动车使用者的立场，以方便、安全和连续成系统等为基本原则规划该网络系统。日本《道路构造令》（道路工程技术标准）2001年版第 10 条和第 11 条分别规定，对于自行车流量大的城市道路必须设置自行车专用道或根据情况设置自行车、行人混用道路，以保证非机动车、行人的出行安全和机动车交通流的畅通。

3. 城市交通需求预测

城市交通需求预测是城市交通规划的核心内容之一，是决定交通网络体系和进行断面结构设计等的依据。其内容包括交通发生与吸引（第一阶段）、交通分布（第二阶段）、交通方式划分（第三阶段）和交通流分配（第四阶段）。从交通的生成到交通流分配的过程，因为有四个阶段，所以通常被称为"四阶段预测法"，过程示意图如图 5-5 所示。

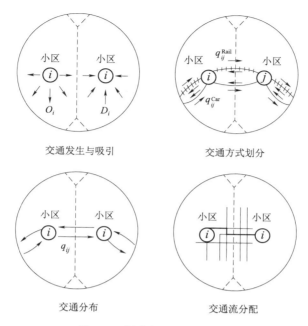

图 5-5 四阶段预测法示意图

四阶段预测法是目前经典的方法，在实际工程项目中获得了极其广泛的应用，为学界所公认。然而，由于四阶段预测法的局限性，如明显的阶段划分、小区划分和统计处理等，已经逐渐不能适应信息化、个性化的要求，一些新方法正在受到人们的重视。例如，将上述四阶段或其中某几个阶段组合在一起的组合模型，利用断面实测交通量反推 OD 交通量方法、非集计模型方法，以及基于控制论的方法和基于计算机模拟的方法等。随着计算机和软件系统的发展，城市交通规划商业软件系统获得了开发和应用，如 Cube、EMME、TransCAD、PTV–Vision 等，这些软件是交通规划工程师应该掌握的内容。

4. 城市停车规划

城市停车问题作为静态交通对城市道路交通流有很大的影响，也是我国各类城市交通中面临的突出问题之一，停车乱、停车难、挤占非机动车道和人行道，逼迫非机动车和行人进入机动车道通行，造成交通混乱。城市停车规划主要分析停车现状，进行停车需求预测，并在此基础上确定停车发展战略，公共停车场规划，对城市配建停车给出合理的控制指标。规划公共或社会停车场（位）主要用以解决公共出行停车问题，而城市配建停车位（或称"基本停车位"）指标用以解决夜间基本停车问题。

城市停车场的规划需要确定停车泊位的配置总量、不同性质停车场（泊位）的比例、不同性质停车场（泊位）在不同区域的配置及停车场的管理等。

（1）城市停车场配置法律

城市人口密度高，土地自然成为稀缺资源，价格昂贵，因此需要制定相应的法律约束汽车在非行驶状态下入位泊车，保证正常的社会秩序和出行环境。停车场法是保证机动车夜间有其基本停车位，在出行目的地有其出行停车位的基本法律。我国目前需要制定停车场法，以维护良好的停车秩序。日本于1957年制定了停车场法，执法部门依据该法律执法，保证了基本停车位和出行停车位的建设。

（2）城市停车场配建政策

城市基本停车位的建设需要政府制定相应的政策和指标要求来保障，该指标因建筑物的性质、区位、居民生活水平和城市公共交通发展水平等的不同而异。表5–4为一城市停车配建指标实例。

表5–4　城市停车配建指标实例

序号	建筑类别	指标单位	机动车指标	自行车指标	备注
1	第一类旅馆	车位/100 m² 建筑面积	0.60	1.00	
2	第二类旅馆	车位/100 m² 建筑面积	0.40	0.50	
3	餐饮、娱乐	车位/100 m² 建筑面积	0.50	5.00	
4	办公楼	车位/100 m² 建筑面积	0.50	2.00	建议值
5	商业场所	车位/100 m² 建筑面积	0.50	8.00	建议值
6	一类体育馆	车位/100 座	6.00	15.00	建议值
7	二类体育馆	车位/100 座	4.00	20.00	建议值
8	一类影剧院	车位/100 座	5.00	15.00	
9	二类影剧院	车位/100 座	3.00	15.00	
10	展览馆	车位/100 m² 建筑面积	0.70	1.50	
11	医院	车位/100 m² 建筑面积	1.00	2.50	
12	一类游览场所	车位/1 hm² 占地面积	7.00	10.00	市区
13	一类游览场所	车位/1 hm² 占地面积	15.00	5.00	郊区
14	二类游览场所	车位/1 hm² 占地面积	5.00	15.00	
15	机场、火车站	车位/高峰日千旅客	10.00	4.00	
16	一类住宅	车位/100 m² 建筑面积	0.75	—	
17	二类住宅	车位/100 m² 建筑面积	0.50	2.00	
18	综合商住楼	车位/100 m² 建筑面积	1.00	2.50	

注：① 本表机动车位以小型汽车为标准当量。

② 第一类旅馆指涉外旅馆，第二类旅馆指接待国内游客的旅馆。

③ 座位数超过4 000座的体育馆和座位数超过15 000座的体育场为一类体育场（馆），其他为二类体育场（馆），体育场停车车位数可以适当低于体育馆停车车位数。

④ 一类影剧院指省、市级影剧院，其他为二类影剧院。

⑤ 一类游览场所指古典园林、风景名胜，二类游览场所指一般城市公园。

⑥ 一类住宅指底层住宅，二类住宅指除低层以外的其他普通住宅。

社会停车场（位）的规划是政府部门工作的重点，其数量应根据城市机动车保有现状及其发展、社会停车场（位）的现状、城市不同区域的用地性质等预测确定。根据发展经验，每 5 辆汽车配置 1 个社会停车位，而这些车位如何配置在相应的区域需要结合区域的交通管控政策而定。例如，在控制机动车使用的区域，需要控制社会停车位的数量，而在鼓励驾车前往的区域，则需要安排足够数量的社会停车位。

5. 城市交通枢纽规划

城市交通枢纽作为城市客运集散换乘或货物装卸中转的重要节点，是城市交通网络的重要组成部分，因此城市交通枢纽的规划必须与城市交通规划相结合，从城市发展和交通流的视角找出重要的集散节点。

城市交通枢纽按照其功能分为客运枢纽和货运枢纽；按照交通方式分为单一方式交通枢纽和综合交通枢纽，综合交通枢纽又根据某种交通方式的作用分为以航空港为主的交通枢纽、以轨道交通为主的交通枢纽、以港口为主的交通枢纽和以公交为主的交通枢纽等。城市交通枢纽规划的内容包括交通枢纽现状分析、交通枢纽客货运需求预测、交通枢纽布局、交通枢纽功能等级及交通枢纽建设时序安排等。

城市综合交通枢纽，尤其是城市客运综合交通枢纽的布局，分为集中式和分散式两种。前者集中于城市的某一处，如市中心，这种形式的布局适用于用地比较紧凑的中小城市；后者为交通枢纽分散在城市的多个区域，适用于用地分散、规模大的大城市。

在城市综合交通枢纽中，往往有一种主导交通方式，其布局也因其主导交通方式不同而异。例如：以城市轨道交通为主的交通枢纽一般布局在城市中心区域，并且在大城市需要布局多个；以航空为主的交通枢纽建成区外围；以港口为主的交通枢纽布局在海岸或江河岸边。

6. 城市交通系统建设规划

城市交通系统规划需要通过建设加以实现，因此在规划方案确定后，需要编制建设规划。城市交通系统建设规划是根据城市经济社会现状及发展，将城市交通规划中的基础设施按照重要程度进行合理安排，确定先后建设的顺序、重点建设项目、用地预留估算、资金估算和筹措方式等。因此，城市交通系统建设规划的内容包括城市经济社会现状及发展分析、交通基础设施现状、规划交通基础设施的重要度分析及建设时序、近期重点建设项目、预留用地估算、建设资金估算、资金筹措方式等，必要时还要进行建设效果评估。

7. 城市交通系统规划保障体系

为了保障城市交通系统规划的实现，需要得力的体制机制、组织机构、法律、政策、资金、技术等的支撑体系。因此，城市交通系统建设保障体系的内容包括城市交通系统规划、建设、管理体系现状分析、管理体制机制、组织机构、法律、政策、资金筹措、技术储备等。

5.4　城市交通设计

城市交通系统规划方案确定后，将进入交通基础设施的工程设计阶段。交通设计是基于城市客货流的需求，对城市交通基础设施网络、节点和管理设施等从功能上进行设计和合理配置，以优化组织交通流，是一种综合交通设计。因此，城市交通设计的内容包括城市交通设计的理论基础、城市交通网络设计、城市交通节点交通设计、城市道路断面交通设计、城市交通语言系统的设计及城市交通设计方案评价等。

1. 城市交通设计的理论基础

作为城市交通时空资源和管理设施的合理配置、衔接和交通流的优化组织，交通工程学、系统工程、城市设计、工业设计、环境工程学、计算科学和人文历史等将成为设计的理论基础。

城市交通设计的任务是将交通基础设施、交通出行和公共服务从功能上有机地结合起来，凸显城市个性、满足城市经济社会发展、创造安全舒适的生活环境。

城市交通设计依托于充分考虑交通需求，既最大限度地满足这种需求，又不造成由过度满足造成的浪费，这必须通过交通调查分析、科学的预测、系统的规划、安全评估和经济测算来把握，因此需要交通工程学理论和系统工程的思想。

城市交通设计在城市范围内进行，也是城市设计的一部分，必须考虑城市空间、形态、景观、历史和文化等要素，做到和谐、美观、时尚和艺术，与城市历史文化统一。

城市交通设计既产生产品，又属于工业设计的范畴，对设计要素的把握和流程应符合工业设计的要求。

城市交通设计还必须赋予其产品时代感。节能减排和低碳交通出行是世界交通领域的发展方向，在我国城市空气污染和道路交通拥堵严重，交通安全形势严峻、人口高度密集的现状条件下，追求城市交通设计的节能减排和低碳的时代感尤为重要。

城市交通设计产品具有较长的寿命周期，其建设和维护成本多为政府投资，一旦建成就不可以，也不允许短时间内拆毁重建，因此系统工程的总体和系统思想把上述理论要素融为一体，统筹全局，既可以避免"挂一漏万"，又不至于做"亡羊补牢"的憾事。

2. 城市交通网络设计

城市交通网络构成城市的骨架，是支撑和引导城市发展的重要因素。因此，城市交通网络设计是对城市综合交通系统的体系结构和布局形式，以及对其中单一交通网络的功能层次及其衔接关系进行合理设计。

在交通网络层面，其规划与设计是相互关联、难以分开的两部分。如前所评述，交通网络系统规划是从规划的视角把握整体及其相互关系，例如：确定网络总长度、各种交通方式网络长度、某种交通方式网络中不同等级网络长度、比例和网络密度等；确定城市交通枢纽的数量及不同等级枢纽站点数量及其布局、站点密度和站点覆盖率等。与此对应，交通网络设计则是从设计的视角把握不同交通方式网络之间，以及同一交通方式网络中不同等级设施之间的衔接关系。

以图 5-2 为例，在道路交通网络设计方面，城市主干路、次干路和支路之间的衔接关系是支路与次干路连接，次干路与主干路连接，主干路与主干路连接，避免支路越级与主干路直接相连。如图 5-6 所示。

在规划有城市快速路的大城市，也应该是主干路与其城市快速路直接连接，而不应该让次干路越级与城市快速路连接，更不应该设计次干路直接连接城市快速路。

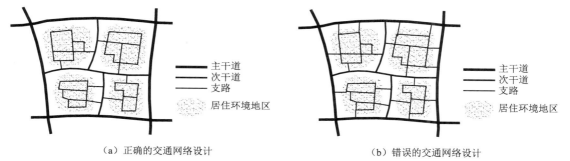

（a）正确的交通网络设计　　　　　　　　　　　（b）错误的交通网络设计

图 5-6　城市道路网络设计示意图

城市快速路上的出入口布局与交通流状态之间具有非常复杂的关系，是一个典型的双层规划问题。为了保持一种合理的交通流状态对应有一个合理的出入口数量，入口数量应少于出口数量，并应保持合理的间距。

我国《城市道路交通规划设计规范》（GB 50220—1995）对城市道路、不同规模城市道路网的密度值和构成比例进行了规定，如表 5-5 所示。

表 5-5　不同规模城市道路网的密度值和构成比例

城市分类（按人口，万人）		快速路	主干路	次干路	支路	总和
>200	路网密度/（km/km²）	0.4～0.5	0.8～1.2	1.2～1.4	3～4	5.4～7.1
	构成比例/%	7.4～7.0	14.8～16.9	19.7～22.2	55.6～56.3	100
≤200	路网密度/（km/km²）	0.3～0.4	0.8～1.2	1.2～1.4	3.0～4.0	5.3～7.0
	构成比例/%	5.7～5.8	15.1～17.1	20.0～22.6	56.6～57.1	100
中等城市	路网密度/（km/km²）	—	1.0～1.2	1.2～1.4	3～4	5.2～6.6
	构成比例/%	—	19.2～18.2	21.2～23.0	57.7～60.6	100
小城市>5	路网密度/（km/km²）	—	3～4		3～5	6～9

3. 城市交通节点交通设计

城市交通节点交通设计含交通枢纽、车站、停车场、停车泊位及道路交叉口的交通设计。交通枢纽又分为综合交通枢纽和单方式交通枢纽；车站分为轨道交通车站、公交车站和出租车停靠站等；停车场分为社会停车场和公建停车场；停车泊位主要为路侧停车泊位；道路交叉口含环岛式平面交叉口、普通平面交叉口和立体交叉口。

交通节点的交通设计的核心内容是满足其交通集疏、换乘或装卸转运功能，即提高其交通效率，以及保障交通安全。因此，对不同类型的交通节点又有其相应的交通设计内容。

1）综合交通枢纽

综合交通枢纽一般为客运枢纽，其交通设计的主要内容是：合理安排枢纽内部交通方式站点布局、规模、进出站通道、换乘通道及相关管理设施。综合交通枢纽的布局形式分为一体式、分散式和混合式。

（1）一体式

一体式是将枢纽内部各种交通方式安排在同一建筑群体内，交通方式之间通过水平或垂直通道联系，该种交通枢纽结构紧凑、换乘效率高，既是目前我国推荐设计的综合交通枢纽形式，也是一种理想的设计形式。但这种形式的综合交通枢纽管理难度相对较大，产权不易明晰，需要组织专门的综合枢纽建设管理集团。

如图5-7（a）所示，北京南站作为一座轨道交通主导型综合交通枢纽，将高速铁路、城际铁路、地铁4号线、14号线和公共汽（电）车设计于同一枢纽建筑群内，实现了不同交通方式之间的垂直换乘和通道水平换乘。由于采用辐式衔接设计，所以比较紧凑，换乘效率高。

如图5-7（b）所示，上海虹桥交通枢纽作为一座空港主导型综合交通枢纽，将机场、高速铁路、磁浮铁路、地铁和公共汽（电）车设计于同一枢纽建筑群内，也实现了不同交通方式之间的垂直换乘和通道水平换乘。但由于采用长廊型布局设计，所以结构比较松散，换乘距离长。

如图5-7（c）所示，日本成田交通枢纽作为一座空港主导型综合交通枢纽，将机场、5条城市轨道交通和机场巴士设计于同一枢纽建筑物内，也实现了不同交通方式之间的垂直换乘和通道水平换乘。由于采用辐式衔接设计，所以结构紧凑，换乘距离短，效率高。

城市交通枢纽除满足其交通功能外，地下空间和上盖物业开发是国内外城市交通枢纽交通设计的发展方向，以发挥其对城市发展的引导作用并向紧凑型发展。我国的北京、上海、深圳等城市在交通节点引入了上盖物业；日本的城市轨道法规定城市轨道交通车站必须进行地下空间的开发，不少的枢纽车站在站内区域设置伊势丹等大型百货商店和高级宾馆，甚至建设了歌剧院、开办幼儿园等，以方便乘客的购物、休闲娱乐和子女教育等。

（2）分散式

分散式是在枢纽区域分散布局各种交通方式的站点，各种交通方式具有相对独立的建筑物并通过集散换乘广场联系。该种交通枢纽是目前我国综合交通枢纽的普遍形式，结构相对分散、换乘效率不高，各种交通方式管理独立，产权明晰。

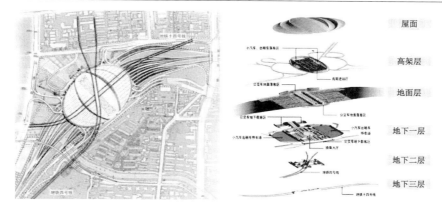

（a）北京南站交通枢纽

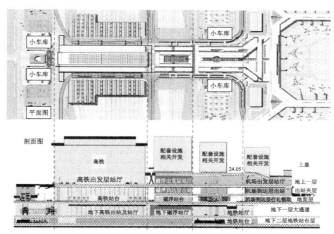

（b）上海虹桥交通枢纽

（c）日本成田交通枢纽

图5-7 一体式综合交通枢纽

图 5-8（a）为日本大阪市梅田地区综合交通枢纽布局示意图，JR 大阪站、地铁梅田站、地铁东梅田站、阪急电车梅田站、阪神电车梅田站、地铁西梅田站等独立聚集于 JR 大阪站周边，由地下通道、地面和高架衔接各站，供乘客换乘。在地面还设置了免费循环巴士、自行车租赁点和合乘汽车停靠点等衔接服务设施。图 5-8（b）为北京西直门综合交通枢纽示意图，北京北站、城铁 13 号线、地铁 2 号线、地铁 4 号线、公共汽（电）车起点站、动物园公交枢纽等独立聚集于北京西站周边。

（a）日本大阪市梅田地区综合交通枢纽布局示意图　　　　　（b）北京西直门综合交通枢纽示意图

图 5-8　分散式综合交通枢纽

（3）混合式

混合式是根据具体情况将部分交通方式设计在同一建筑物内，而将剩余部分交通方式设计在周边，其特点介于一体式和分散式之间，是综合交通枢纽的一般形式。

如图 5-9（a）所示，这种形式的综合交通枢纽多以轨道交通车站为主，将其他接驳交通方式站布局设计在其周边的独立站场，轨道交通线路之间通过换乘通道换乘，与其他交通方式之间通过换乘广场或道路实现换乘。日本的东京站、京都站，我国北京站、北京西站和北京北站等均为该种形式。图 5-9（b）和图 5-9（c）分别为京都站和北京西站交通枢纽布局设计示意图。

单一交通方式枢纽可以分为客运和货运两种，以客运为例，其交通设计的主要内容是乘客进出流线设计、通道设计及管理设施布局设计等。

站点交通设计的主要内容是站台设计、车位设计、候车口设计及管理设施布局设计等。

2）停车场

停车场交通设计的主要内容是停车场选型、进出口设计、流线设计、车位布置形式及管理设施布局设计等。

停车场根据分类指标的不同有其不同的类别，具体如下。

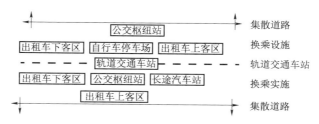

（a）混合式综合交通枢纽功能布局

（b）日本京都站交通枢纽布局设计示意图

（c）北京西站交通枢纽布局设计示意图

图5-9　混合式综合交通枢纽

（1）按停车场的位置分类

按照停车场的位置，可将停车场划分为路内停车场和路外停车场。

① 路内停车场：是指在道路的一侧或两侧划出的供车辆停放的场地。这种停车场一般设在街道交通流量较小的路段，或利用高架路、高架桥下的空间停车，也可布置在交通量较小的城市支路或次干路上，一般应结合单向交通组织实施。如图5-10所示。

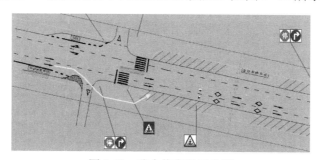

图5-10　路内停车场示意图

② 路外停车场：是指在道路红线范围以外专辟的停车场地，此类停车场由停车场地、出入口通道及其他附属设施组成。这些附属设施一般包括收费设施、修理站、给排水与防火设施、电话、监控报警装置、绿化等。路外停车楼示意图如图5-11所示。

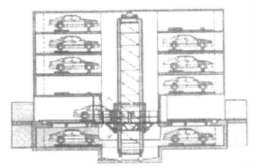

图 5-11　路外停车楼示意图

（2）按停车场服务对象分类

停车场按服务对象可以分为社会公共停车场、建筑物配建停车场和专用停车场 3 种。

① 社会公共停车场：是指为从事各种活动的出行者提供停车服务的停车场所，服务范围最广。通常设置在城市商业活动中心、城市出入口及公共交通换乘枢纽附近。

② 建筑物配建停车场：是指大型公共设施或是建筑配套建设的停车场所，主要为该设施业务活动相关的驾车者提供停车服务。其服务对象包括主体建筑的停车及由主体建筑吸引的外来车辆。

③ 专用停车场：是指专业运输部门或企事业单位所属建设的停车场地，仅供有关单位内部车辆停泊。如公共汽车总站、长途客货运枢纽等。专用停车场几乎不为社会上其他车辆提供停车位。

（3）按停车场建造类型分类

停车场按建造类型分为地面停车场、地下停车场、立体停车楼 3 种。

① 地面停车场：又称平面停车场，包括路内和路外设置在地面上的停车场地。其布局灵活、停车方便、成本低廉，可停放各种类型的车辆，是最常见的停车场型式。但占城市用地面积较多，车辆停放的安全性得不到保证，而且容易受天气影响，车辆维护性差；停车产生的噪声、废气等会污染周围环境。

② 地下停车场：指建于地面以下一层或多层的停车库。其占地面积几乎为零、噪声和废气等污染局限于地下空间，适合地面用地紧张、对环境要求高的城市，如住宅用地、医疗卫生用地和中心商务区的商业、办公用地等。但由于车辆停放在地下，增加了停车者从停车点至目的地的步行距离，设计地下停车场时的重点是提高车辆存取效率和停车库出入的便捷程度。另外，地下停车场的其他配套设施如照明、空调、排水等系统，所需的维修养护的成本较高。

③ 立体停车楼：立体停车楼占用的土地面积小，适用于城市中土地开发强度较高的区域，是城市停车场发展的主要形式。按不同的结构，分为机械输送停车楼、自力行驶停车楼和复合式停车架 3 种。

● 机械输送停车楼采用电梯或升降机械自动将所需停放车辆送至停车位，如图 5-11 所示。由于车辆的进出和存取完全是机械化操作，因此停车的便利性很强，且车辆的安全能得到很好的保证。但是，由于其外形结构的特点，客观上成为城市的高层建筑，因此在建造立体停车楼时，应充分考虑其与周围空间的协调。国外在进行停车楼的建设时，通常将其融入主体建筑物的建造中。但其建设成本和运营过程中的维修养护费用比较高。

● 自力行驶停车楼设计了直行式或螺旋式坡道供车辆进出各层停车场。一般进出口和坡道都是单向行驶。在停车位置的安排上，一般把长时间的停车安排在进出较不方便的部位或上层，而把短时间的停车安排在进出方便的部位或与道路同一平面，以提高泊位利用率。这种停车场使用方便且易于管理。但是，大量的通道减少了可供停车使用的有效面积率。

● 复合式停车架也是立体机械式停车楼的一种应用，它采用的是半固定的多层钢结构，利用机械实现车辆在立体空间内的存取。复合式停车架可以安装在地面停车场或地下停车库内，在相同用地面积的条件下增加了停车泊位数。

（4）按管理方式分类

停车场按照管理方式一般分为免费、限时、收费和指定停车场 4 类。

① 免费停车场：多见于平面停车场，如住宅区或商业区的路上或路边停车场大型公用设施和商场、宾馆等的临时停车场所。其泊位周转率高，用于短时间停车。

② 限时停车场：限时停车场限定车辆的停放时间。通常设置时间限制管理设施。由停车者自行启动，由交警或值勤人员监督。如果停车超时，将给予适当的处罚，通过处罚提高停车场泊位的周转率。

③ 收费停车场：停车者无论停车时间的长短都要交纳停车费用。停车费用分计时收费和不计时收费两种。前者是指每个泊位的收费标准随停车时间的长短而变化；后者不随停车时间的变化而变化。

④ 指定停车场：是指通过标志牌或地面标识指明专供某类人员或某种性质车辆停放的停车场所。指定停车场一般分为指明临时性停车位（如接送客人的出租车临时停车位），指明车位使用对象（如残疾人、老年人及医护人员等）的停车车位。

（5）按换乘方式分类

停车场按换乘方式分为一般停车场和换乘停车场。

① 一般停车场可供停车者停放车辆，不进行交通工具的转换。

② 换乘停车场（park & ride）从广义上来说，是指在出行过程中实现低载客率交通工具向高载客率交通工具转换的一类停车场。如由小汽车、自行车方式向地面公交、轨道交通的转换。通常意义的换乘停车场是指为实现个人出行方式向公共交通方式转换的停车场。

3）交叉口

交叉口交通设计根据交叉口的类型不同而异。对于立体交叉，其交通设计的主要内容是立体交叉选型、流线设计和匝道设计等；对于环形平面交叉，其交通设计的主要内容是渠化环岛设计、入口道设计、出口道设计、交织区设计和渠化标线设计等；对于信号灯控制环岛，有信号灯的信号配时设计；对于平面交叉，其交通设计的主要内容是入口道设计、出口道设计、标线设计、渠化设计、信号配时设计等。

（1）平面交叉

城市道路平面交叉口分为十字形交叉口、环形交叉口、T形交叉口及其演变而来的X形交叉口、Y形交叉口及错位交叉口、多路交叉口、畸形交叉口等，如图5-12所示。

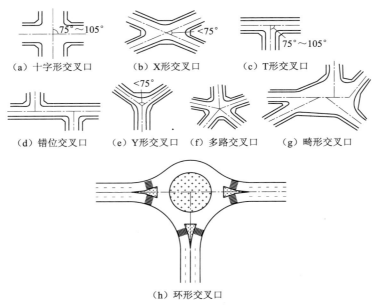

（a）十字形交叉口　　（b）X形交叉口　　（c）T形交叉口

（d）错位交叉口　（e）Y形交叉口　（f）多路交叉口　（g）畸形交叉口

（h）环形交叉口

图5-12　城市道路平面交叉口类型

平面交叉口结构简单，造价低，占地少，是城市道路交叉的主要形式。但交通流的冲突点多，承载能力低，当通过交通量达到一定程度时，需要安装信号灯进行控制，以规定通行权。另外，从交通安全设计的视角，交叉口的形状应尽量设计成标准形式，并尽量采用直角交叉，其结构尺寸也应尽量设计得紧凑，以提高通行效率。对于信号灯控制交叉口，其信号周期不易采用长周期，以避免超过行人和非机动车等待的忍耐限度，维持良好的交通秩序。

环形交叉口是一种基于自组织的交通组织形式，适用于交通流量较小的交叉口，在欧美各国多有使用。若交通流量较大，可以考虑在环形交叉口内设置信号控制，以维持交通秩序和通行效率。

（2）立体交叉

对于高等级道路之间的交叉节点，如城市快速路与城市快速路，城市快速路与主干路的节点，由于交通需求高，一般采用立体交叉。因此，在具有城市快速路的大城市多有设置。

立体交叉的主要特点是消除了交通流的冲突点，行驶顺畅、安全，承载能力大，但占地面积大，造价高，容易影响城市景观。因此，在历史悠久、文化璀璨、景观优美的区域，应尽量避免设置立体交叉。

立体交叉按照其左转匝道的布置形式分为菱形、苜蓿叶形、定向形、喇叭形、环形和 Y 形等，如图 5-13 所示。

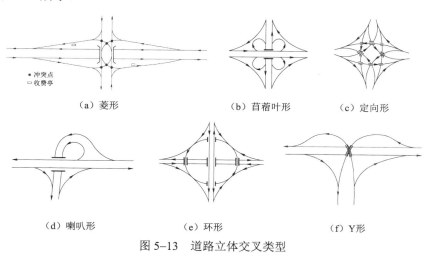

（a）菱形　　　　（b）苜蓿叶形　　　　（c）定向形

（d）喇叭形　　　　（e）环形　　　　（f）Y 形

图 5-13　道路立体交叉类型

4. 城市道路断面交通设计

城市道路按照其功能分为城市快速路、主干路、次干路和支路等。城市道路断面交通设计，即对这些道路的横断面和纵断面进行交通设计。

（1）城市快速路

城市快速路的功能是通过性（参见图 5-1），供长距离出行服务，设计较高的车速和高的通行能力，并尽量杜绝短距离出行的使用，因此其横断面设计应该主要考虑机动车交通，并在出入口匝道处设计加减速车道和合理的交织。它主要有地面和高架两种形式，如图 5-14 所示。非机动车一般设计在其辅道上，因设计车速高，中央隔离应采取物理隔离的形式，并

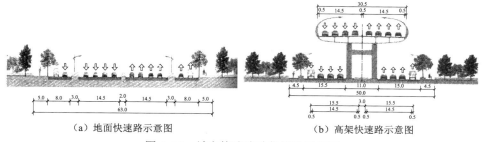

（a）地面快速路示意图　　　　（b）高架快速路示意图

图 5-14　城市快速路功能设计示意图

设计行人立体过街。城市快速路的交叉采用立体交叉形式，由于受用地空间限制多，因此其纵断面线形设计往往在立交桥、出入口匝道和交织区时产生一定的困难。城市快速路的出入口匝道处的加减速车道和出入口之间的交织区设计是城市快速路交通设计成败的关键之一。

（2）主干路

如图 5-1 所示，城市主干路的主要功能是通过性，主要服务于较长出行距离的交通，设计较高的车速和较高的通行能力。因此，其断面的设计应主要考虑其通过功能，设计较少的交叉口，并采用合理的信号控制，如自适应控制、系统控制等，安排适当的立体过街设施。如图 5-15 所示。

图 5-15　城市主干路功能设计示意图

（3）次干路

如图 5-1 所示，城市次干路兼顾通过性和可达性，既服务于长距离出行，也兼顾短距离出行及沿线两侧的商业等活动。因此，城市次干路的横断面应设计机动车道和非机动车道，交叉口间距设置较密，交叉口信号控制宜采用固定配时，过街设施多为平面形式。如图 5-16 所示。

图 5-16　城市次干路功能设计示意图

（4）支路

如图 5-1 所示，城市支路的功能主要为可达性，服务于短距离出行，满足道路沿线的商业等活动。因此，城市支路的横断面应充分考虑供非机动车和行人使用，进行人性化设计，确保其交通安全。如图 5-17 所示。

图 5-17　城市支路功能设计示意图

5. 城市交通语言系统的设计

城市交通语言系统由交通标志、标线导向装置和交通信号等装置构成。随着精确的移动定位、大数据和互联网时代的到来，智能化、动态、语音路径诱导成为现实，为交通导向赋予了新的内涵。交通语言设计应遵循的原则是识认性、易辨识、易理解、适度使用等。

（1）识认性原则

交通语言的首要任务就是发布和传递交通信息，因此不论是交通标志、标线和信号控制系统，抑或可变信息标志的设计，都需要保证所提供的信息能够被交通参与者所接收。交通语言的识认性原则就是指交通语言设施首先必须能够被交通参与者从背景环境中看到。

（2）易辨识原则

当交通参与者识认到交通标志后，即对交通标志进行辨认和识别。研究成果表明，交通参与者在辨认交通标志时，在交通语言的诸多要素中对颜色和形状的反应最为敏感。

（3）易理解原则

在交通参与者识别出交通控制设备待传达的信息后，便需要对信息的内容进行理解和加工，也就是要对交通控制设备所传达的语义进行解读。交通参与者对交通信息的理解取决于多个方面，主要受到个人经验、信息的独特性及交通信息编码规则等因素的影响。

（4）适度使用原则

交通参与者在日常出行中，需要在动态条件下对道路交通信息加以判读并做出决策。由于城市道路交通情况较公路更为复杂，限制因素也更多，故城市道路标志因客观实际需要并列布设的情况更为普遍。尽管如此，交通语言设备在符合识认性原则的前提条件下，也需要遵循适度使用原则。

交通语言设计是在充分了解交通标志和标线的分类及功能前提下，按照上述原则，对交通语言设施的设置位置、尺寸、语言文字内容和信号配时等进行优化设计。

图5-18为我国建设部标准GJBT-857规定的城市道路交叉口附近交通语言设计一例。

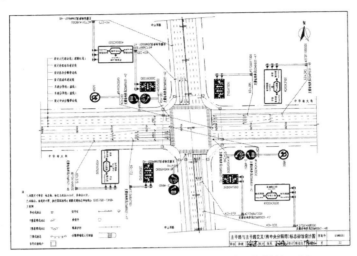

图5-18　城市道路交叉口附近交通语言设计一例

6. 城市交通设计方案评价

城市交通设计方案往往有多个，各方案的效果如何需要有一个科学的评价。因此，城市交通设计方案需要通过一系列指标体现，如安全、效率、便捷、舒适、经济和可持续等。

交通设计方案评价是通过一定的理论方法对其效果进行测算，可以分为技术评价、经济评价和综合评价。

交通设计方案的技术评价包括安全、效率和环保，其指标包括交通事故、通行能力、饱和度、延误、服务水平、停车次数、油耗及排队长度等。

交通设计方案的经济评价主要分析其费用和效益水平。交通设计所产生的费用包括：一次性投入的建设安装费（信号设备的安装、维护费用，交通标志的制作、安装与更新费用，交通标线材料及施工费，交通隔离物的建设费，以及交通安全岛、反光镜等设施的建设、安装费用）；道路红线变更引起的拆迁及土地征用费；设施维护费等。同时，还应考虑由于交通设计方案对现有环境的损害。

交通设计方案的综合评价应考虑安全指标、技术指标和经济效益指标，寻找各自的优化方案或整体最优方案。

传统的城市交通设计方案评价方法主要包括经验判断法、专家打分法等，但这些方法往往存在主观性较强的缺点。后来专家学者基于模糊数学和运筹学提出了一系列新的评价方法，如层次分析法、目标规划法和模糊综合评价法等。

复习思考题

1. 什么是城市交通发展战略？
2. 制定城市交通发展战略需要考虑哪些因素？
3. 什么是城市交通体系？其重要性在哪里？
4. 什么是城市交通出行结构？其重要性在哪里？
5. 试叙述城市交通规划的主要内容。
6. 试叙述城市交通设计的主要内容。

第 *6* 章

城市交通管理与控制

本章概述城市交通系统管理与控制的发展，以及城市交通系统管理与控制的主要内容。城市交通系统管理部分主要介绍城市交通系统管理法规、道路交通标志标线管理和城市交通系统运行组织管理；城市交通控制部分主要介绍城市道路交通信号控制。

6.1 概　　述

城市交通管理与控制是交通管理与控制的分支之一，也是交通工程学的重要分支之一，其研究范围为城市内部各种交通方式的交通组织管理与控制理论、方法、技术及其应用，是在城市交通规划和城市交通设计的基础上，对城市交通时空资源的优化组织、管理和控制。

由于城市和城市交通系统的特殊性，以及城市道路交通拥堵、公交拥挤、交通事故多发、汽车排气污染严重、交通运输效率低下，加之交通基础设施和交通方式的多样化、立体化和复杂性，加大了城市交通管理与控制的理论深度和技术难度。

科学技术的进步，尤其是卫星 GPS 定位、智能手机、大数据、云计算和数据挖掘等，为交通参与者的出行带来了实时动态的信息，人们的出行变得更加多样化和强时变性。交通组织管理与控制的理论和方法在科技进步的推动下不断完善，精准定位、动态诱导、自适应控制、协同组织和协同控制等为解决交通问题提供了新思路与新方法。

6.1.1 城市交通系统管理与控制的主要内容

日益突出的城市交通问题，迫切需要从各个层面提出解决这些问题的理论、方法和技术措施。城市交通系统管理与控制就是从科学组织管理和控制的层面寻求解决思路、理论、方法和技术措施的学问。

作为交通工程学的重要分支，城市交通系统管理与控制的侧重点是结合城市交通系统需求的变化规律，在最小化改变既有交通基础设施的条件下，通过科学的交通组织管理、行政管理、工程技术管理、交通信号控制技术等方面的综合技术应用，实现城市交通系统的安全、有序、通畅和可持续发展等目标。

1. 城市交通系统管理

城市交通系统管理是以城市交通安全、通畅、高效、便利及其与环境的协调为目的，通过交通管理政策科学管理城市交通出行的宏观需求；以法律法规为依据规范交通参与者的交通出行行为；通过各种标志、标识引导交通参与者出行，减少交通出行损失，提高交通安全。

2. 城市交通组织优化

城市交通组织优化是在交通调查、数据分析和预测的基础上，利用系统工程的思想和科学方法对城市交通系统进行科学的组织，主要途径包括：① 根据各交通方式子系统的供给能力，优化交通出行方式结构和出行路径，均衡城市交通网络（区域或走廊）的交通流，缓解道路交通拥堵和公交拥挤，减少交通事故等；② 通过引导和控制，实现交通流在节点的时间、空间均衡分布，均匀交通负荷，提高节点时空交通资源供给的优化利用，缓解节点交通压力。

3. 城市交通信号控制

城市交通信号控制是以城市交通系统中的相关交通子系统为对象，利用控制科学的方法进行时空资源的优化利用，以达到安全、通畅、高效、便利及其与环境协调的目的。城市交通控制子系统主要有城市轨道交通控制子系统和城市道路交通控制子系统。城市道路交通控制子系统又有城市道路信号控制子系统和城市公共汽（电）车交通控制子系统。

6.1.2　城市交通系统管理与控制的发展

城市交通系统管理与控制的研究，随载运工具与交通基础设施的发展而产生。以城市道路交通为例，随着社会及汽车工业的发展，城市道路交通管理与控制的目的与技术措施也在不断变化。初期的道路交通管理，其目的是保障交通安全。随着车辆数量的增加，道路上出现了交通拥堵的现象。因此，在保障交通安全的基础上，还要求道路交通管理与控制达到疏导交通、保障交通畅通的目的。在采取各种疏导措施之后，车辆仍然不断增长，交通拥堵现象日趋严重，而道路交通基础设施的建设速度总是跟不上车辆的增长速度，由此产生了用交通需求管理方法来减少道路上的汽车交通量的需求。随着信息化与智能技术的发展，智能化交通管理应运而生。

1. 城市交通系统管理与控制的发展历程

（1）交通管理的产生与传统交通管理（traditional traffic management，TTM）

汽车交通出现初期，交通问题主要体现为交通事故的预防。治理交通的目标主要有：① 在交通建设上，是建设适合汽车行驶的道路；② 在交通管理上，主要是克服因机动化快速交通的出现而引起的频繁交通事故，保障交通安全。采取的管理措施，主要是有针对性的分道行驶、限制车速、在交叉口上指挥相交车辆运行，避免发生冲突等。

随着汽车交通总量的增长，交通拥堵逐渐成为主要的交通问题。治理交通的目标主要有：① 在交通建设上，增建道路以满足汽车交通需求的增长；② 在交通管理上，除交通安全外，最直接的目标是缓解交通拥堵、疏导交通，提高道路交通的通行效率，由此出现了如单向交通、变向交通、交叉口信号控制等措施，形成以"按需增供"为主要特点的传统交通管理方法。

传统交通管理的特点是，一般针对局部交通问题进行治理，或采用单一的交通治理措施，短期效果明显，但是交通问题容易向其他方向转移。

（2）交通系统管理（transportation system management，TSM）

进入 20 世纪 70 年代，由于社会对环境保护的重视，加上土地资源的限制、石油危机及当时的财政状况等因素；同时，在科学技术上，系统工程、计算机技术的发展给交通管理与控制提供了强大的技术支持。在这些社会、科技背景下，治理交通问题的理念从增建道路满足交通需求转向以提高现有交通系统效率为主，即从"按需增供"的传统交通管理方法变为"按需管供"的交通系统管理方法。

交通系统管理的特点是，将人、车、路、环境作为一个统一体，从系统角度探求使现有交通发挥最优效益的交通问题综合治理方案，从而避免交通问题的转移。

（3）交通需求管理（transportation demand management，TDM）

20 世纪 70 年代末，在汽车交通需求不断增长的情况下，人们在治理交通的实践中逐步认识到，仅仅通过增建道路、提高道路交通效率难以满足交通需求的增长，反而会刺激潜在交通需求，并加深交通污染的程度。因此，逐步形成并提出了"交通需求管理"的理念与方法。这是在交通治理观念上的一次重要变革，从历来由增建道路来满足交通需求的增长转变为对交通需求加以管理，降低需求总量和优化出行结构，以适应已有交通设施能够容纳的程度，即改"按需增供""按需管供"为"按供管需"，达到交通可持续发展的目的。

交通需求管理的特点是，在基本不增加交通供给的情况下，减少交通需求，使交通供求平衡，从而解决交通问题。

（4）智能交通运输系统（intelligent transportation system，ITS）

20 世纪 80 年代后期，随着信息技术、人工智能技术、计算机及通信技术的发展，在 20 世纪 70 年代研究"自适应交通信号控制系统"与"路线导行系统"的基础上，逐步扩展成智能交通运输系统的研究。到 20 世纪 90 年代，"智能交通运输系统"已成为各交通发达国家交通科研、技术与产品市场竞争的热点。

智能交通运输系统的特点是，在基本不进行交通基础设施建设的同时，采用高新技术，增加交通供给能力来满足交通需求，使交通供求平衡，以解决交通问题。

2. 交通管理与控制技术发展趋势

进入 21 世纪，智能交通运输系统作为未来道路交通发展方向的趋势已越来越明显。智能交通运输系统作为交通控制系统的升级，也必将带来一系列新技术的应用和发展，其主要表现在以下几个方面。

（1）车路协同管理

在一般的交通管理系统中，交通指挥中心的计算机用于处理并显示各种数据，这些数据来源于交通信号控制机、路表和路侧的探测器。交通指挥中心并不知道每辆车的目的地和运行状况，而有关交通建议或者咨询是建立在每日或每周的交通模式基础上的。交通指挥中心不能及时知道交通事故的发生或存在其他道路障碍，直到严重的交通拥堵已经形成。车辆上既没有装配用来探测前方道路的危险情况的仪器，也没有设备把道路情况报告给交通指挥中心。即车辆和道路系统是被当成两个独立实体来实施运行与控制的。

而在 ITS 先进的交通管理系统中，许多车辆装备有车载传感器或车载导航器。车载传感器将提醒司机前方有路障或者在黑暗和大雾中提醒司机存在不安全的运行情况，且数据被直接传送到交通指挥中心，为交通指挥中心提供了存在道路障碍或交通事故的实时信息。借助于先进的车辆检测器、视频监视装置、车载传感器及先进的通信网络，交通指挥中心能实时地掌握路网的交通流模式。为得到行驶路线的特定指引，司机可通过车载导航器输入其当前位置和目的地。因此，交通管理系统能够基于对当前交通流模式和对车辆目的地及计划路线的了解，提出相应的交通建议并传送给司机，以最大限度地降低交通拥堵。

（2）新一代城市交通信号控制系统

城市交通信号控制系统已成功地运营 30 多年。20 世纪 80 年代以来，该类系统有明显的计算机网络化的趋势，使城市交通管理/控制方式发生了变革，实现了实时自适应信号控制。中央控制计算机对交通数据进行处理分析，并执行对路网交通信号的控制。它既不需要事先储存任何既定的配时方案，也不需要事先确定一套配时参数与交通量的对应选择关系。实时模拟系统依靠储存于中央计算机中的交通模型，对反馈回来的交通数据进行分析，从而对配时参数做优化调整。配时参数的优化是以综合目标函数，如延误时间、停车次数、拥挤程度及油耗等的预测值的最小化为依据。

（3）人工智能技术在城市交通管制中的应用

传统的城市交通管制系统只能通过交叉路口的信号控制缓解拥堵，计算机控制系统的优化目标是单一的某指标平均值的最大化或最小化。而 ITS 的城市交通管理和控制实现的是多目标优化：消除拥堵，特别是非常规的拥堵；快速响应事故和突发事件；充分利用以往很难得到而现在可以得到的信息（如 OD 信息），更有效地控制城市交通和集成各种管理控制技术（如 VMS、诱导系统、TDM、环境保护技术）。为了得到满足这些目标的"最优解"，在先进的交通管理系统 ATMS（advanced traffic management system）中，用于城市交通管制的计算机系统除了 SCOOT、SCATS、TRANSYT 等的改良版外，也出现了一些基于人工智能技术应用的体系结构。例如，德国汉堡的交通管理系统采用了双层结构，核心是利用知识源（knowledge source，KS）。这里，数据完成 KS 将传感器收集的实时数据转换为交通量、道路占有率等交通管理用数据，对于没有传感器的路段的交通状态进行推断，并检测传感器故障和误操作；数据分析 KS 对网络中的拥堵地点和拥堵状态进行判定；交通控制 KS 利用 LISP

语言编写的规则库生成信号控制方案，包括评价当前的信号控制模式、局部改善发生问题的交叉点、推测该改善对周边交叉点的影响、综合考虑网络全体且能改善有问题的交叉点的控制策略。利用当地实际数据、使用微仿真器、采用与 TRANSYT 相同的评价函数进行评价的结果表明，与固定式信号控制方案相比，拥堵有 3%～15%的改善、早高峰拥堵时平均速度有10%的提高可能性。

（4）多样化交通数据采集、基于大数据分析和互联网+的信息服务

城市道路交通量、车道占有率、车速等作为交通管理和控制的基本依据的参数，是通过各类车辆检测器来测定的。以往主要使用的车辆检测器埋设在路表的环形线圈检测器、磁性检测器和安装在交通要道的电视摄像机中等。而现在，车辆检测器日趋系统化和光机电一体化，越来越多地使用更先进的超声波检测器、光检测器、红外检测器和各种视频监测系统。GPS 和智能手机等个性化设备采集的动态出行大数据，通过数据挖掘分析和云计算进行分析、预测，利用可变情报板 VMS（variable message sign）和互联网的群体信息服务，以及借助互联网+智能手机+电子地图等个性化动态交通信息服务已经逐渐得到应用。

（5）城市交通信号控制具有多种新功能

信号控制是交通管理的关键功能。ATMS 的信号控制装置，通过与交通指挥中心的计算机进行信息接收和发送，交替显示"绿灯""黄灯"和"红灯"。当接到来自车辆检测器或路旁按钮箱的信号时，可延长或缩短绿灯信号时间。ITS 中信号控制主要有以下新功能。

① 右（左）转弯感应控制：通过由车辆检测器感知出交叉路口的右（左）转弯专用车道上的车辆，延长其右（左）转弯箭头信号的显示时间，可有效地对交叉路口的右（左）转弯车辆进行通行控制。

② 公共交通感应控制：在交叉路口前面通过专用感知器件检测出公共汽车的存在，延长绿灯信号的显示时间，或缩短红灯信号的显示时间，可减少公共汽车等公交车辆的等待时间。通过此优先性控制信号功能，可确保公共汽车准点运行。

③ 踌躇感应控制：为避免进入交叉路口的车辆的司机在该区域里犹豫不知该停车还是该开过去的情况，显示黄灯，由此可减少冲撞和迎头碰撞事故的发生。

④ 老弱病残专用控制：老年人、有视觉缺陷的人等交通方面的弱者，可通过操作专用的按钮装置和随身携带的专用的信号发生器发出信号，将行人用的绿灯信号延长，以确保安全地横过马路。

6.2　城市交通管理法规

交通法规是道路交通使用者在通行中所必须遵守的法律、法令、规则和条例的统称，它既是维持好交通秩序，保障交通畅通、交通安全和进行交通管理的依据和法律基础，也是进行交通宣传、安全教育的有力武器。交通法规必须建立在科学的基础上，一项交通规章的制定往往要经过长期的研究、实验与实践才能颁布实施，交通法律或法令由国家制定并颁布执

行；而交通管理法规就是由有关部门根据交通的具体情况，为维持好交通秩序、保障交通安全通畅，经调查研究、反复讨论而制定的有关交通系统中人、车、路及自然环境管理方面的规定、条例和制度，并通过立法机关审查批准，用法律文件或布告的形式确定下来的条文。它属于政令，由主管机关根据国家的交通法律、法令制定并颁布执行。本节以道路交通法规为例进行叙述。

6.2.1 交通法规的层次

对交通法规划分层次是为了适应交通环境和交通特点因地因时而异的需要，使交通法规在全局上具有统一性，在局部上有适应性。交通法规按其有效性的范围，可分为全国性法规、地方性法规和局部性法规。

（1）全国性法规

全国性法规具有全局性意义，既是必须在全国统一执行的一些规定，也是制定地方性法规的依据。例如，《中华人民共和国道路交通安全法》和《中华人民共和国道路交通安全法实施条例》。

2003 年 10 月 28 日第十届全国人民代表大会常务委员会第五次会议通过了《中华人民共和国道路交通安全法》（以下简称《道路交通安全法》），该法规制定的目的是维护道路交通秩序，预防和减少交通事故，保护人身安全，保护公民、法人和其他组织的财产安全及其他合法权益，提高通行效率。它是我国进一步加强交通管理，维护交通秩序，保障交通安全与畅通的重要法规，也可以说是我国交通管理工作的基本法规。《道路交通安全法》是国家在管理道路交通方面的一项行政法规，是车辆、行人在交通活动中所必须遵守的行为规范，也是交通管理人员执法和对事故论处责任的依据。《道路交通安全法》规定：各省、自治区、直辖市人民代表大会常务委员会可以根据本地区的实际情况，在《道路交通安全法》规定的罚款幅度内，规定具体的执行标准。为了保证《道路交通安全法》的顺利实施，国务院在 2004 年 4 月 30 日颁布了《中华人民共和国道路交通安全法实施条例》（以下简称《实施条例》）。

（2）地方性法规

地方性法规应是当地具有全局性含义的管理措施。可根据当地自然环境、城市建设及交通特点，在全国性法规为依据的前提下，制定当地必须统一执行的一些补充规定。地方性法规是对全国性法规做的一些不相矛盾的补充。例如，北京、上海等城市都据此制定了各自的道路交通管理补充条例或实施办法。

（3）局部性法规

局部性法规是交通法规的补充或外延。例如，交通事故处理程序规定、道路交通安全违法行为处理程序规定等。

6.2.2 交通法规的内容

道路交通是由人、路、车、环境组成的一个系统。交通法规的基本内容应针对构成道路交通系统的这几个要素。《中华人民共和国道路交通安全法》条文众多，共 8 章 124 条，解析其基本内容，也就是对"人""路""车""环境"四者的管理规则。

1. 对"人"的管理

道路交通的使用者包括车辆驾驶人、行人、乘车人，以及与道路交通活动有关的单位和个人。对交通事故原因的分析，包含着复杂的因素，其中有道路设计和使用的问题，有车辆机件失灵、驾驶人的技能和人们的守法观念等问题。在这些错综复杂的因素中，关键因素是"人"。如果车辆驾驶人和行人都能按道路实际情况及交通管理的要求正确谨慎地通行，交通事故的数量及严重程度都可降到最低限度。可以说，"人"是交通问题的核心。国内外交通事故的 70%～90%是由人的因素造成的。对人的管理中的主要对象是驾驶人，要求驾驶人能以合格的驾驶技术在道路上正确地驾车运行。

2. 对"路"的管理

路是交通使用者赖以通行的基础，是通行环境的主要组成部分。道路所提供的使用状况的优劣，对使用者正确使用道路具有重大影响。例如，人行道被任意占用，行人无道可行，只能占用车行道，于是人车混行，背离人车分离原则，交通事故因之而生。国内外统计资料表明，约有 10% 的交通事故是由不安全的道路条件或道路使用不当造成的。对道路的管理主要是要保证道路能为交通所用，并让道路交通的使用者能正确使用道路。

3. 对"车"的管理

车，特别是汽车，是道路上各种交通使用者中体形最大、速度最快的一种。因车辆运行安全设施性能低劣而在行驶中出现机件故障所造成的交通事故，在发达国家约占 5%，我国约占 10%。对车辆的管理，主要是对车辆运行安全设施性能进行经常性的监督，以保证车辆的安全行驶。

4. 对"环境"的管理

环境主要是指道路周围的环境。环境对于驾驶人驾车具有重大的影响。例如，在交通干道的两旁，令人眼花缭乱的广告、交通干道路侧行道树的树影等都对驾驶人驾车不利；设在交通标志附近杂乱的牌、杆、栏等，特别是在交通标志杆上附挂的广告牌，影响驾驶人辨认标志；遮蔽、扰乱信号灯的树梢、广告牌、霓虹灯等，影响驾驶人辨认信号灯的颜色；街角上的树、杆、牌等各类阻挡驾驶人视线的杂物，使驾驶人视距缩短，都足以成为引起交通事故的因素。

6.3　道路交通标志与标线

道路交通标志与标线是引导道路使用者有秩序地使用道路，以促进道路交通安全、提高道路运行效率的基础设施。通过不同颜色的图案、符号与文字，告知道路使用者道路通行权力，明示道路交通禁止、限制、遵行状况，告示道路状况和交通状况等信息。

道路交通标志与标线的设置，应符合道路交通安全、畅通的要求，并满足《道路交通标志和标线》（GB 5768—2009）的强制性国家标准。此标准适用于公路、城市道路和虽在单位管辖范围但允许社会机动车通行的场所，包括广场、公共停车场等用于公众通行的场所等各类道路上设置的交通标志和标线。其他机动车通行的场所、停车场等设置的交通标志和标线可参照执行。

1. 交通标志

交通标志是交通管理设施的一种，设置在城市道路上，与交通标线、交通信号灯及其他设施一起管理、警告、指示和指引交通出行，保证交通安全和畅通。道路交通标志以颜色、形状、字符、图形等向道路使用者传递信息。交通标志应结合道路及交通情况设置。

（1）交通标志分类

交通标志按其作用分类，分为主标志和辅助标志两大类。主标志包括以下 7 类。

① 警告标志：警告车辆、行人注意危险地点的标志。

② 禁令标志：禁止或限制车辆、行人交通行为的标志。

③ 指示标志：指示车辆、行人行进的标志。

④ 指路标志：传递道路方向、地点、距离信息的标志。

⑤ 旅游区标志：提供旅游景点方向、距离的标志。

⑥ 作业区标志：告知道路作业区通行的标志。

⑦ 告示标志：告知路外设施、安全行驶信息及其他信息的标志。

辅助标志为附设在主标志下，起辅助说明作用的标志。

（2）交通标志颜色

交通标志还通过不同的颜色区分其含义，颜色的基本含义如下。

① 红色：表示禁止、停止、危险，既用于禁令标志的边框、底色、斜杠，也用于叉形符号和斜杠符号、警告性诱导标的底色等。

② 黄色或荧光黄色：表示警告，用于警告标志的底色。

③ 蓝色：表示指令、遵循，一般用于指示标志的底色，表示地名、路线、方向等行车信息。

④ 绿色：表示地名、路线、方向等的行车信息，用于高速公路和城市快速路指路标志的底色。

⑤ 棕色：表示旅游区及景点项目的指示，用于旅游区标志的底色。

⑥ 黑色：用于标志的文字、图形符号和部分标志的边框。

⑦ 白色：用于标志的底色、文字和图形符号及部分标志的边框。

⑧ 橙色或荧光橙色：用于道路作业区的警告、指路标志。

⑨ 荧光黄绿色：表示警告，用于注意行人、注意儿童等警告标志。

（3）交通标志形状

交通标志形状的一般使用规则如下。

① 正等边三角形：用于警告标志。

② 圆形：用于禁令和指示标志。

③ 倒等边三角形：用于"减速让行"禁令标志。

④ 八角形：用于"停车让行"禁令标志。

图6-1　VMS设置实例

⑤ 叉形：用于"铁路平交道口叉形符号"警告标志。

⑥ 方形：用于指路标志，部分警告、禁令和指示标志，旅游区标志，辅助标志，告示标志等。

交通标志按照其表现形式，可以分为静态交通标志和动态交通标志（又称可变情报板或可变信息标志）。随着交通智能化的发展，近年可变情报板在大城市得到了比较普遍的应用。例如，日本的东京、大阪分别设置了800余块，美国纽约设置了约350块，英国伦敦设置了100余块，我国北京2009年设置了400余块。VMS设置实例如图6-1所示。

2. 交通标线

道路交通标线是由标画于路面上的各种线条、箭头、文字、立面标记、突起路标和轮廓标等所构成的交通安全设施。它的作用是管制和引导交通。它既可以与标志配合使用，也可单独使用。城市道路应按《道路交通标志和标线》（GB 5768—2009）的规定设置交通标线。

1）道路交通标线的分类

道路交通标线，按功能可划分为以下3类。

① 指示标线：指示车行道、行车方向、路面边缘、人行道、停车位、停靠站及减速丘等信息的标线。

② 禁止标线：告示道路交通的遵行、禁止、限制等特殊规定的标线。

③ 警告标线：促使道路使用者了解道路上的特殊情况，提高警觉、准备应变、防范措施的标线。

道路交通标线，按设置方式可分为以下3类。

① 纵向标线：沿道路行车方向设置的标线。

② 横向标线：与道路行车方向交叉设置的标线。

③ 其他标线：字符标记或其他形式标线。

道路交通标线按形态可分为以下4类。

① 线条：涂于路面、缘石或立面上的实线或虚线。

② 字符：涂于路面上的文字、数字及各种图形、符号。

③ 突起路标：安装于路面上，用于标示车道分界、边缘、分合流、弯道、危险路段、路

宽变化、路面障碍物位置等信息的反光体或不反光体。

④ 轮廓标：安装于道路两侧，用以指示道路边界轮廓、道路的前进方向的反光柱（或反光片）。

2）道路交通标线颜色、线条

道路交通标线的颜色为白色、黄色、蓝色或橙色，路面图形标记中可出现红色或黑色的图案或文字。道路交通标线的形式、颜色及含义如下。

① 白色虚线：画于路段中时，用以分隔同向行驶的交通流；画于路口时，用以引导车辆行进。

② 白色实线：画于路段中时，用以分隔同向行驶的机动车、机动车与非机动车，或指示车行道的边缘；画于路口时，用作导向车道线或停止线，或用以引导车辆行驶轨迹；画为停车位标线时，指示收费停车位。

③ 黄色虚线：画于路段中时，用以分隔对向行驶的交通流或作为公交专用车道线；画于交叉口时，用以告示非机动车禁止驶入的范围或用于连接相邻道路中心线的路口导向线；画于路侧或缘石上时，表示禁止路边长时停放车辆。

④ 黄色实线：画于路段中时，用以分隔对向行驶的交通流或作为公交车、校车专用停靠站标线；画于路侧或缘石上时，表示禁止路边停放车辆；画为网格线时，表示禁止停车的区域；画为停车位标线时，表示专属停车位。

⑤ 双白虚线：画于路口，作为减速让行线。

⑥ 双白实线：画于路口，作为停车让行线。

⑦ 白色虚实线：用于指示车辆可临时跨线行驶的车行道边缘，虚线侧允许车辆临时跨越，实线侧禁止车辆跨越。

⑧ 双黄实线：画于路段中，用以分隔对向行驶的交通流。

⑨ 双黄虚线：画于城市道路路段中，用于指示潮汐车道。

⑩ 黄色虚实线：画于路段中时，用以分隔对向行驶的交通流，实线侧禁止车辆越线，虚线侧准许车辆临时越线。

橙色虚、实线：用于作业区标线。

蓝色虚、实线：作为非机动车专用道标线；画为停车位标线时，指示免费停车位。

3）道路交通标线专用分类说明

（1）指示标线

指示标线由纵向标线、横向标线和其他标线组成。

① 纵向标线包括：可跨越对向车行道分界线；可跨越同向车行道分界线；潮汐车道线；车行道边缘线；左转弯待转区线；路口导向线；导向车道线。

② 横向标线包括：人行横道线；车距确认线。

③ 其他标线包括：道路出入口标线；停车位标线；停靠站标线；减速丘标线；导向箭头；路面文字标记；路面图形标记。

（2）禁止标线

禁止标线由纵向禁止标线、横向禁止标线和其他禁止标线组成。

① 纵向禁止标线包括：禁止跨越对向车行道分界线；禁止跨越同向车行道分界线；禁止停车线。

② 横向禁止标线包括：停止线；停车让行线；减速让行线。

③ 其他禁止标线包括：非机动车禁驶区标线；导流线；网状线；专用车道线；禁止掉头（转弯）线。

（3）警告标线

警告标线由纵向标线、横向标线和其他标线组成。

① 纵向标线包括：路面（车行道）宽度渐变段标线；接近障碍物标线；铁路平交道口标线。

② 横向标线包括减速标线。

③ 其他标线包括立面标记和实体标记。

（4）其他标线

其他标线包括突起路标和轮廓标。

① 突起路标是固定于路面上起标线作用的突起标记块，既可用来标记对向车行道分界、同向车行道分界线、车行道边缘线等，也可用来标记弯道、进出口匝道、导流标线、道路变窄、路面障碍物等危险路段。突起路标可分为反光和不反光两大类。

② 轮廓标用以指示道路的前进方向和边缘轮廓。

6.4　城市交通系统运行组织管理

城市交通系统运行组织管理可以分为多种交通方式协调组织管理、单一交通方式组织管理和节点组织管理等。多种交通方式协调组织管理是着眼于城市交通总体优化的组织管理方式，牵涉部门之间的协调和运行信息共享等问题，难度大，目前实施较少。目前实施较多的是单一交通方式的运行组织管理，如道路交通、城市轨道交通和城市公共汽（电）车交通运行组织管理等。这里以城市道路交通系统运行组织管理为例进行叙述。

6.4.1　城市道路交通系统运行组织管理

城市道路交通系统运行组织管理包括车速管理、机动车交通组织管理、自行车交通组织管理和行人交通组织管理。

1. 车速管理

车速管理是指运用交通管制的手段，强制性地要求机动车按照规定的速度范围在道路上运行，以确保道路交通安全。

车速管理通常是限速管理，即根据不同的道路等级制定不同的限速范围。例如，对于城市快速路，在稳定的交通流状态下，车辆既不能以低于 50 km/h 的速度行驶，也不能以高于 80 km/h 的速度行驶。

2. 机动车交通组织管理

机动车交通组织管理分为单向交通、变向交通、禁行管理、专用车道等管理。

1）单向交通

单向交通又称单行线，是指道路上的车辆只能按一个方向行驶的交通。当城市道路上的交通量超出其自身的通行能力时，将造成交通拥塞、延误及交通事故等问题。此时，在道路交通系统中，若对某一条或几条道路，甚至对某些路面较宽的巷、弄考虑组织单向交通，则将会使上述交通问题明显地得到缓解和改善。单向交通是在城市道路交通系统中，充分利用现有资源，缓解城市交通拥堵的一种经济、有效的交通管制措施。

据统计，世界上几乎所有的大中城市的城市道路均组织着单向交通，其组织的前提条件是路网密度大、级配比较合理。具体组织方式是在城市支路或者次干路上，按照行驶方向相间交替组织。

单向交通的种类有固定式、定时式、可逆单向式和车种单向式等。

2）变向交通

变向交通是指在不同的时间内变换某些车道上的行车方向或行车种类的交通。变向交通又称"潮汐交通"。变向交通按其作用可分为方向性变向交通和非方向性变向交通。

方向性变向交通是指在不同时间内变换某些车道上的行车方向。这类变向交通可使车流量方向分布不均匀现象得到缓和，从而提高道路的利用率。

非方向性变向交通是指在不同时间内变换某些车道上的行车种类。它可分为车辆与行人、机动车与非机动车之间相互变换使用的变向车道。这类变向交通对缓和各种类型的交通在时间分布上不均匀性的矛盾有较好的效果。例如，在早晨自行车高峰时间，变换机动车外侧车道为自行车道；到了机动车高峰时间，则变换非机动车道为机动车道。另外，在中心商业区变换车行道为人行道及设置定时步行街等，这些都是非方向性变向交通。

3）禁行管理

为了调节道路上的交通流，将一部分交通流量均分到其他负荷较小的道路上去，或满足某些特殊的通行要求，根据道路条件和交通条件，实行对机动车和非机动车的某种限制通行的管理，称为禁行管理。禁行管理大致有以下几种情形。

① 时段禁行。根据机动车和非机动车的不同高峰时段，安排不同的通行时间，如 7:00—19:00 禁止载货车辆进入城市中心地区的道路。

② 错日禁行。如某些主要街道规定某些车辆单日通行，某些车辆双日通行；或牌照号为单数的车辆规定单日通行，牌照号为双数的车辆规定双日通行。

③ 车种禁行。如禁止某几种车（载货车和各类拖拉机）进入城市道路和城市中心区。

④ 转弯禁行。在某些交通拥挤的交叉口，禁止机动车和非机动车左（右）转弯。应注意在禁止左转弯交叉口的前后邻近路口必须允许左转弯，尤其是自行车，如何安排它们在支路上完成左转或变左转为右转。当然，这些措施应依据交通流量及道路、交通条件而定。

⑤ 重量（高度、超速等）禁行。规定机动车和非机动车，按规定的吨位（高度、速度）通行。

4）专用车道

规划专用车道（或专用道路系统）是缓解城市交通问题的途径之一。专用车道包括高乘坐率车道和公交专用道等。

（1）高乘坐率车道

高乘坐率车道是指为多乘员车辆（high occupancy vehicle，HOV）提供专门通行的车道。可使用 HOV 车道的车辆包括：公共汽车（bus）、乘坐 2 人（或 3 人）以上的小客车（carpools）、乘坐 2 人（或 3 人）以上的货车（vanpools）以及出现紧急事故的车辆（emergency vehicles）。有时为将公交车与 HOV 其他类型的车辆进行区分，也将公共汽车与 HOV 车辆分开。

高乘坐率车道为高承载车辆提供专用的通行空间，从而减少道路上机动车总出行量，减轻道路拥堵程度。同时，车道受外界因素影响较小，可以提供较为可靠的服务。这种车道较多地应用在高峰期道路上拥堵最为严重、时间节约显得尤为重要的路段。

（2）公交专用道

公交专用道作为 HOV 车道的特殊形式，是指服务于公交车辆供其专门运行的道路。公交车辆载客量大，人均占用道路面积小，且可有效地利用道路。故采用公交车辆专用道路的办法来提高公交车辆的运行效率和服务水平，达到减少城市小汽车交通量的目的，使整个城市的交通服务质量得到改善，带来较大的社会经济效益。

3. 自行车交通组织管理

自行车是节能环保和健康的短距离出行交通方式之一，在我国具有很好的普及和使用的历史。然而，近年随着城市机动化的快速发展和受机动车道设计、运营管理等因素的影响，给自行车的使用带来了很大障碍，影响骑车人的交通安全，导致其使用率呈现逐年下降的趋势。为了鼓励自行车的使用，有些城市开始了自行车租赁系统建设，在公交车站、城市轨道交通站和旅游景点周边设置自行车租赁点，供城市公共交通乘客和游客使用。

随着电动自行车的快速发展，过高的骑行速度及其属性管理等问题带来了自行车交通安全管理的新问题。

4. 行人交通组织管理

行人交通是最基本的末端交通出行方式。保障行人交通出行的安全、便利和舒适是城市行人管理的关键，能否处理好行人交通，既是城市交通发展水平的象征，也是城市的一张名片。

我国城市道路上机动车、自行车和行人交通的混合通行的相互干扰，带来了交通流的低速和高密度的特征，严重影响了城市交通效率、安全和交通环境。此问题的治理需要从理念、交通设计、组织管理和执法管理等视角的综合措施。

6.4.2 停车管理

停车管理是指对车辆的停放进行管理。随着我国城市机动车保有量的迅速增加、使用频度提高及停车政策的滞后，停车问题已经成为各城市交通管理中非常重要且难以解决的问题之一。

1. 停车场分类

根据停车设施服务的对象，可以将停车场分为专用停车场、建筑物配建停车场和社会公共停车场 3 种；根据停车设施所在的位置，又可以将停车场分为路内停车场和路外停车场；根据停车设施的结构形式，可以分为地面停车场和立体停车场。

（1）专用停车场

专用停车场是指专业运输部门或企事业单位所属建设的停车场地，仅供有关单位内部自有的车辆停泊，如公共汽车总站、长途客货运枢纽等。专用停车场，几乎不为社会上其他车辆提供停车位。

（2）建筑物配建停车场

建筑物配建停车场是大型公用设施或是建筑配套建设的停车场所，主要为与该设施业务活动相关的出行者提供停车服务。建筑物配建停车场服务对象，包括主体建筑业主的停车及主体建筑所吸引的外来车辆。

（3）社会公共停车场

社会公共停车场是为从事各种活动的出行者提供公共停车服务的停车场所，服务范围最广，通常设置在城市商业活动中心、城市出入口及公共交通换乘枢纽附近。

（4）路内停车场

路内停车场是指在城市机动车道（或非机动车道）的两侧或一侧划出若干路面供车辆停放的场所。路边停车场车辆存取方便，但是对城市机动车和非机动车交通的干扰较大，因此要求除停车以外，必须保留足够的道路宽度供各种车辆通行，并且通常仅限于短时车辆的停放。

（5）路外停车场

路外停车场位于城市道路系统以外，通常由专用的通道与城市道路系统相联系，对动态交通的影响较小。

（6）地面停车场

地面停车场又称平面停车场，具有布局灵活、停车方便、成本低廉等特点，是最为常见的路外停车场形式。

（7）立体停车场

立体停车场是指专用或兼用停放机动车的固定建筑物。

2. 停车管理

停车管理分为路内停车管理和路外停车管理。

（1）路内停车管理

道路内部空间是稀缺资源，属于稀缺公共物品，应该从时间和空间上加以科学利用。时限停车收费是路内停车管理的基本方法，即限定在路内停车的时间，并且收取一定的停车费用。例如，在日本东京核心区的道路上，短时停车（15 min 以内）不收取费用，但收费停车的时间上限为限停 60 min，超过该时限将按照路侧违章停车接受处罚。另外，由于路内停车空间是稀有公共物品，其停车价格一般相对于路外停车场高，以尽量抑制路内停车，避免影响交通流的运行。

（2）路外停车管理

路外停车场偏离道路空间，停止车辆不影响道路交通，是城市停车的主要方式，一般应按不同的区位和建设标准实施差异化停车收费标准，以控制区域的交通流。

停车诱导系统和停车收费技术 2015 年获得了快速发展。随着停车智能化、大数据、互联网+技术和智能手机的普及，预约停车位已经成为可能，为方便停车和停车位的合理利用提供了支撑。

6.4.3　公交优先通行管理

公交优先已经被确立为城市交通发展的主旋律，因此在城市交通基础设施向公交优先发展的基础上，用公共交通优先的政策和措施进行管理是保障公交优先的最后一个关键环节。

（1）票价管理

遵循社会效益、环境效益和经济效益统一的原则，在保证尽可能多地吸引市民乘坐公交的前提下，制定出合理的票价，并逐步建立促进城市公共交通良性发展的价格与价值补偿机制。

（2）公共交通车辆优先通行管理

城市公交车辆优先通行管理是指设置公交专用道、公交优先信号、港湾式公交站台、舒适整洁的公交站亭及公交专用道的执法管理。

（3）公交优先信号管理

公交优先信号管理是指在公交专用道上行驶的公交车辆抵达信号交叉口之前给出绿灯信号，使其不停车经过信号交叉口，从而减少公交车在信号交叉口的等待，提高公交车的运行车速和服务水平。

（4）快速公交（BRT）通行管理

快速公交（bus rapid transit，BRT）通行管理是指对快速公交车道的运行和乘客利用进行管理。对于非封闭式快速公交车道，利用交通执法措施防止社会车辆进入是保障快速公交车辆安全、快速运行的关键。

6.4.4 城市交通需求管理

交通需求管理（traffic demand management，TDM）的理念，是人们在交通治理的实践中认识到：增加交通供给不仅难以满足交通需求的无限增长，反而会给扩大交通污染创造条件；机动车出行交通需求的无限增长、汽车侵占有限的道路资源是交通问题的根本根源。

用传统交通管理观念来看"交通需求管理"，很容易被误解为限制汽车数量、限制汽车行驶等种种限制性的管理措施。其实，从交通发达国家普遍采用的"交通需求管理"的种种措施看，交通需求管理的根本理念应该是：大力发展公共交通，引导人们采取科学的交通出行行为，理智地使用道路交通设施的有限资源。简言之，交通需求管理主要管的是：人们理性地使用汽车，而不是人们是否拥有汽车。

（1）错时上下班

由于通勤出行需求为刚性、派生性需求，因此具有时段集中的特征。为削减高峰时段的交通量，将上下班时间按照一定的顺序错开，或采用弹性工作时间。

（2）在家上班

随着互联网时代的发展，网络会议、网上传递信息等成为可能，一些工作可以在家里完成，从而适当减少去单位上班的出行和交通量。

（3）合乘

合乘是指去同一方向上班的人员合乘一辆车。这样，可以减少可行车辆的数量，从而减少交通量。

（4）调整使用费

提高汽车使用费是非常简便的控制交通需求的措施。它可以直接影响汽车的使用成本，达到减少汽车使用的目的，同时收取的费用若用于发展城市公共交通，可以一举两得。通常采用的方法是增加燃油税、征收过路桥费。1984年香港海底隧道用加倍收费的方法，使出租车和小汽车的通过量减少15%。

日本东京、大阪、名古屋等城市的城市快速路采用按次征收通行费的方式，在提供高时间价值畅通出行服务的同时，抑制了进城车辆的数量，起到了需求管理的效果。

（5）停车控制

城市中心区道路交通拥堵，用控制停车需求的方法减少该区交通量，如定额供给停车位数量、提高停车收费等。

（6）道路拥挤收费

机动车交通出行产生外部效应。城市道路属于公共资源，在人口密集度高的城市中心区，道路又是稀缺资源，机动车集中出行会产生道路交通拥堵，并随着拥堵程度的加重外部效应增强。

为了消减机动车出行的外部性，缓解道路交通拥堵，征收道路拥挤费是一种有效的方式。

道路拥挤收费是指对在交通拥堵时段进入交通拥堵区域道路的车辆征收通行费。

新加坡从 20 世纪 70 年代开始实施道路拥挤收费，并建设了不停车电子收费系统 ERP（electronic road pricing），维持着道路交通流的畅通。

英国伦敦从 2003 年开始对于拥堵时间段进入中心区道路的车辆收取通行费用，每次收取 5 英镑，减少了 25%的道路交通流量，可以说效果显著。2007 年，又在此基础上进行了西扩，并将通行费提高到 7 英镑。

道路拥挤收费的实施需要先决条件，即城市公共交通运输系统的运输能力能够承受因道路拥挤收费而从驾驶机动车转移到公共交通系统的转移出行量，这也是道路拥挤收费实施成功与否的关键。

6.5　城市道路交通信号控制

早在 19 世纪，人们就开始研究交通信号，用信号指挥车辆通行，控制车辆进出交叉口的次序。第一组交通信号灯是 1868 年在伦敦威斯敏斯特街安装的红、绿两色煤气交通信号灯，但一次意外的煤气爆炸事故宣告了这种灯的结束。交通信号灯于 1914 年及稍晚一段时间出现在美国的纽约、克利夫兰和芝加哥等城市。1926 年在英国首次采用了自动化交通信号控制器来控制交通信号灯，这是第一次具有自动化意义的城市交通控制。

交通信号协调控制系统，于 1963 年出现在加拿大多伦多市，它是由 IBM650 型计算机控制的，这是道路交通控制技术发展的里程碑。该系统第一次把计算机技术用于交通控制，完成了以数字计算机为核心的城市交通控制系统（urban traffic control，UTC），大大提高了控制系统的性能和水平。之后，西欧、北美、日本很快也建立了改进式的 UTC 系统。

1969 年英国设计出了区域控制系统优化程序——TRANSYT（traffic network study tool），它是一个脱机仿真优化的配时程序，被世界各国广泛采用，对交通控制系统的发展起到了促进作用。20 世纪 70 年代初期，英国先后建立了试验性区域交通控制系统。于 1979 年成功研制了 SCOOT（split-cycle-offset optimization technique）实时自适应交通控制系统。与 SCOOT 系统齐名的还有澳大利亚的 SCATS（Sydney co-ordinated adaptive traffic system）系统等。

20 世纪 80 年代中后期，我国的北京、上海先后引进了英国和澳大利亚的新一代控制系统。进入 20 世纪 90 年代，我国省会一级城市大都建立了区域交通控制系统。

20 世纪 80 年代以后，世界各国的交通控制出现了前所未有的发展热潮，特别是信息技术的迅速发展，使得交通控制已开始从传统的控制方式向信息化、智能化方向发展。20 世纪 90 年代，发达国家已开始出现智能交通控制系统。

在长时间的发展中，道路交通信号控制系统经历了手动控制到自动控制、定时控制到有感应控制、单点控制到干线控制再到区域控制，无车辆监测器到有车辆监测器的过程。

6.5.1　信号交通控制的分类

信号交通控制的发展是一个不断实践的过程，在发展过程中形成了许多概念和名称。而根据其侧重点的不同，划分类别也不尽相同，包括按照控制范围划分、控制方式划分等。

1. 按控制范围划分

（1）单点信号控制

单点信号控制又称孤立交叉口信号控制，简称点控制，是指对单一交叉口或一条干线上或一个区域内的城市道路平面交叉口独立进行信号控制。这种控制的特点是各交叉口的信号配时彼此之间没有关联，各自独立调整和运行。点控制的出发点是使本交叉口车辆的延误和停车次数等指标达到最小，同时又要给车辆提供一个比较大的通行能力。

（2）干线信号控制

干线信号控制简称线控制或系统控制，是指一条城市交通干线上的多个相邻交叉口视为一个整体进行信号协调控制。干线信号控制的主要目的是减少不必要的停车和排队延误，保持干线上车流的连续通行。

（3）区域信号控制

区域信号控制简称面控制，是指将一个区域内的多个信号交叉口视为一个整体，进行信号协调控制。这种控制方式是以路网的总延误和停车率的加权和最小为目标，也可以用平均排队长度最短作为目标。

2. 按控制方式划分

（1）定时控制

交叉口信号机执行固定信号配时方案对车流进行控制的方式称为定时控制，也称为定周期控制。配时方案可以是一个或多个，一天只执行一个配时方案的称为单段式控制；一天按不同时段分别执行不同配时方案的称为多段式定时控制。

（2）感应控制

感应控制是在交叉口进口道设置车辆检测器，信号机在进行控制时，根据检测器实时检测到的交通流数据，实时改变信号配时方案的一种控制方式。感应控制的基本方式是单个交叉口的感应控制，简称单点感应控制。根据检测器设置的不同，单点感应控制可分为半感应控制和全感应控制两种类型。

（3）自适应控制

把交通系统作为一个不确定性系统，能够连续检测其状态，如流量、停车次数、延误时间、排队长度等，将其与希望的动态特性进行比较，并利用差值反馈调整控制参数或产生一个控制方案，从而保证控制效果达到最优或次最优。

6.5.2　交通信号控制基本参数

交叉口信号控制方案的设计是一个复杂的过程，在深入探讨信号控制方案及进行信号控制分析之前，有必要先了解与单点信号控制相关的基础性概念。

1. 信号周期

信号周期是指信号灯色按设定的相位顺序显示一周所需的时间。一般来说，每种通行需求的交通流（各种不同转向的机动车流、非机动车流和行人过街交通流）都会在一个周期内获得至少一次绿灯信号。在实际中，对于信号控制较为简单的中小型交叉口，信号周期取值一般在 40～120 s；对于信号控制较为复杂的大型交叉口，信号周期取值一般在 180 s。

2. 信号相位

在信号控制交叉口，每种控制状态（一种通行权），即对各进口道不同方向所显示的不同灯色的组合，称为一个信号相位。一个信号相位中，获得通行权进口道的信号灯显示时间通常由绿灯时间和黄灯时间组成，大型交叉口有时还包括全红时间。所有这些信号相位及其顺序统称为相位（相位方案），一个信号控制方案在一个周期内有几个信号相位，则称该信号控制方案为几相位的信号控制。十字形交叉口通常采用 24 个信号相位。

3. 控制步伐

对于某一时刻，交叉口各个方向各交通信号灯状态所组成的一组确定的灯色状态组合，称为控制步伐。控制步伐持续的时间称为步长。一般而言，一个信号相位通常包含一个主要控制步伐和若干个过渡性控制步伐。主要控制步伐的步长一般由放行方向的交通量决定，过渡性控制步伐的步长取值一般在 3 s 左右。

4. 控制链

控制链是在交通信号控制系统中相位方案在同一个控制器中的时间排序。

5. 绿信比

绿信比是指一个信号周期内某信号相位的有效绿灯时长与信号周期时长的比值，一般用 λ 表示：

$$\lambda = g_{E}/C \qquad\qquad (6-1)$$

式中：g_{E} 为有效绿灯时长，s；C 为信号周期长度，s。

6. 黄灯时间

黄灯通常设置于信号相位中绿灯结束之后，提醒驾驶人红灯即将开启。黄灯时间一般不建议车辆驶出停车线进入交叉口，除非在黄灯开启之初，已经接近停车线，无法安全制动的车辆可以开出停车线。

7. 全红时长

所谓全红信号，是指交叉口所有进口方向的车道信号灯都为红灯的状态。全红信号通常设置于黄灯之后,主要功能是使黄灯期间进入交叉口而未能驶出交叉口的车辆能够在下一相位的首车到达冲突点前安全驶出交叉口。全红时长与交叉口的几何尺寸有关,实际使用时一般设置在 3 s 以内。

8. 绿灯间隔时间

绿灯间隔时间是指一个相位绿灯结束到下一相位绿灯开始之间的时间间隔。设置绿灯间隔的作用是确保已通过停车线进入交叉口的车辆能够在下一相位的首车到达冲突点前安全通过冲突点,驶出交叉口。绿灯间隔时间,亦称相位过渡时间,通常由黄灯时间或者黄灯时间加上全红时间组成。

9. 损失时间

损失时间是指在信号周期内无法被利用的时间,包括前损失时间、后损失时间及全红信号时间。前损失时间又称为启动损失时间,是指绿灯刚启亮时由于驾驶人的反应延迟,车辆从静止加速到正常行驶速度造成的时间损失。后损失时间是指绿灯末期及黄灯期间驾驶人减缓车速损失的时间。全红信号损失即为全红信号时长。

10. 有效绿灯时长

所谓有效绿灯时长,是指与信号相位内可利用的通行时间相等效的理想通行状态所对应的绿灯时长。在一个信号相位期间,车辆可通行时间包括绿灯显示时间和黄灯时间。然而,由于绿灯刚启亮时驾驶人存在反应延迟,而绿灯末期和黄灯期间驾驶人又要放缓车速,因此一个相位通行时间首尾部分的通行效率是较低的。

11. 饱和流量

当绿灯信号点亮时,由于车辆的启动特性、驾驶人的反应时间和某些环境条件所限,车辆需要一段时间启动并加速到正常行驶速度,几秒以后车辆才能以一个大致稳定的流率通过交叉口停车线,该稳定流率就是饱和流量。这一流率也可以看成是忽略车流驶出率在绿灯时间前几秒及后几秒时间段的增大或减小,车辆通过停车线的平均流率。所以,可将饱和流量定义为:在一次连续的绿灯信号时间内,进口道上一列连续车队能通过进口道停车线的最大流量,单位是 pcu/h。

饱和流量的大小受交叉口几何因素、渠化方式及各流向交通冲突等情况影响,比较复杂。因此,应尽量采用实测数据,实在无法取得实测数据时,如新建交叉口设计时,才考虑用公式计算并结合经验修正的方法。

12. 流量比

流量比即交叉口某一进口车道的流量与其饱和流量的比值,可由下式计算:

$$y = q/S \tag{6-2}$$

式中:q 为流量;S 为饱和流量。

将各个相位的 y 值求和,即得出整个交叉路口的 Y 值:

$$Y=\sum y \qquad\qquad (6-3)$$

当在一个相位中具有多个车流同时运行时，应取各个车流中最大的 y 值作为该相位的 y 值。当为了释放左转车流而具有相位的导前和滞后设置时，相位的 y 值应是左转车流的 y 值加上具有较短绿灯时间的进口道的 y 值。但如果与左转车流在同一进口车道上的直行车流具有更大的 y 值，则应取后者为相位的 y 值。

流量比是交叉路口拥堵程度的一个衡量尺度，也是计算信号配时所使用的重要参数之一。

13. 饱和度

某一交叉口进口道的车流量与可从该进口道通过交叉口的最大车流量的比称为该进口道的饱和度。由下式计算：

$$x=q/\lambda S \qquad\qquad (6-4)$$

式中：q 为流量；λ 为绿信比；S 为饱和流量。

14. 通行能力

道路的通行能力是指可以疏通道路上某一地点交通的能力，即单位时间内通过某一地点的最大交通量。在信号控制的情况下，交叉口某一入口车行道的通行能力可以使用下列公式计算：

$$N=\frac{g_E S}{C}=\lambda S \qquad\qquad (6-5)$$

式中：N 为信号交叉口某一入口车行道的通行能力；g_E 为某相信号的有效绿灯时间，s；C 为信号周期长度，s；S 为饱和流量，pcu/h。

信号灯控制的交叉口的通行能力计算，在实际应用时可采用不同的形式。例如，区分不同功能车道（直行、直右、直左、直左右、左转、右转等）、不同交叉口（十字形交叉口、T形交叉口、环形交叉口等）及其布局特性进行计算和折减。尤其重要的是，需分清设计通行能力（最大通行能力）、实际通行能力（运行能力）和储存通行能力之间不同意义、计算条件及其作用上的差异，根据应用需要分别加以处理。

复习思考题

1. 城市交通管理与控制的目的是什么？主要包括哪几方面的内容？
2. 交通法规的层次类型有哪些？
3. 城市交通标志按作用可分为几类？城市交通标线按功能可分为几类？
4. 城市交通信号的作用是什么？
5. 试解释信号周期长、绿信比、相位差等参数的含义。
6. 城市交通信号控制的类型有哪些？
7. 试叙述城市交通管理的内容。

第 7 章

城市公共交通

本章主要讲述城市公共交通系统及其发展、城市公共交通系统研究的内容、城市公共交通客流分析及预测、城市公共交通票制票价、城市公共交通政策、城市公共交通服务及城市公共交通运营管理模式等。

7.1 城市公共交通系统

7.1.1 城市公共交通系统的组成

城市公共交通系统包括城市公共汽车、无轨电车、有轨电车、地下铁道、出租车、轮渡等。

1. 公共汽车

公共汽车是目前世界各国使用最广泛的公共交通工具。它起始于 1905 年的美国纽约，当时用公共汽车代替原有的公共马车，到 20 世纪 30 年代得到迅速发展。公共汽车之所以被广泛采用，是由于它的机动灵活。只要有相宜的道路，就可以通行，并且公共汽车组织运行所需的附属设施的投资，较之其他现代化公共交通工具也最少。我国的公共汽车车辆类型甚多，按车长和载客定员分，有小型（车长 3.5～7 m，定员≤40 人）、中型（车长 7～10 m，定员≤80 人）、大型（车长 10～12 m，定员≤110 人）、特大型（铰接）（车长 13～18 m，定员 135～180 人）与双层（车长 10～12 m，定员≤120 人）。大型公共汽车对解决上下班客运高峰时间的乘车拥挤情况起了很大作用。近年来，为了适应不同乘客、不同层次的需求，以及实际运营中的灵活性和经济性，又出现了微型公共汽车，在服务方式上有响应公交（demand bus）和定制公交（customized shuttle bus）等。受石油价格上涨及城市居民对环境保护的强烈呼声的影响，西方国家在 20 世纪 70 年代研制出以蓄电池为动力的电动公共汽车。

2. 无轨电车

无轨电车以直流电为动力，除了用公共汽车的设备外，还要有架空的触线网、整流站等设备，故初期投资较大，且行驶时因受架空触线的限制，机动性不如公共汽车。不过，无轨电车行驶时能偏移触线两侧各 4.5 m 左右，可以靠人行道边停站，必要时也可超越其他的城市车辆。无轨电车的特点是噪声低、不排出废气、起动加速快、变速方便。无轨电车在欧洲正在进行着一种新的试验，为了不在城市中心复杂的交叉口架设触线网和避免因触线网故障而影响交通，并提高无轨电车的机动性，一种双动力源的车辆已研制成功，一类是集电杆集电/煤油机驱动型式，另一类是集电杆集电/蓄电池供电型式。但由于经济效益问题，都还没有成批投入运营。

3. 有轨电车

有轨电车具有运载能力大、客运成本低的优点，其设备同无轨电车，但它还有轨道和专设的停靠站台。根据史料，最早的有轨电车是在德国柏林投入运营的，20 世纪初，有轨电车在资本主义国家城市的形成和发展中曾起过重要的作用，承担了城市客运量的 80%～90%。

我国最早行驶有轨电车的城市是天津（1906 年），随后上海、大连、北京、沈阳、哈尔滨、长春等城市相继建成了有轨电车系统。到了 20 世纪 60 年代，随着汽车工业的发展，小汽车的大量增加，城市交通日趋繁忙，有轨电车由于具有机动性差、车速低、制动性能差及行驶时噪声大等缺点，由盛转衰，各国相继拆除铁轨，停驶有轨电车。进入 20 世纪 70 年代后，西方发达国家的大城市小汽车泛滥成灾，城市环境污染严重，道路交通拥堵，加上石油危机，有轨电车在一些国家不仅复兴起来，而且得到了技术改进，出现了一种新型有轨电车，英文名称为 light rail transit，我国翻译为"轻轨交通"，也称"快速有轨电车"，其通过车辆更新，并对线路实行隔离，在市中心繁忙地段进入地下，使客运容量增大、乘坐舒适、运行经济。轻轨交通投资费用低于地铁，适用于单向小时客流 1.5 万～3 万人次的客运量，运送速度在 20～35 km/h，属于中运量快速轨道交通方式。

4. 地下铁道

地下铁道简称地铁（subway，underground railway），是在街道以外的一种强有力的快速大运量公共交通工具，其轨道基本建在地下，不过近年来，很多大城市的地铁在市区建在地下，在郊区引向地面或高架。地铁最基本的特点是与其他交通完全隔离，此外，其线路设施、固定建筑、车辆和通信信号系统均具有较高的设计标准。

地铁始建于 1863 年的英国伦敦，由于建设投资大、工期长，直到第二次世界大战结束时，全世界只有 18 个百万以上人口的大城市开通地铁。近 50 年来，由于城市人口增加、地面交通饱和、技术进步、经济实力增强等因素，地铁系统迅速增加，地铁作为城市公共交通工具，虽然工程造价高，但其运量大、速度快、污染少、安全可靠、不占用或少占用城市用地等优势，使之仍然得到了稳步发展。我国首都北京第一条地下铁道于 1969 年 10 月建成，西起石景山古城路站（古城站），东至北京站，全长 21 km，共设 16 个车站。目前，我国有地铁运行的城市还有广州、上海、天津等。地铁单向小时客流量可达 4 万～6 万人次，运送速度在 30～40 km/h，属于大运量快速轨道交通方式。

5. 出租车

出租车是一种不定线路、不定车站、以计程或计时方式营业，为乘用者提供门到门服务的较高层次的公共交通工具。出租车在城市公共客运交通中起着辅助作用，因而称为辅助交通。我国城市出租车交通已有近百年的历史，其发展是缓慢而曲折的，旧社会的车行业主，多属小本经济，独家经营，规模不大，虽有盈利，但受时局影响，时盛时衰，很不稳定。新中国成立初期，城市交通以发展公共汽车、电车为主，出租车基本处于停滞状态，直至 20 世纪 80 年代，随着政治经济形势的变化，出租车才得到快速发展，成为城市公共交通业的重要组成部分。

6. 轮渡

轮渡是在城市被江、河分割的特定条件下的城市公共客运交通工具，一般起联结两岸摆渡交通的作用，使陆上交通不能直接相通的区域得以沟通。这在没有桥梁、隧道或过江通道能力短缺的城市显得十分重要。

7.1.2 城市公共交通线路网

城市公共交通线路网应综合规划。在计划经济下，各种公共交通方式由于投资渠道和经营管理部门的不同，常为部门利益各搞一套，线路不相衔接，给居民乘车带来不便。在市场经济下，各种客运方式虽然相互竞争，但必须树立综合规划的思想，融合在一个统一的公共交通网络系统中，使各条线路既分工又合作，把相互衔接的公共交通线路深入到城市的各区域内。各线的客运能力应与客流量相协调，线路的走向应与客流的主流向一致；主要客流的集散点应设置不同交通方式的换乘枢纽，方便乘客停车与换乘，充分满足居民乘车的需要。

公共交通线路网密度高低反映出居民接近线路的程度，按理论分析，城市公共交通线路网平均密度以 2.5 km/km² 为佳，在市中心可以加密些，达到 3～4 km/km²，而城市边缘地区取值可小些。居民步行到公共交通车站的平均时间为 4～5 min 为佳。根据调查，沿公共交通线路两侧各 300 m 范围内的居民是愿意乘公共交通车的；超出 500 m，绝大多数居民选择骑车，而乘公共交通车的人就很少。由此证明了公共交通线路网的密度不能太稀，为扩大城市公共交通线网密度，公共交通可以在适宜的支路上行驶。

目前，我国许多城市由于适合布置公共交通线路的道路少，公共交通线路网稀，使乘客两端步行到站和离站总时间长达 17～19 min，再加上换乘不便，候车时间长，累计非车内时间达 25 min 左右，使公共交通失去与自行车交通竞争的能力。因此，保证公共交通行驶所需的道路网密度，是优先发展公共交通的前提。

此外，《城市道路交通规划设计规范》中规定，公共交通线路的非直线系数不宜过大，一般不应超过1.4。线路曲折，虽可扩大线路服务面，但使不少乘客增加额外的行程和出行时耗。

市区公共汽车与电车主要线路的长度宜为 8～12 km；快速轨道交通线路长度不宜大于40 min 的行程。市区公共汽车、电车线路的单程长度用线路长度控制，主要考虑到城市道路交通状况欠佳，在缺乏公共交通车辆优先通行措施保障的情况下，公共交通线路过长，车速不易稳定，行车难以准点，正常的行车间隔也难以控制。郊区线和快速轨道交通线，站距大，车速较高，所以一般用运送时间来控制。

7.1.3 城市公共交通场站设施

城市公共交通车站分为终点站、枢纽站和中间停靠站。各种车站的功能和用地要求是不同的。公共交通中间停靠站的站距受交叉口间距和沿线客流集散点分布的影响，在整条线路上是不等的。市中心区客流密集，乘客乘距短，上下站频繁，站距宜小；城市边缘区，站距可大些；郊区线，乘客乘距长，站距宜大。设置公共交通停靠站的原则是应方便乘客乘车并节省乘客总的出行时间。

《城市道路交通规划设计规范》中对公共交通车站服务面积的规定是：以 300 m 半径计算，不得小于城市用地面积的 50%；以 500 m 半径计算，不得小于 90%；城市出租车采用营业站定点服务时，营业站的服务半径不宜大于 1 km。

无轨电车终点站与快速轨道交通折返站的折返能力，应同线路的通过能力相匹配；两条及两条线路以上无轨电车共用一对架空触线的通过能力应该相互协调。

公共交通停车场、车辆保养场、整流站、公共交通车辆调度中心等场站设施是城市公共交通系统的重要组成部分，应与城市公共交通发展规模相匹配，以保证用地。公共交通场站布局，主要根据公共交通的车种、车辆数、服务半径和所在地区的用地条件设置。公共交通停车场宜大、中、小相结合，分散布置；车辆保养场布局应使高级保养集中，初级保养分散，并与公共交通停车场相结合。

7.1.4 城市公共交通运营管理系统

城市公共交通，尤其是道路上行驶的常规公共汽车、电车交通，是定时、定线行驶并按客流流量、流向时空分布变化而不断调节的随机服务系统。这个系统能否正常和有效地运行，不仅取决于道路和车辆、场站等物质技术设施条件，而且有赖于科学、有效的运营管理系统。

城市公共交通的运营调度管理主要包括两个内容：一是运营调度计划的制订，二是运营调度计划的执行和监控。过去，我国城市公共汽车、无轨电车的车辆调度，基本上沿用"定点发车、两头卡点"的手工作业的调度方式，由于信息不灵、调度失控，车辆经常出现"串车""大间隔"现象，要么使乘客候车时间过长，要么前车提前离站、后车拥挤，甚至导致全线运行秩序混乱，严重影响公共客运交通的服务质量和社会信誉。近年来，部分城市引进或自主开发了调度通信手段和车辆自动监控、运营管理信息系统，并开始部分投入使用，显示出公共交通运营管理手段现代化的重要作用。

城市公共交通车辆自动监控系统（automatic vehicle monitoring system for urban public transport），是对公共交通车辆的运营数据进行自动监测和实时处理的调度系统，由自动监测设备、通信设备和计算机组成。

AVM 系统的功能主要包括以下 8 项。

① 监测车辆的动态位置。通过自动采集、传输和处理被监测车辆的位置信号，判定运行车辆在线路上任意时刻所在的位置。

② 监测车辆的载客量。掌握公共交通运行车辆上装载乘客的数量及其变化情况。

③ 监测车辆的运行时刻偏离量。所谓运行时刻偏离量，是指在计时点（位置）上，车辆实际运行时刻与时刻表上规定时刻之差。

④ 根据车辆运营数据和运行计划，辅助选择最佳调度方案。车辆运营数据主要包括运营车辆的线路号、车号、司机号、动态位置、行驶方向、车速、里程、载客量报警等信息。

⑤ 编制并显示各线路的运营报表、运营图像和统计曲线。运营报表是指车辆运营数据的统计报表，运营图像则是以图示法在彩色监视器上实时显示的运营线路或区段内各车辆的运营数据。

⑥ 调度室向运营车辆下达调度指令。线路调度室是对一条线路的运营车辆进行综合调度的控制中心，调度中心则是对系统内各线路进行综合调度的控制中心。所谓调度指令，是指以符号或标记表达调度意图的指挥命令，如依照时刻表、隔站停车、直达、快车、区段运行、返回、改线行驶及救援等。

⑦ 建立数据库。为预测客流、编制和修改运行计划、线网优化等提供依据。

⑧ 与城市道路交通控制系统交换信息。城市道路交通控制系统是指自动采集、传输和处理各交叉路口的车流信息、用信号灯管理和控制车流的系统。实现两个系统的信息交换，可为道路交通管理优化特别是公共交通车辆优先通行创造条件。

为了达到改善城市公共客运系统的服务质量、提高城市公共交通车辆有效利用水平，使运行车辆处于全面受控状态，装备现代化的车辆运行自动监控系统是完全必要的。

7.1.5　城市公共交通的研究内容

城市公共交通的研究内容是针对城市公共交通系统的特点和乘客的特性进行乘客客流调查和系统分析，从而进行系统规划、设计、运营与管理，以及系统评价等。

城市公共交通客流是城市交通流的一部分，并且有着其自身的特征。城市公共交通具有公共性，形成了有别于一般市场的运输市场，政府、企业、居民共同参与，基于不同理念制定多种票制和票价形式。

城市公共交通客流主要研究客流调查的方法和手段，分析其分布及特征，预测将来的需求等。

城市公共交通系统规划的研究内容是基于城市交通发展的理念，考虑其公共性、公平性和多元性等，科学规划其交通网络规模、层次结构、线路和站点布设及服务水平等。

城市公共交通系统设计则基于便捷使用、效率和美观等原则，科学设计线路、站点和站内设施设备布局，列车开行方案设计，与其他交通方式衔接设计等。

城市公共交通系统运营和管理的研究内容是针对城市的特点，研究其运营管理的模式、客流组织、车辆调度与指挥、运营指标和乘客服务等。

城市公共交通系统评价是利用科学的方法对城市交通系统的现状及系统的规划、设计和运营管理方案做出评价。

7.2 城市公共交通的发展

城市公共交通是随着城市的发展而发展的，当城市形成以后，公共交通又起到了推动城市发展的作用。工业革命时期，欧洲的经济发展很快，1850 年以后，伦敦、巴黎成了百万人口的城市，交通发达，道路的使用与交通管理也逐渐为人们所重视，不过这时的交通工具仍以马车、自行车为主。1819—1854 年，在法国巴黎出现的公共马车和有轨马车逐步替代了出租马车，形成了城市的公共交通系统。

1906 年，我国首先在天津出现了有轨电车，10 年后上海、天津又相继发展了公共汽车。新中国成立后，随着经济建设的迅速发展和城市规模的不断扩大，城市公共交通事业也相应地得到发展。国家第一个"五年计划"期间，沈阳、长春、哈尔滨等城市对有轨电车设施进行了改造和扩建。到 1957 年，这 3 个城市的有轨电车数量已占公共交通车辆总数的 50%，并占城市客运量的 50%。同时北京、天津、上海等大城市开始发展无轨电车。在这期间，各地公共交通部门还兴建了一些车辆保养、修配等重要设施。

1960 年，在南京、武汉、广州、西安、重庆、太原、青岛、齐齐哈尔等城市建成了第二期无轨电车工程。北京、天津、上海、沈阳等城市也相继完成了无轨电车的扩建工程。一些沿江河的城市也积极发挥水运优势，开辟了水上航线，发展了轮渡事业。1969 年，北京率先建设了地铁一号线。

1978 年，十一届三中全会以后的改革开放带来了城市经济发展，尤其是进入 21 世纪以来，城镇化的快速发展与城市公共交通的发展相得益彰。城市公共汽（电）车和大城市的城市轨道交通建设、运行和服务等均获得了快速发展。

随着城市道路交通拥堵、空气质量的不断恶化和道路交通事故频发等"城市病"问题的日益严重，城市公共交通引导城市发展 TOD（transit oriented development）模式在世界城市范围内得到提倡。2005 年 11 月 17 日，我国在郑州召开了优先发展城市公共交通战略研讨暨城市公共交通场站建设经验交流会，全国 100 多个城市的政府和城市公共交通企业代表共同签署了主旨为"城市公共交通优先在中国，让我们做得更好"的《郑州宣言》。2011 年开始，交通运输部主导开展"公交都市"示范工程建设，并陆续确定了 40 个城市作为示范工程建设城市，以推动全国城市公共交通的快速发展。

7.3 城市公共交通客流分析

城市公共交通客流受城市规模、经济发展水平、用地布局、交通发展战略、城市公共交通发展政策和公共交通发展水平等影响具有不同的形态，通过客流调查把握其形态和规模，利用科学的方法做出预测，是进行城市公共交通系统规划、设计、运营和管理的前提和依据。

7.3.1 城市公共交通客流调查

《城市交通调查》一书叙述了城市交通的各种交通调查方法，即城市交通出行信息的采集方法。城市公共交通客流调查是城市交通调查的分支之一，是针对城市公共交通乘客而进行的一项专项调查。

城市公共交通的调查是针对公共汽（电）车、城市轨道交通等交通运输工具的运行及乘客利用的调查，其调查相对简单，尤其是随着乘客利用手段的智能化发展，通过 IC 刷卡信息挖掘分析即可实现。

城市公共交通系统的运行一般都有时刻表或始发站的发车安排，公共交通车辆按着固定线路行驶，车辆上配有 GPS 定位设备；城市公共交通 IC 卡设备中对乘车持卡、上车时刻、下车时刻等均有详细记录。因此，通过 GPS 地图匹配和对刷卡信息的统计分析和挖掘，可以进行各种统计分析，主要有：

① 某线路上各站的上车客流、下车客流和通过客流量及单车的满座率等；
② 某线路高峰时段各站的上车客流、下车客流和通过客流量；
③ 某线路各站的日上车客流、下车客流和通过客流量、客流强度；
④ 某线路各站的站间 OD（起止点）客流量；
⑤ 某站的换乘客流量；
⑥ 公共交通系统日客流量及日均满座率。

7.3.2 城市公共交通客流特征

根据城市公共交通乘客的出行特征及其沿线土地利用的职住平衡情况，公共交通客流具有明显的线路方向特征和站点断面特征，具体如下。

1. 线路方向特征

公共交通每条线路都有上、下行两个方向。两个方向的客流量在同一时间分组内是不相等的，有的线路双向的客流量几乎相等，有的线路则差异很大。由于方向上的客流动态不同，可计算出两个数值，其动态类型也可分为两种：一是单向型，二是双向型。

（1）单向型

主要由职住失衡引起，并且在早晨上班时间呈现上班方向客流明显大于相反方向客流，下班时间则相反。这种特征多出现于卫星城与主城之间，或主城与大型居住区之间，或主城与工业区之间等。

（2）双向型

上、下行的客流数值接近相等，市区线路属于双向型的较多。这种线路在车辆调度上比较容易，同时每辆车的利用率较高。

2. 站点断面特征

线路上各车站的上、下车人数是不相等的，因此车辆经过各断面时的通过客流量也各异。若把一条线路各断面通过客流量的数值按上行或下行各断面的前后次序排成一个数列，该数列就能显示出断面上的客流动态。从这些数量关系中，可以看出客流不同时间内在断面上的分布特点与演变规律。客流在线路各断面上的动态分布是有一定特点的，归纳起来，主要有以下几个。

（1）"凸"型

线路上各断面的通过客流量以中间几个断面数值为最高，断面上的客流量呈凸出形状，如图 7-1 所示。

图 7-1 "凸"型断面客流

（2）"凹"型

与"凸"型断面的通过客流量动态特点正好相反，线路上中间几个断面的通过客流量低于接近两端断面的通过客流量。全线路断面的通过客流量分布呈凹型，如图 7-2 所示。

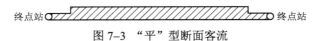

图 7-2 "凹"型断面客流

（3）"平"型

线路上各断面的通过客流量很接近，客流强度近乎在一个水平。有些线路在接近起、终点站前的 1～2 站断面通过客流量较低，但其余断面的通过客流量很接近，也属于此类型，如图 7-3 所示。

终点站 ⊙▱▱▱▱▱▱▱▱▱▱▱▱▱▱▱▱▱▱ ⊙ 终点站

图 7-3 "平"型断面客流

（4）"斜"型

线路上每个断面的通过客流量由小至大逐渐递增，或者由大至小逐渐递减。在断面上呈梯形分布，整体构成斜型，如图 7-4 所示。

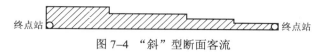

终点站　　　　　　　　　　　　　　　　终点站

图 7-4　"斜"型断面客流

（5）不规则型

线路上各断面的通过客流量分布高低不能明显地表示为某种类似的形状。

3. 时间特征

城市公共交通客流与居民出行特征相同，具有较强的时间性，如工作日的双峰型、三峰型、四峰型、平峰型和节假日的"鼓形"等特征。图 7-5 为工作日城市公共交通客流的双峰特征示意图。

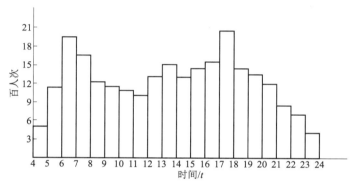

图 7-5　工作日城市公共交通客流的双峰特征示意图

7.3.3　城市公共交通客流预测

城市公共交通客流预测是在现有客流分布的基础上，根据城市经济社会、产业结构布局、城市用地结构布局、就业与居住等要素，利用科学的方法对其将来的客流量进行预测，预测的内容包括整体客流量、分布客流量、线路客流量及站点的上下客流量和通过客流量等。

在城市交通规划阶段，把城市公共交通客流预测作为城市交通需求预测的一部分，从整体把握其将来的客流，是系统性和科学性均非常强的方法。若按照"四阶段法"，即通过交通的生成及发生与吸引、交通分布、交通方式划分和交通流分配可以获得预测城市中各条公共交通线路各站的上下客流量和通过客流量。其中的各阶段均是含有所有交通方式（城市轨道交通、公共汽（电）车、小客车、货车、非机动车和行人等）的多方式、综合交通需求预测。这种方法系统性强、科学合理，且能把握全局，也能考虑到各种交通方式之间的协调关系，如交通方式之间换乘、交通政策对利用交通方式的影响等，但是方法复杂、预测工作量大、成本高。

在实际工作中，尤其是部门或运营阶段，难以把握全局，因此需要从部门的视角，利用简单易行的方法进行预测，主要有以下几种方法。

1. 趋势外推预测法

趋势外推预测法是以现状调查的客流量为因变量，以时间为自变量，通过回归分析找出其关系，并利用该关系（趋势）推测未来时间的客流量，其回归分为直线回归和曲线回归两种。该方法仅考虑过去各时段的趋势，而不考虑将来的发展变化。

2. 指数平滑预测法

指数平滑预测法是利用当前的实际客流量和当前的预测客流量预测下一期客流量的方法，是一种递推（滚动）预测，在实际中广泛使用。指数平滑预测法分为一次指数平滑预测、二次指数平滑预测和三次指数平滑预测。该方法既考虑过去时段的趋势，又根据各时段的变化进行调整。

3. 相关分析法

相关分析法是一种从事物之间相互依存关系出发进行预测的方法。由此可知，该方法的预测精度取决于对预测要素相关因素的考虑，因此所需资料较多，计算比较复杂，简单的相关分析法是多元线性相关分析。

4. 情景分析法

情景分析法是根据现状，在推测的基础上归纳出几种情景而预测的方法，是一种定性预测法。该方法取决于对现状的把握和情景的判断，因此需要丰富的判断经验。

7.4　城市公共交通票制票价

城市公共交通是城市公共事业的一部分，应体现公共、公益和公平，但也需要通过收取一定的费用维持其利用秩序和协调交通方式之间的合理利用。

7.4.1　城市公共交通票制

顾名思义，城市公共交通票制是指城市公共交通系统采用的票价制度，城市政府部门根据票制制定城市公共交通票价。城市公共交通票制一般因公共交通方式制定，主要有单一票制、距离票制、区域票制和多种票制等。

（1）单一票制

即线路全程只有一种票价的制度。单一票制可以简化售票程序，适用于乘客的乘车距离差异不大的情况。北京的城市公共交通在 2014 年 12 月 28 日之前采用这种票价制度。

（2）距离票制

即按照利用的距离（过站数量）计价的制度。距离票价一般采用"递远递减"，有的还设定票价上限。距离票价适用于出行距离差异大的大城市，日本的城市、我国的上海（部分单一票价线路除外）等城市的公共交通采用这种票制。北京 2014 年以后由单一票价制改为这种票制，并设置了上限，即轨道交通上限为 9 元。

（3）区域票制

即按照设定的区域收取不同票价的制度，而在设定的某一区域内实施单一票制，一般需设定复数区域。区域票制结算相对简单，也适用于乘客利用距离差异大的大城市。英国的伦敦城市公共交通采用该种票制。

（4）多种票制

多种票制是为服务于不同的乘客使用目的而设置的票价制度，有多日票价、月票价、年票价、多人票价、一次购买多张票价等。这些票制服务灵活，在国外均有使用，但计算程序相对复杂。

7.4.2 城市公共交通票价

由于城市公共交通事业的公共性、公益性和公平性，所以通常采用政府出资建设或政府主导建设、对其乘客收取一定费用和政府财政补贴的方式维持收支平衡，而非谋取利润。因此，其财务核算应该为：

$$利润=收入+补贴-成本=0$$

收入可分为运营票价收入和其他收入（如广告、物业开发、租赁等）。运营票价收入取决于票价的价格，过低的价格可以吸引更多的乘客利用，造成拥挤和服务水平的降低；相反，价格过高，乘客则少，服务水平则高，但过高的价格将违背公益性原则。因此，价格与乘客数量之间存在博弈，不同的目标决定采用什么样的价格。

由于存在相互冲突，所有这些目标和要求不可能全部达到最优。因此，必须在旅客吸引量最大化和收入最大化之间寻找平衡，其他目标也是如此。制定票价时就要对上述目标及要求和约束进行权衡分析。

7.5 城市公共交通政策

城市公共交通发展战略的落实需要其发展政策的支持。城市公共交通发展政策分为建设投资与补贴政策、运营补贴政策、票价政策和工程技术政策等。

1. 建设投资与补贴政策

在我国，城市公共交通基础设施的建设作为城市公共事业之一，最先采用政府全额出资建设的模式，近年采用吸纳民间资本参与其建设以节约政府投资的模式。政府出资其中一部分资金，民间企业出资另一部分建设资金，具体份额双方协商、由合同约定。

发达国家采用了多元化的建设筹资模式，如日本的城市交通基础设施建设多采用政府补贴、建设企业筹资、贷款和建设基金等模式。日本政府相继颁布了《铁路铺设法》（1892 年）、《私设铁道法》（1900 年）、《铁道国有法》（1906 年）、《轻便铁道法》（1910 年）、《地方铁道法》（1919 年）、《铁道法》和《轨道法》（1921 年）、《铁道事业法》（1986 年）、《日本国有铁道改革法》（1989 年）等，这些法律规定补贴轨道交通建设成本的 1/3～1/2。日本政府还颁布了《铁道整备基金法》（1992 年），为促进国土均衡发展、维持和提升大城市的功能等亟待解决的新干线、干线铁路及城市轨道交通如期建设，同时为谋求轨道交通安全性和方便性提高进行的设施改造，以及为提高运营效率，谋求其他轨道交通行业的健康发展所必需的工程给以援助，给轨道交通企业发放补贴、无息贷款等。日本政府对轨道交通车站周边和站内无障碍设施工程，还颁布了《铁道站移动圆滑化设施整备事业补贴》政策，补贴额为国家拨款补贴 1/3、地方政府补贴 1/3。

2. 运营补贴政策

城市交通系统的运营一般采用低票价的政策。在我国，多数城市采用政府补贴运营亏损的形式弥补靠票价收入的赤字。近年来，政府鼓励运营企业进行站内和车内广告，提倡进行车站上盖物业综合开发等多种经营政策，以及采用 BOT（build–operate–transfer）、BT（build–transfer）和 PPP（public–private–partnership）等模式运营。

在日本，政府不对城市公共交通系统的运营提供补贴，尤其是城市轨道交通，但是给予相应的政策，如车站上盖物业、沿线和车站周边房地产开发等，以弥补靠票价收入的赤字。另外，随着城市交通基础设施建设规模趋于饱和，基础设施的运营成为城市交通的重要问题，于是日本政府于 2011 年，综合既有的《铁道轨道运输对策工程费补贴》和《LRT 系统建设费补贴》等，合并成《地区公共交通维护改造工程费补贴》进行持续性补贴。

3. 票价政策

我国的城市轨道交通系统采用政府定价、听证会和议会决议的定价程序，由城市物价管理部门实施。政府对城市交通系统票价定价的基本政策就是低票价政策，以遵循城市公共交通的公益性。

4. 工程技术政策

城市公共交通票价的实施需要辅以与其相适应的工程技术政策，制定这些政策的目的是促进乘客的方便利用和公交发展，如公交定期（年票、月票、周票、日票）票价优惠、使用次数优惠、一次购买多张优惠，以及公交专用道、公交信号优先、P+R（驻车换乘）停车等。

7.6 城市公共交通服务

城市公共交通系统的公益性决定其必须对乘客和社会提供高质量的服务，并用各种指标进行评价。城市公共交通系统服务的评价指标是多方面的，可以从安全、方便、迅速、准时、舒适、经济等进行评价，体现在规划建设和运营管理两方面。

1. 规划建设

城市公共交通的建设指标主要有线网密度、非直线系数、平均站间距、站点覆盖率、乘客平均换乘次数、平均换乘时间等。

① 线网密度（km/km²），即单位城市面积上的城市公共交通线路长度。线网密度高，则服务水平也高。

② 非直线系数，即城市公共交通线路长度与其起终点之间直线距离之比。非直线系数越小，绕路也少，服务水平也越高。

③ 平均站间距（m），即城市公共交通站间的平均值。城市公共交通的平均站间距因交通方式不同而异，普通城市轨道交通平均站间距约为 1 000 m，普通城市公共汽（电）车平均站间距为 300～500 m。平均站间距小，规划建设服务水平会高，但运营速度会降低，运营管理水平降低。

④ 站点覆盖率（%），即以车站为中心，以某一尺寸为半径画圆时所覆盖面积与城市面积之比，分 300 m 半径和 500 m 半径站点覆盖率，且覆盖率越高，服务水平就越高。

⑤ 乘客平均换乘次数（次），即利用城市公共交通乘客的日平均换乘次数。一般而言，平均换乘次数越多，消耗乘客的体力和时间越多，服务水平则越低。

⑥ 平均换乘时间（s），即乘客换乘所消耗的平均时间。平均换乘时间越长，服务水平就越低。

2. 运营管理

城市公共交通的运营指标主要有平均运营速度、准点率、满座率、舒适度、安全性、经济性等。

① 平均运营速度（km/h），是指车辆从始发站发出到达终点站的平均运行速度。平均运营速度越快，则服务水平越高。

② 准点率（%），是指车辆按照时刻表的时间到达车站的比例。准点率越高，服务水平就越高。

③ 满座率，是指乘客数量与车辆额定载客量的比值。满座率与乘客服务水平成反比。

④ 舒适度，是指乘客乘坐公共交通工具的舒适程度。乘客对舒适的评价是多方面的，包括设施完好、拥挤、车内温度、清洁程度、待客态度、行车平稳程度等。

⑤ 安全性，是指安全地将乘客运送到目的地的程度，用事故起数（起）、受伤人数（人）、死亡人数（人）和直接经济损失（元）来表示。这些指标值越低，服务水平就越高。

⑥ 经济性，是指票价的高低，票价越高，乘客的经济性就越低；反之，票价越低，乘客的经济性就越高。

7.7 城市公共交通运营管理模式

7.7.1 典型城市公共交通运营管理模式

1. 国外城市公共交通运营管理模式

城市公共交通市场的发展既依赖于经济、社会、科技和文化等因素，也取决于一定的地理环境因素，因此城市公共交通运营管理模式的发展具有其自身的复杂性，需要从多个角度对其进行分析研究。

国外的城市公共交通运营管理模式主要分为三大类：公共所有，运营以政府企业为主模式；公共所有，私企商业化运营模式；私企所有及运营模式。此外，还有 BOT、PPP 等模式。

（1）公共所有，运营以政府企业为主模式

在该运营模式下，城市公共交通基础设施建设费用由政府承担并拥有其所有权，经营部门为隶属于地方政府机构的一个市或区的机构、企业或部门。整体而言，公共所有和运营的管理模式是世界范围内公共交通管理组织最主要的形式。

（2）公共所有，私企商业化运营模式

在该运营模式下，城市公共交通基础设施建设由政府承担并拥有其所有权，政府通过制定一整套公共交通法律法规体系，对城市公共交通私企进行行业管理或者制定承包合同的具体条款，企业按照政府制定的规章商业化运营。

（3）私企所有及运营模式

该运营模式下，城市公共交通基础设施所有权和经营权交给私企，政府仅提供城市公共交通建设的部分成本，私企可以是一家，也可以是多家，企业完全按照商业化原则运营和管理。

（4）BOT、PPP 等模式

BOT，即"建设–经营–转让"。BOT 是基础设施投资、建设和运营的一种一体化模式，以政府和私企之间达成协议为前提，由政府向私人机构颁布运营特许，允许其在一定时期内筹集资金建设某一基础设施并管理和经营该设施及其相应的产品与服务。除此之外，还有 BT（建设–转让）等。这些模式在城市轨道交通系统多有应用。

PPP 模式，又称为公私合营模式，起源于英国的"公共私营合作"的融资机制，是指政府与私企之间，为了合作建设城市基础设施项目，或是为了提供某种公共物品和服务，以特许权协议为基础，彼此之间形成一种伙伴式的合作关系，并通过签署合同来明确双方的权利和义务，以确保合作的顺利完成，最终使合作各方达到比预期单独行动更为有利的目的。PPP 模式将部分政府责任以特许经营权方式转移给企业，政府与社会主体建立起"利益共享、风险共担、全程合作"的共同体关系，政府的财政负担减轻，社会主体的投资风险减小。

2. 国内城市公共交通运营模式

国内城市公共交通运营模式主要分为四大类：挂靠承包经营模式、公车公营模式、多方参与经营模式和委托经营模式。另外，还有 BOT、BT、PPP 模式。

（1）挂靠承包经营模式

挂靠承包经营是指城市公共交通企业在取得经营权后，通过承包、租赁等方式，将其交给其他单位或个人以企业名义进行经营。挂靠与承包的主要区别在于车辆的归属权问题，挂靠是指企业或个人以自己的车辆进行经营；而承包是指企业或个人经营城市公共交通企业的车辆。这种经营模式多出现于公共汽（电）车系统。

挂靠承包经营是在城市公共交通系统发展很不成熟的条件下采用的一种经营模式，其存在很多弊端，主要有以下几方面。

① 承包挂靠经营会导致城市公共交通企业与承包挂靠人责任界定不清，城市公共交通企业难以对挂靠客车、车主及驾驶人进行严格管理，不利于保障运输安全和提高服务质量。

② 由于个人承包经营往往采用挂靠公司形式下的单车承包经营，为了获取最大利益，往往会出现抢客、运营线路重复、票价混乱和恶意竞争，扰乱城市公共交通市场秩序。

③ 该模式属于行政契约，为实物型承包而非价值型承包，行政分权模式不能完全适应市场经济要求，同时，企业无权在价值形态上支配承包来的资产的市场交易。

④ 许多承包企业不具备承担相应财产责任的资质，使得资产支配权普遍脱离责任的约束，这是承包制的最大痼疾。

因此，挂靠承包运营模式已成为制约城市公共交通行业健康发展的重要因素。

（2）公车公营模式

公车公营是指由公司统一调度、统一安排司乘人员、建立明确的劳资关系、统一管理、统一核算，不采取定期、定额上缴承包租赁费方式的经营。客运车辆由客运公司出资购买，车辆产权归该公司所用，相关证照标明的车辆所有者为该公司。司乘人员与公司按照《劳动法》签订劳动合同。营运收入应全部上缴公司，由公司统一支配，按相关规定发给司乘人员工资，并确定相应福利待遇。经营单位产权明晰，具有完全处置营运车辆的权利，在与运输生产直接关联的经营活动中，最大限度地实现自主经营。其特征有以下几个方面：

① 车辆产权清晰，主管单位有完全支配权与处置权；

② 管理规范，收入与成本控制制度健全；

③ 用工制度规范，并严格按劳动法规执行；

④ 车辆驾驶人营运服务规范、质量标准明确；

⑤ 主管单位管理范围涵盖人、车的管、用与车辆的修理等方面。

公车公营模式在实际运用中，主要有以下三大优势。

① 这种模式完全克服了挂靠承包形式所带来的管理失控的弊端，强化了对车辆和驾驶人的调控能力，有利于行业和社会稳定。同时，因承担了一定的经营风险，必然要加强安全

和营运方面的管理，使管理真正落到实处。

②　公车公营模式有利于风险共担，有利于主管单位和驾驶人关系的重新整合，保证行业稳定。

③　公车公营模式有利于驾驶人各方面素质的提高，企业能够及时掌握车辆状况，提示司机安全驾驶、文明服务，保证各项日常教育管理制度的落实。

但公车公营在具体的实施过程中也存在一定的问题，如管理权过度集中，缺少竞争等。

（3）多方参与经营模式

多方参与经营模式是指城市公共交通由几家企业共同参与经营，各企业在主管部门一体化策略框架内制定详细网络服务规划，相互之间在完善的管理法规和制度之间进行适度竞争，这是在城市公共交通发展比较成熟之后所采用的一种模式。这种模式的优点是：可以提高城市公共交通服务质量；城市公共交通运营管理手段通过竞争不断革新；实现城市公共交通公益性和效益性的有机结合；使城市公共交通运营朝着更加科学化的方向发展。

（4）委托经营模式

委托经营模式是指政府负责城市公共交通基础设施的建设，建设完成之后委托一家或几家私人公司负责运营，政府以适当的形式进行运营补贴。该模式在我国城市轨道交通系统多有使用。

（5）BOT、BT、PPP 模式

随着国内城市公共交通系统的建设规模的扩大，利用社会所有资金建设和运营城市公共交通系统的需求凸显，近年采用了 BOT、BT 和 PPP 等模式建设城市轨道交通的项目出现，如深圳地铁 5 号线和 4 号线等。深圳地铁 5 号线采用 BT 模式；北京地铁 4 号线是我国城市轨道交通领域的首个 PPP 项目，该项目由北京市政府国有独资企业北京市基础设施投资有限公司、香港地铁集团和北京首创集团公司共同出资建设，运营交由京港地铁有限公司负责。

7.7.2　城市公共交通管理模式

1. 国外城市公共交通管理模式

发达国家的城市公共交通管理已经形成了统一的管理机构，如美国各城市设有交通运输局 DOT（Department of Transportation），英国伦敦设有伦敦交通局（London Transport），日本各城市均设有交通局，负责全市各种交通运输方式的一体化管理。

2. 国内城市公共交通管理模式

国内城市公共交通管理模式主要分为三大类："一城多交"管理模式、"一城一交"管理模式、一体化综合大交通管理模式。

（1）"一城多交"管理模式

"一城多交"管理模式是指城市的交通管理部门按照交通方式和城乡分别设置的交通行政

管理模式，是目前多数城市的城市交通管理模式。这种管理模式机构设置重叠，管理机构职能交叉，不利于行政管理效能的提升。

（2）"一城一交"管理模式

"一城一交"管理模式是指政府对相同或相近的道路交通运输管理机构进行归并，统一归口交通部门管理，实行城乡交通一体化行政管理的模式。这种管理模式的管理范围比一体化综合大交通管理模式窄，不能避免交通方式之间管理的条块分割。

（3）一体化综合大交通管理模式

政府成立一体化综合大交通行政管理机构"交通委员会"，以负责协调全市含城市公共交通在内的多种交通运输方式的管理。交通委员会从体制上实现了交通运输一体化管理模式，可以克服条块分割和各自为政的弊端，使城市交通资源得到充分、合理的利用。

复习思考题

1. 城市公共交通的研究内容有哪些？
2. 城市公共交通客流的特点及客流预测的方法有哪些？
3. 叙述我国城市公共交通的票制票价形式。
4. 试叙述我国的城市交通政策。
5. 叙述城市公共交通的运营管理模式。

第*8*章

城市智能交通系统

本章主要概述城市智能交通系统的构成、特征及应用；城市智能交通系统的技术基础，包括信息采集、处理和服务；城市智能交通系统的功能系统，包括交通信息管理系统、交通管理系统、紧急救援管理系统、收费管理系统、公共交通管理系统、客货运管理系统、交通信息服务系统和安全驾驶支持系统；以及城市智能交通系统评价等。

8.1 概　　述

城市和城市化，是人类文明和发展的必然。自进入 21 世纪以来，全国的城市化进程不断加快，人民生活水平相应得到提高。2000 年至 2015 年，全国城市化水平从 36.2%提高到 56.1%。目前我国 650 多个城市中，人口超过 100 万的为 142 个，其中 1 000 万人口以上的城市有 6 个。然而，城市化发展也带来一系列问题，现代城市发展面临交通拥堵、交通安全、环境污染、资源制约等巨大挑战。

对我国来说，人口规模、社会保障、城市规划、社会治理等问题也不容忽视。在我国城市发展面临的诸多问题中，交通问题尤为突出。在新的环境下，以信息技术为代表的城市智能交通系统应运而生，其发展将对城市交通乃至整个城市的发展起到重要作用。

8.1.1 城市智能交通系统开发的背景

智能交通系统（intelligent transportation system，ITS），是利用高新技术对传统的交通运输系统进行改造而形成的一种信息化、智能化、社会化的新型交通运输系统。而城市智能交通系统（urban intelligent transportation system，UITS），简而言之，就是 ITS 在城市交通中具体的表现形式。

　　随着科学技术的进步和工业的发展，城市中交通出行量激增，传统的交通模式已不能满足要求。同时，由于工业发展为城市交通提供的交通工具形式越来越多，城市交通在发展模式、管理等方面都面临严峻的挑战。基于城市化带来的一系列问题，城市 ITS 发展的背景与动因可包括以下 3 个方面。

　　（1）汽车发展的社会化

　　汽车化社会带来诸如交通拥堵、交通事故、能源消费和环境污染等社会问题，对经济造成巨大损失。这使得道路设施十分发达的美国、日本等不得不转变思维模式，采取供、需共同管理的技术和方法来改善日益严峻的交通问题，探索既要维护汽车化社会，又缓解交通拥挤的办法，旨在借助现代化科技改善交通状况，达到"保障安全、提高效率、改善环境、节约能源"的目的，相应的 ITS 概念便逐步形成。

　　（2）人类环境的可持续化

　　20 世纪六七十年代以来，由于石油危机及环境恶化，工业化国家开始采取以提高效益和节约能源为目的的交通系统管理和交通需求管理措施，同时大力发展大运量轨道交通系统及实施公交优先政策，在社会可持续化发展的目标下调整运输结构，建立对能源均衡利用和环境保护最优化的交通运输体系。ITS 作为综合解决交通问题、保障社会经济可持续发展和与环境相协调的新一代交通运输系统，随着信息技术的迅速发展在发达国家孕育发展，20 世纪 90 年代以后，成为世界范围内的重要发展方向。

　　（3）信息技术智能化

　　随着信息技术的飞速发展，尤其是国际信息网络建立，加快了全球经济一体化的进程，世界经济逐步进入信息革命阶段。信息产业应运而生，ITS 以信息技术为先导，融合其他相关技术应用到交通运输智能管理上，有其广大市场，工业化国家和民营企业纷纷投入到这一新兴的产业，并在各大城市首先研发应用。

8.1.2　城市智能交通系统的特征

　　城市智能交通系统（UITS）作为现代城市交通的新概念，具有系统性、科学性、阶段性、思想性和目的性等特点。

　　（1）UITS 的系统性

　　UITS 的系统性主要体现在交通管理体系的综合化和系统化。UITS 是由各子系统构成，通过采取人工智能的方法和系统工程的方法，对系统本身及各系统之间进行技术和方案的集成，并实施各种交通方式之间及整个城市 ITS 系统的集成，从而实施信息一体化共享的交通综合管理。

　　（2）UITS 的科学性

　　UITS 的科学性主要体现在交通技术水平的现代化和科学化。UITS 所需的信息不单是车辆的数量信息，还包括交通与交通出行者有关的时间、空间、心理、生理、气候、地理、图像、语言等信息，并对这些信息进行检测和识别，生成数字化信息，从而实现城市交通智能化管理。

（3）UITS 的阶段性

UITS 的阶段性主要体现在城市交通发展的过程中。UITS 的形成和发展既是科学技术发展和进步的结果，也是交通需求和供给技术进步的结果。该发展过程可划分为原始模式、机械模式、生物模式、智能模式、全球智能化综合模式 5 个阶段模式。

（4）UITS 的思想性

UITS 的思想性主要体现于对城市交通的思维方式和方法中。UITS 不是一个简单的技术复合体，它必须用新的思维或理念去思考和实践，而不能停留在原有的模式中去思考问题和解决问题。

（5）UITS 的目的性

UITS 的目的性主要体现在城市交通的目的方面。UITS 的目的是充分有效地利用城市交通基础设施，减轻出行者的负担，提高出行质量，从而保障安全、提高效率、改善环境、节省能源和培育 UITS 新产业。

8.1.3 城市智能交通系统的应用

经过 20 多年的快速发展，智能交通已经被交通界和广大民众广泛接受。国际 ITS 领域已形成美国、欧洲、日本三强鼎立的局面，城市智能交通技术和产品已广泛应用到全球各大城市，渗入到人们生活和工作的多个方面。

美国和日本将 ITS 主要应用在车内导航系统、电子收费、道路及车辆管理系统、实时自动定位系统、商业车辆管理系统中，均收到了良好的效果；欧洲国家主要将 ITS 应用于城市交通管理，实时交通信息服务等方面；其他国家，如韩国制定了全面的 ITS 框架结构和未来的发展规划，新加坡已经在全国推行不停车电子收费系统，中东的一些国家也开始讨论智能交通系统的研究计划。此外，国外很多国家已将 ITS 应用到车联网技术及自动驾驶技术的相关研究中。其中，车联网技术方面比较有代表性的有欧盟的 Vehicle-to-X；在自动驾驶系统方面，如 Google 自动驾驶汽车已经取得美国首个自动驾驶车辆许可证。

我国从 2006 年开始在城市智能交通的信号控制系统、公交调度系统、公众出行信息系统等几个领域开展系统研发，已取得一定成果。目前，城市智能交通系统在我国城市交通中主要应用在公交调度系统、智能停车诱导系统、电子站牌、交通信息服务、交通事故管理、交通视频监视等方面。例如，北京市于 2010 年构建了以"一个中心、三个平台、八大系统"为核心的智能交通管理系统体系框架，该系统集成了视频监控、单兵定位、122 接处警、GPS 警车定位、信号控制、集群通信等 171 个应用子系统，强化了智能交通管理的实战能力。自 2011 年开始，北京依托浮动车数据，开始实时发布道路交通拥堵指数，以综合反映道路网运行状态，并以"畅通""基本畅通""轻度拥堵""中度拥堵""严重拥堵"5 个级别表示交通拥堵越严重，在交通运行决策指挥方面发挥了重要作用。近年来石家庄市的智能化公交建设取得了显著发展，陆续完成了 IC 卡电子收费系统、智能调度系统、办公自动化系统、车场监控系统等，基本实现了公交车收费电子化、车辆调度智能化、办公管理自动化。南京市交通信息服务系统可为公众提供实时路况查询、动态路径诱导、公交查询、停车场车位查询和预订、交警服务信息免费告知、高速公路信息查询等服务。此外，上海、深圳、厦门、西安、天津等城市在智能交通规划设计中利用了大数据分析、云计算的概念与理念，不断拓展城市智能交通系统的应用。

8.2　城市智能交通系统的技术基础

城市智能交通系统的技术主要包括城市交通信息采集技术、城市交通信息传输技术、城市交通信息处理技术、城市交通信息发布与显示技术。

8.2.1　城市交通信息采集技术

交通信息是城市交通规划和交通管理的重要基础信息，通过全面、丰富、实时的交通信息，不但可以把握城市道路交通的当前状况，而且可以对其发展进行预测，为城市交通规划和交通管理部门的正确决策提供科学依据。智能交通信息采集技术主要指对动态交通信息的采集技术。目前，交通信息采集技术主要分为以下几类。

（1）感应线圈检测技术

感应线圈检测技术是指由感应线圈作为检测器的一套能检测到车辆通过或存在于检测区域的技术，主要应用于交通量信息的检测。它具有性能稳定可靠、灵敏度高、数据准确、对周围环境条件要求低等优点，而且具有较强的发展空间。感应线圈检测器的工作原理及布置图分别如图 8-1 和图 8-2 所示。

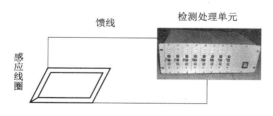

图 8-1　感应线圈检测器的工作原理

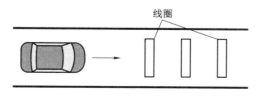

图 8-2　感应线圈检测器布置图

（2）微波检测采集技术

目前比较常用的微波检测装置有微波交通检测器和雷达测速仪。

微波交通检测器（remote traffic microwave sensor，RTMS）利用雷达线性调频技术原理，通过向行驶的车辆发射调频微波，波束被行驶的车辆阻挡而发生反射，反射波通过多普勒效应使频率发生偏移，根据这个频率的偏移可检测出有车辆通过，经过接收、处理、鉴频放大后输出一个检测信号，从而达到检测道路交通信息的目的。微波检测器如图 8-3 所示。

图 8-3　安装在路边的微波检测器

雷达测速仪同样是根据多普勒效应原理对行驶中的车辆进行测速的装置。它所应用的测速原理，是把雷达波发射到一个移动的物体上，根据反射回来的与目标速度成比例的雷达信号，由测速仪内部的线圈将该信号进行处理后，得到一个频率的变化，通过数字信号处理（DSP）技术处理后，便得到目标的速度。

（3）视频采集技术

视频采集技术是一种基于视频图像处理的交通信息检测技术。其具备图像监控和交通数据采集双重功能，实际应用中具有较高的灵活性。目前，国外较成熟的产品有美国 ISS 公司的 Autoscope 系列产品、美国 ITERIS 公司的 Iteris 系列产品、英国 Peek 公司的 Peek 系统等。国内较成熟的产品，如川大智胜公司的基于 PC 平台实现的视频采集系统、清华 VISATARAM 系统和哈工大的 VTD3000 视频交通动态信息采集及事件分析仪等。视频交通图像数据处理流程如图 8-4 所示。

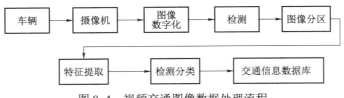

图 8-4　视频交通图像数据处理流程

（4）车辆自动定位技术

车辆自动定位技术是一种基于 GPS 的交通信息采集技术，主要通过装载有 GPS 的浮动车（floating vehicles）来获取道路交通信息，具有应用方便、经济、覆盖范围广等特点。浮动车自由行驶在实际道路中，借助安装在车辆内的 GPS 接收机，对车辆的速度、行驶方向和位置等交通信息进行采集，并把采集到的数据通过无线通信传到数据处理中心。车辆自动定位技术原理如图 8-5 所示。

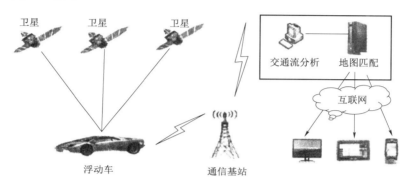

图 8-5　车辆自动定位技术原理

（5）其他先进的信息采集技术

其他先进的信息采集技术有蓝牙技术、手机定位技术、遥感技术、射频识别技术等。其中蓝牙技术是一种解决各种移动设备接入的短程无线通信技术，在智能交通系统中具有很好的应用前景。手机定位技术是通过特定的定位技术来获取移动手机或终端用户的位置信息，通过短信、多媒体、语音发给用户或以此为基础提供某种增值服务，在电子地图上标出被定位对象的位置的技术或服务。遥感技术（remote sensing，RS）作为一种高效能的信息采集技术，可以不通过直接接触目标物而获得其信息。

8.2.2　城市交通信息传输技术

在城市交通信息管理与服务系统中，城市交通信息传输具有重要作用。智能交通系统中常用的通信方式主要包括车车通信、车路通信和车（路）与指挥中心通信 3 类。

（1）车车通信

车车通信主要是利用车辆所安装的车载无线信息收发设备实现车车之间的信息交互，使行驶中的车辆相互感知，以保证其在各种行驶条件下的安全和高效。车车通信一般采用专用短程通信，常用的车车通信技术包括蓝牙技术和无线通信技术等。

（2）车路通信

车路通信主要是利用车辆所装的无线通信设备与路边交通基础设施之间进行信息的交互，使经过基础设施的车辆实时获取所在局部路网的路况信息、服务信息等，实现车辆安全、顺畅行驶。常用的车路间通信技术包括 RFID（射频识别）、红外、微波等。

（3）车（路）与指挥中心通信

车（路）与指挥中心通信主要是指交通控制中心与车辆（道路）间的通信，一般可采用下列方式实现：① 有效地利用蜂窝网无线电话，实现行驶车辆与交通控制管理中心的通信；② 使用调频（FM）广播，发送有关道路交通信息，如交通阻塞信息、突发事故信息等；③ 以红外线为媒体，进行双向通信，车辆可以向交通控制中心发送的交通信息包括行程时间、排队时间、OD 信息等。车辆装有车内导航装置、红外接发器、车辆定位装置和显示器等，除获取实时信息外，还可计算最佳路径。

8.2.3　城市交通信息处理技术

城市交通信息处理主要是管理交通流信息的流通，将其存储为有用的形式，然后由最终用户以实时或存档的形式利用。城市交通信息处理技术包括数据质量控制技术、数据集成与融合技术、数据存储技术和数据挖掘技术等。

（1）数据质量控制技术

当采集后的数据进入到交通指挥中心后，中心会对数据进行各种处理，在对数据处理时需进行数据质量控制。数据质量控制，是一种采用一定的措施，使数据在采集、存储、传输中满足相关的质量要求的过程。数据质量控制技术主要包括错误数据的判别和修正、丢失数据的识别与补齐、不准确数据的识别与修正。

（2）数据集成与融合技术

为运用有效方法合理协调智能交通系统中的多源数据，充分利用有用信息，并提高在复杂环境中正确决策的能力，需对数据进行集成和融合。

① 数据集成技术。数据集成是指将不同来源、格式、特点性质的数据有机地集中，从而有效利用。近年来，交通研究人员开发了两类方法用于指导数据集成，分别是数理统计方法和小波分析方法。其中，数理统计方法是基于数据序列变化率的分析。这种方法运用过程直观，且方便使用；然而，它计算得到的集成数据序列包括了许多无用信息，导致交通工作者也分辨不出集成后的序列包含了什么信息，遗失了什么信息。小波分析（wavelet analysis）方法是 20 世纪 80 年代中期发展起来的一门数学理论和方法，随后迅速发展。小波分析是一种新的变换分析方法，它基本思想类似于 Fourier 变换，是用信号在一簇基函数形成空间上的投影表征该信号。与 Fourier 变换相比，小波分析在时域和频域同时具有良好的局部化性能，有一个灵活可变的时间–频率窗，能更有效地从信号中提取信息，并通过伸缩和平移等运算功能对函数或信号进行多尺度细化分析，特别适用于非稳定信号的处理和提取。

② 数据融合技术。数据融合是指将多源信息通过一定的方法或准则结合起来得到更理想结果的过程。数据融合技术作为一种数据处理技术，涉及许多学科和技术的应用。若从广义的数据融合的定义出发，其中包括通信、模式识别、决策论、不确定性理论、信号处理、估计理论、最优化技术、计算机科学、人工智能和神经网络等。

（3）数据存储技术

数据存储是数据流在加工过程中产生的临时文件或加工过程中需要查找的信息数据以某种格式记录在计算机内部或外部存储介质上。目前常见的数据存储技术为网络数据存储技术，即将网络技术与存储 I/O 技术进行集成，利用网络的可寻址能力、即插即用和连接性、灵活性，提供基于网络的数据存取与共享服务。常用的网络数据存储技术有网络连接存储（NAS）和存储局域网（SAN）两种主流方式。

（4）数据挖掘技术

数据挖掘技术作为一种产生于应用且面向应用的数据分析处理技术，可以快速、有效、深入地分析海量交通信息，挖掘大量交通数据中隐含的交通模式。数据挖掘技术可用于挖掘交通系统的各种实时交通模型和综合交通模型，用来进行交通的管理和控制，改善智能交通系统的服务水平。常用的数据挖掘技术有人工神经网络技术、决策树技术、遗传算法技术、最近邻技术、规则归纳技术、可视化技术等。

8.2.4　城市交通信息发布与显示技术

常见的城市交通信息发布与显示技术有互联网技术、调频（FM）广播、地理信息系统和终端显示技术等。

（1）互联网技术

万维网（WWW）是一个由许多互相链接的超文本组成的系统，是 Internet 上最方便与最受用户欢迎的信息服务类型。运用网络向公众提供信息服务，已成为交通信息发布的最新发展形式，可极大地提高交通系统的管理能力和服务水平。同时，网络发布具有信息量大，直观灵活，互动性强等优点。北京市公安局公安交通管理局网（图 8-6）是一个综合的交通信息发布及交通事务办理网站。

图 8-6　北京市公安局公安交通管理局网

（2）调频（FM）广播

调频（FM）是一种以载波的瞬时频率变化来表示信息的调制方式。FM 在城市智能交通系统中的应用，即交通广播。驾驶人可在车内利用收音机接收广播信息，这比用视觉从各种信息板上得到信息更加方便。为了充分利用现有的广播资源，可以不重新建立专用的交通广播电台，而是利用现有的调频电台的副载波将交通信息调制后和电台节目一起发射出去。

（3）地理信息系统

地理信息系统（geographical information system，GIS）是以空间地理数据库为基础，以计算机软硬件为支撑，对空间相关数据进行采集、管理、操作、分析、模拟和显示，并采用地理模型分析方法，适时提供多种空间和动态的地理信息，为地理研究和决策服务而建立起来的计算机技术系统。

交通地理信息系统（geographic information system for transportation，GIS-T），是收集、存储、管理、综合分析和处理空间信息与交通信息的计算机软硬件系统。它是 GIS 技术在交通领域的延伸，是 GIS 与多种交通信息分析和处理技术的集成。GIS-T 具有强大的信息服务和管理功能，被广泛应用到交通规划、交通运输管理和工程设计施工等相关部门。

（4）终端显示技术

交通信息终端显示的方式很多，以可变情报板（VMS）、信息亭、车载终端、掌上电脑（personal digital assistant，PDA）和个人电脑等渠道作为交通信息发布方式，逐渐得以应用。图 8-7 为几种交通信息终端显示技术。

 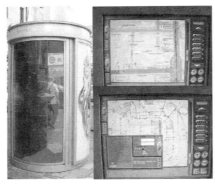 

（a）北京市 VMS　　　　　　（b）数字北京信息亭　　　　　　（c）智能手机

图 8-7　几种交通信息终端显示技术

8.3　城市智能交通系统的功能系统

城市智能交通系统的主要功能系统有交通信息管理系统、交通管理系统、紧急救援管理系统、收费管理系统、公共交通管理系统、客货运管理系统、交通信息服务系统、安全驾驶支持系统等。

8.3.1 交通信息管理系统

交通信息管理系统可分为公共交通信息管理系统及交通数据管理系统。

（1）公共交通信息管理系统

公共交通信息管理系统是运营调度和乘客出行服务的基础，为提升公共交通管理水平和出行服务质量提供支持。当前，公交信息化已经成为发展趋势。而城市公交信息管理系统是对各种公交信息（包括常规公交、地铁、轻轨、BRT（快速公交）等）进行采集、存储、管理、分析、展示、应用和决策等操作，能够提供公交信息查询，对公交线网进行优化，对公交资源进行组合和优化配置，对公交业务信息进行综合管理的应用软件系统。该系统一般往往以 GIS 为基础平台。

（2）交通数据管理系统

交通数据（ITS 数据）是以道路网为骨架的地理框架信息，叠加上社会经济信息·（如商业服务单位、设施等）及交通信息，包括静态交通信息（如道路条件、交通规则）及动态交通信息（如实时路况信息）。ITS 数据库是一个综合的数据集，其包含的信息量巨大。交通数据管理系统是对 ITS 数据进行处理、维护及管理的系统，一般采用三层结构，即数据层、支撑层、业务层，如图 8-8 所示。

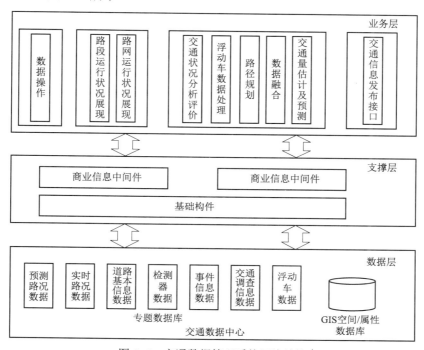

图 8-8 交通数据管理系统层次结构

8.3.2 交通管理系统

先进的交通管理系统（advanced traffic management system，ATMS）是 ITS 的重要子系统之一。该系统主要包括交通信号控制系统、交通需求管理系统、交通事件管理系统、高速公路交通监控系统、电子警务与办公自动化系统、停车场管理系统、多模式交通衔接系统、道路基础设施管理系统。

（1）交通信号控制系统

城市交通控制系统主要有 SCOOT、SCATS、TRANSYT 等，此外也出现了一些基于人工智能技术应用的系统。

（2）交通需求管理系统

交通需求管理（transportation demand management，TDM），是指通过交通政策等的导向作用，促进交通参与者的交通选择行动的变更，以减少机动车出行量，减轻或消除交通拥挤。TDM 是一种主动式管理，它在适度的运输供给规模下，控制运输需求总量，削减不合理的运输需求，分散和调整运输需求，使整个运输系统供需平衡，保证系统有效运行，使铁路、公路等运输方式的客、货交通迅速、安全，节约资源，改善环境。TDM 典型策略有合乘管理策略，HOV（high occupancy vehicles）车道策略，HOT（high occupancy toll）车道策略，可变收费策略，实时路径诱导策略，机动性管理、响应需求的公共交通策略，购车指标限制策略等。

（3）交通事件管理系统

交通事件管理系统（traffic incidents management system，TIMS）是智能交通系统的子系统。TIMS 可以改善道路的安全性，提高相关管理机构的运行效率，有效地利用现有的人力和物力，扩大信息的发布范围，减少延误，减少事故反应时间，加快处理事件的速度和清理道路的速度，降低对环境的影响和运行成本，以及改善事件当事人、事件处理人员和其他道路使用者的安全程度。交通事件管理系统包括事件检测子系统、事件分析子系统、对策决策子系统、救援执行子系统、评估子系统、档案管理子系统等。

（4）高速公路交通监控系统

高速公路交通监控是对高速公路交通流运行状态、交通设施和交通环境的监测，以及对交通流行为的控制。其监控的主要目的是通过对高速公路全线的交通流量检测、交通状况的监测、环境气象检测、运行状况的监视，产生控制方案，从而达到控制交通流量，改善交通环境，减少事故，从而使高速公路达到较高的服务水平。高速公路交通监控系统控制流程图如图 8-9 所示。

（5）电子警务与办公自动化系统

电子警务，就是利用电子信息网络组织，开展和实施警务工作和警务管理，借助于网络的强大功能，提高警务工作和警务管理的效率和质量，进而提高公安机关新形势下履行职能的能力。

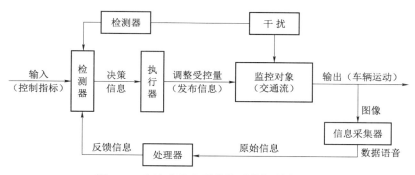

图 8-9　高速公路交通监控系统控制流程图

办公自动化系统利用先进的科学技术将办公人员和先进设备（计算机、网络、现代化办公用品）结合起来构成人机信息处理系统。

（6）停车场管理系统

为提高停车场管理的科学水平，便于目前停车场数据信息的管理和后续停车诱导系统的建立，有必要采用先进的软件开发技术，开发城市停车场管理系统。城市停车场信息管理系统主要实现对各种数据信息的添加录入、删除修改、组合查询等各种数据操作功能，以完成城市停车场数据库的实时、动态维护管理。

（7）多模式交通衔接系统

多模式交通衔接系统是城市集聚辐射功能的基础性设施，是城市内部各交通方式间及城市与周围地区之间联系的重要条件，是对城市内外与城市内部交通的整合。多模式交通衔接系统主要包括内外交通衔接系统和内部交通衔接系统。

（8）道路基础设施管理系统

随着我国公路建设的快速发展，道路基础设施管理工作日益成为保障道路提供优质、快速的交通服务的重点。道路基础设施的信息化管理，为提高我国道路管理工作的水平提供了技术支持和高科技手段。道路设施管理系统分成不同管理模块，每个模块负责某一方面的数据处理和方案管理，共包括 6 个子系统，分别是道路监测子系统、数据存储子系统、数据分析子系统、结构管理子系统、作业管理子系统、财务信息管理子系统。

8.3.3　紧急救援管理系统

紧急救援管理系统是指在一体化管理的前提下，利用公安内部资源和社会资源，以最快的反应能力在交通事故影响的范围内，救治伤员、抢修设施、排除障碍、恢复交通，减少交通事故的影响，实现交通事故损害后果的最小化及社会效益的最大化。

（1）紧急救援预案

紧急救援预案是在交通安全应急管理系统中最重要的部分，针对不同的突发情况事先制订有效的应急预案，救援部门不仅负责对救援人员进行日常演习训练，保证人力和各类物资资源处于良好的备战状态，而且还可以在发生交通事件时指导应急行动有序进行，防止因现场混乱和组织不当引起的工作延误。

（2）紧急救援管理

紧急救援管理（emergency rescue management）是指个人或组织通过监测、预警、准备、反应、恢复、总结等措施，控制和限制交通事故危害的发展，降低事故所造成的伤亡与经济损失，预防二次事故的发生，减少因交通事故造成交通拥堵、交通延误，确保交通安全、畅通，提高交通运输效率，降低交通事故的间接经济损失。此外，交通事故紧急救援管理系统应该在紧急事故发生时作为紧急救援调动中心，统一调度，实施救援，提供用户咨询、线路查询、路况查询、业务咨询、人工服务等相关服务项目，受理各种用户投诉，人工服务等功能。

8.3.4　收费管理系统

智能交通系统中的收费管理系统包括高速公路电子收费系统、公共交通收费系统及停车场收费系统。

（1）高速公路电子收费系统

高速公路建成以后，收费管理是其重要的日常工作内容之一，它关系到高速公路社会效益的发挥，这在客观上要求通过建立合理的高速公路管理系统来进行科学和有效的收费管理。目前，高速公路收费管理系统主要有 3 种：人工收费管理系统、半自动收费管理系统和全自动的电子收费管理系统。其中，电子收费系统（electronic toll collection system，ETC 系统）作为全自动的电子收费管理系统，是智能交通系统框架的重要组成部分。许多国家都将电子收费系统作为 ITS 领域最先投入应用的系统来开发，电子收费系统也是当今世界唯一得到大规模产业化运用的智能交通系统的子系统。

（2）公共交通收费系统

随着技术的发展，以前的接触式 IC 卡公交收费系统逐渐被射频技术取代，即使用非接触式 IC 卡。公交收费系统一般由结算中心、汇总传输点和充值点三大部分组成。公交 IC 卡系统工作主要包括数据采集、数据传输、数据处理 3 部分，具体流程如图 8-10 所示。

（3）停车场收费系统

停车收费是指对接受停车场提供的产品或服务的受益者收取的费用。停车收费对交通需求结构的影响是政府运用价格杠杆来缓解中心区停车问题时要考虑的主要因素。非接触式 IC 卡停车场收费系统是目前国际上最先进的电脑收费管理系统之一，具有方便快捷、收费准确可靠、保密性好、灵敏度高、使用寿命长、形式灵活、功能强大等众多优点。停车场收费系统示意如图 8-11 所示。

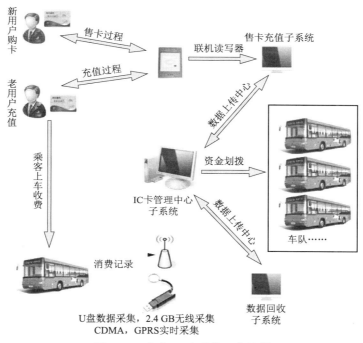

图 8-10 公交 IC 卡系统工作流程

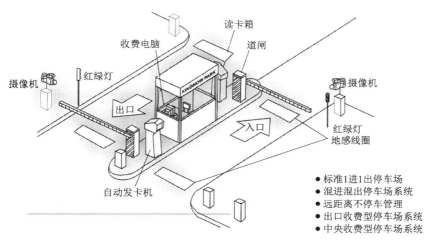

图 8-11 停车场收费系统示意图

8.3.5 公共交通管理系统

先进的公共交通管理系统（advanced public transportation systems，APTS）主要以出行者和公交车辆为服务对象，包括城市常规公交运营管理系统、快速公交运营管理系统、城市轨道交通运营管理系统。

（1）城市常规公交运营管理系统

城市常规公交运营管理系统由运行系统与公交企业管理系统两部分构成，两个系统之间将通过公交通信子系统和数据中心实现数据的共享及其他相关业务的操作。其建设和运营涉及信息领域、数学优化领域、管理领域及资源调度领域等多学科的知识，并需要应用通信、控制、计算机网络、GPS/GIS等现代高新技术。

（2）快速公交运营管理系统

快速公交运营管理系统主要分为快速公交乘客信息系统、快速公交控制系统、售检票系统。其中快速公交乘客信息系统为乘客提供全方位、多层次的信息服务，能够达到方便乘客出行、吸引出行者乘坐快速公交车、改善公交形象、提高服务质量的目的；快速公交控制系统则确保公交车辆运行可靠稳定，并利用信号优先等改善公交服务质量；快速公交运营管理系统一般采用与轨道交通类似的售检票系统，往往是在车站或枢纽点上完成的，以便于乘客快速上下车。

（3）城市轨道交通运营管理系统

城市轨道交通运营管理与城市智能交通密切相关，主要涉及城市轨道交通智能化综合监控系统和列车运行自动控制（ATC）系统，它们是城市轨道交通运营管理智能化的典型子系统。

城市轨道交通智能化综合监控系统是指将彼此孤立的各类设备控制系统通过网络有机地连接在一起，监控和协调各相关子系统设备的工作，充分提高各类设备的效率，降低城市轨道交通运营成本，提高综合决策水平，为乘客提供一个便利、快捷、舒适的乘车环境，并在灾害发生的情况下最大限度地保护人身和财产安全，实现"高安全、高效率、高品质服务"的智能型城市轨道交通。

列车运行自动控制系统将车载信号作为主体信号，将具体的速度和距离信息传递给列车，根据上述信息，列车自动地控制运行速度，进行超速防护，以达到自动调整行车间隔的目的，并实现列车在车站的程序定位停车。

8.3.6 客货运管理系统

客货运管理系统包括道路运政管理系统、客货运运营管理系统。

道路运政管理，是指各级交通主管部门根据国家方针、政策和有关法规，对道路运输业进行政策指导、计划调节、法规保障、行政指令等，其主要内容是运政机关日常管理行为。道路运政管理系统总体框架如图 8-12 所示。

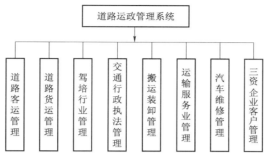

图 8-12 道路运政管理系统总体框架

道路客运是整个客运体系的重要组成部分。目前，我国已经基本形成以大、中、小城市为中心辐射广大农村的道路客运网络。一般大型现代化客运站的运营管理是由若干不同性质和功能的子系统组成的，运营管理的主要内容可分为综合枢纽作业协调管理和组织服务性管理两大部分。

道路货运运营管理是规范道路货物运输经营活动，维护道路货物运输市场秩序，保障道路货物运输安全，保护道路货物运营有关各方当事人的合法权益的重要保障。主要由基础数据管理模块、任务生成与执行控制模块、车辆运行控制模块、驾驶人控制模块与企业生产运营评价模块 5 部分组成。

8.3.7 交通信息服务系统

先进的交通信息系统（advanced traveler information system，ATIS）是智能运输系统的重要组成部分。交通信息系统可以通过各种通信装置实时向旅行者提供相关交通信息，主要包括停车诱导系统、实时道路交通信息发布系统、实时公交信息发布系统、多模式交通换乘信息发布系统、对外客运交通信息发布系统、定位导航系统。

（1）停车诱导系统

停车诱导系统（parking guidance information system，PGIS）是通过多种信息发布形式发布实时的停车信息，给驾车出行者提供方便快捷的停车服务，实现疏导停车需求，提高道路交通服务水平，缓解因停车巡游产生交通拥挤、行驶速度缓慢等造成的道路交通压力。

（2）实时道路交通信息发布系统

实时道路交通信息发布系统的主要功能是获取交通流实时动态信息和各种交通服务信息，并将规范处理后的信息通过不同方式进行发布，同时向用户提供信息查询和各种扩展功能，如路线安排、车辆诱导等。目前，北京市交通委员会和北京市公安局公安交通管理局网站均可进行实时路况查询，人们可以通过此系统查询北京市主要道路的拥堵、缓行、畅通状况，以及是否有发生突发事故、施工、限行等实时路况信息。

（3）实时公交信息发布系统

实时公交信息发布系统是交通信息服务系统的关键组成部分，是直接面向公交出行者的窗口服务系统。交通信息发布是智能公共交通信息服务系统为出行者提供的信息与出行者之间交互的媒介，出行者对系统的评价完全来源于信息发布。目前公交信息主要通过各种信息技术进行发布，包括支持数据广播、Web、E-mail、RSS（really simple syndication）、短信、声讯等。

（4）多模式交通换乘信息发布系统

多模式交通换乘信息发布系统向乘客提供各种运输方式的行车时刻和运行路线、换乘站点、客运站场、周边地理信息、票价及道路交通状况、气候条件等换乘相关信息。出行人员可根据这些信息选择最佳的出行路径、交通方式、换乘方式及出发时刻或取消出行计划等。多模式交通换乘信息发布系统主要利用显示屏、广播、查询平台、手机等终端技术进行信息发布。

（5）对外客运交通信息发布系统

对外客运交通信息发布系统是在统一、先进的交通服务信息系统基础上，集成各种终端和媒体向公众出行人员提供城市间客运出行信息服务，使得出行者能"不同场合、多种手段"实时获得出行前、出行中的交通、旅游、气象等信息服务。

（6）定位导航系统

定位导航系统是 ITS 设施中涉及的一个主要应用系统，高级的定位导航系统是一个复杂的大系统，配有计算机、GPS 接收机和各类传感器等设备，充分利用检测、通信、计算机、控制、GPS 和 GIS 等现代高新技术，动态地向驾驶人提供实时交通信息和最优路径引导指令，通过对道路上的车流进行诱导，从而平衡路网车流在时空上的合理分配，提高道路网络运输效率，缓解和防止交通阻塞，减少空气污染。

8.3.8   安全驾驶支持系统

安全驾驶支持系统是由一系列车载设备组成的检测、决策及控制系统，该系统与基础设施或其协调系统中的检测设备配合来检测周围环境对驾驶人和车辆产生影响的各种因素，并根据检测结果进行辅助控制或自动驾驶控制，以达到行车安全高效和增加道路通行能力的目的。

2005 年，谷歌工程师塞巴斯蒂安·特龙等人研发了 Google Driverless Car，即谷歌无人驾驶汽车，如图 8-13 所示。2012 年 5 月 8 日，美国内华达州机动车辆管理部门为谷歌的自动驾驶车颁发了首例驾驶许可证，这意味着谷歌自动驾驶车将很快在内达华州上路。目前，谷歌无人驾驶汽车已经行驶超过 160 万公里。

百度公司无人驾驶车项目于 2013 年起步，通过与第三方汽车厂商合作，制造国内首家无人驾驶汽车，如图 8-14 所示。2015 年 12 月，百度公司宣布，百度无人驾驶车国内首次实现城市、环路及高速道路混合路况下的全自动驾驶。此外，百度将把现有的大数据、地图、人工智能和百度大脑等一系列技术应用到即将到来的无人驾驶车中。

图 8-13 谷歌无人驾驶汽车

图 8-14 百度无人驾驶汽车

8.4 城市智能交通系统评价

8.4.1 概述

与传统交通运输基础设施建设项目不同，大多数 ITS 项目属新兴事物，无更多经验可循，其对经济、社会和环境带来的影响难以预料。目前还没有形成类似传统交通运输项目的 ITS 项目评价方法。而与此同时，世界范围内 ITS 的多个领域已经开始从概念和试验阶段转向实施阶段，投资规模也迅速增长。因此，对 ITS 项目实施的影响进行深入研究和分析是十分必要的。

城市智能交通系统评价是指对智能交通系统项目的经济合理性、技术可行性、社会效益、环境影响和项目风险进行评估，为项目的可行性研究、方案的比选和优化、目标决策提供科学依据。城市 ITS 项目不同于传统的交通运输基础设施建设，其特性主要有新颖性、广泛性、开放性、动态性、复杂性等。

8.4.2 评价指标体系的建立

（1）评价指标体系建立的原则

ITS 属于典型的复杂系统，对于 ITS 项目评价的研究应采用系统科学思想和系统工程方法。1969 年美国系统工程专家霍尔（A. D. Hall）提出了霍尔三维结构（Hall three dimensions structure），为解决大型复杂系统的规划、组织、管理问题提供了一种统一的方法，在世界各国得到了广泛应用。本书借用该三维结构模型，提出 ITS 项目评价的三维框架，如图 8–15 所示。该三维空间结构从逻辑维把 ITS 项目评价分为 7 个步骤，同时为了保证评价结果的完整性和客观性，将类型维 ITS 评价分为 7 种类型，并在方法维给出了可采用的主要评价方法。

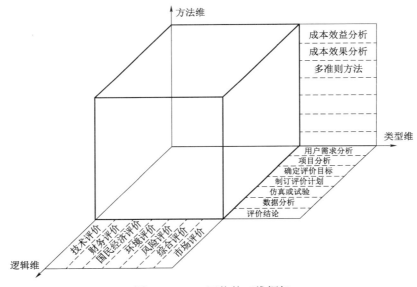

图 8–15　ITS 评价的三维框架

（2）评价指标体系建立方法

以中国交通的实际为前提，结合国家 ITS 体系框架及相关的研究成果，给出 ITS 项目评价的步骤，如图 8–16 所示。这里所说的评价步骤并不一定完全适应于所有的评价内容，针对不同的评价内容，对评价步骤可以有所增删。

其中，"项目辨识"的目的在于明确和把握问题，是项目评价的前提；"用户需求分析"是 UITS 项目评价的另一个重要前提，主要包括在对现有交通现状加以充分调研的基础上进行的需求分析和基于需求分析的预测分析；"确定评价目标"也是确定 UITS 项目评价框架的基本前提；"制订评价计划"是在确定目标子集和优先程度排序后，给出详尽的评价计划；"收集数据进行仿真或试验"则是运用仿真或试验手段采集 UITS 项目评价所需的数据；"数据分析"是对上一步骤采集的数据进行分析;"得出评价结论"是 UITS 项目评价最后一步,得出评价结论,并将评价战略、计划、结果、结论及建议编写成最终报告。

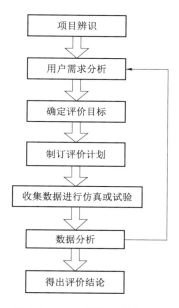

图 8-16 ITS 项目评价的步骤

(3)不同层面的评价指标体系

UITS 评价指标体系的建立是从技术评价、经济评价、产业化评价、用户效益评价、风险分析、综合评价等不同层面开展的。

① 技术评价。UITS 项目技术评价是实施 UITS 项目评价的前提。首先确定 UITS 项目实施的技术方案,然后从技术的系统性能和运行性能两个方面出发,建立 UITS 项目的技术性能评价指标,对可以量化的评价指标进行量化,对不可进行量化的指标进行定性的分析,最后运用多准则的评价方法进行分析评价,确定 UITS 项目的各项评价指标是否达到实施要求,并确定各个评价指标对 UITS 项目技术实施的影响程度。常用技术评价指标体系如图 8-17 所示。

② 经济评价。UITS 项目经济评价是从经济学的角度分析计算 UITS 项目所投入的费用和获得的效益,以及 UITS 系统的发展对国民经济将产生的影响。UITS 项目经济评价包括国民经济评价和财务评价。国民经济评价是从宏观的角度出发,综合考虑各个方面的因素,确定 UITS 项目的实施对整个地区或者国家带来的影响,以判断 UITS 项目的合理性;财务评价是从微观的角度出发,确定企业或者个人对 UITS 项目实施后可以获取的利益,分析测算 UITS 项目的财务盈利能力和清偿能力。

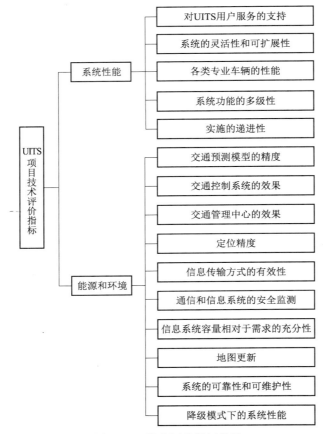

图 8-17 技术评价指标体系

③ 产业化评价。UITS 产业是基于 UITS 技术的产生及其推广应用，并融合了其他相关应用技术的现代化交通管理与服务系统，在改善交通的同时形成的产业。UITS 系统的产生、发展及其产业化有其深远的意义。UITS 项目的实施必然带动其他相关产业的发展。产业化评价的主要方法是产业关联分析方法。

④ 用户效益评价。UITS 项目的用户效益分析是 UITS 项目的交通效益及社会和环境效益分析。在 UITS 项目用户效益分析中，将用户效益分解为延误成本、延误时段的燃料消耗成本及有害物质的排放 3 个模块。通过对微观经济学的研究，在明确用户效益的来源和交通信息效益产生的机理之后，给出针对 3 个模块的组合模型的用户效益评价方法。用户效益评价体系如图 8-18 所示。

⑤ 风险分析。UITS 项目的风险分析就是运用定性分析的方法，对系统、管理、建设、使用过程中潜在问题进行分析，进而评估风险大小，寻求降低 UITS 项目风险的措施。也就是说确定阻碍 UITS 项目应用的重大风险，并提出建议以消除或降低项目的风险。

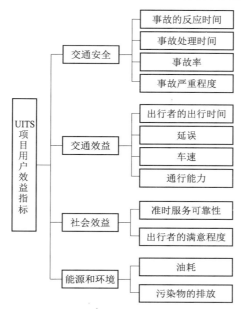

图 8-18　用户效益指标备选集合

⑥ 综合评价。UITS 项目的综合评价是在综合考虑各方面的因素对 UITS 项目实施的影响基础上进行的评价。UITS 项目的综合评价是从整体的角度出发，确定各种指标的建立方法、影响因素及指标的处理方法，进而提出 UITS 项目综合评价的评价模型。综合评价是建立在对 UITS 项目技术评价、经济评价、用户效益分析、产业化评价、风险分析的基础之上的。UITS 项目的综合评价体系结构如图 8-19 所示。

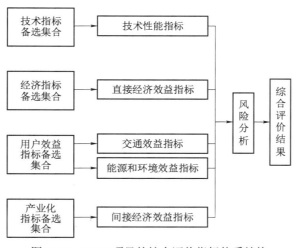

图 8-19　UITS 项目的综合评价指标体系结构

复习思考题

1. 阐述城市智能交通系统的开发背景。
2. 城市智能交通系统有哪些特征？
3. 城市交通信息采集技术包括哪些？
4. 智能交通系统一般通过哪些方式实现交通控制中心与车辆（道路）间的通信？
5. 简述非接触式 IC 卡停车场收费系统的优点。
6. 简述 ITS 项目评价的步骤。

第 9 章

城市交通安全

本章主要概述城市交通系统安全的相关概念和基本特性、城市交通系统安全、城市交通环境与交通安全、城市交通事故统计与分析、交通安全审计、交通事故预测、交通安全管理与事故预防、交通事故预警和应急管理及交通事故紧急救援等。

9.1 概　　述

城市具有人口高度聚集、出行频繁、交通基础设施结构复杂、交通工具种类繁多、交通拥堵、交通混合严重、暴雨雪灾影响大等特征，因此城市交通系统是一个复杂的巨系统，其交通安全需要从系统交通安全分析、各子系统的事故特征、致因分析、预测预警和预防，以及安全疏散等方面进行研究。

城市交通参与者主要包括驾驶人、骑车人、乘客和行人。作为交通的参与者，其行为会对交通安全产生显著的影响。人在交通活动中的行为与多方因素有关，主要有性格特征（适应性、年龄、性别等）、知识与技能（驾驶水平、交通安全意识）、出行目的与社会态度（对法规的认同）及工作生活状态（工作压力、家庭条件等）。

城市交通系统的参与者来自不同的地区和社会环境，具有不同的性格与行为特征。复杂的用户群体共用城市交通设施，必须采取措施（包括强制性措施和教育措施等）约束和指导用户在使用交通基础设施时的行为。

载运工具安全方面的措施主要与车辆的设计制造有关，包括车辆的制动性能（制动距离、制动稳定性、制动系数、协调时间等）、通信控制性能（车车通信、车路通信）、操作稳定性（转向、抗侧滑等）、易操作性（仪表、信号板、自动排挡等）、视野、前照灯、后视镜、尾灯、人员安全保护（柔性保险杠保护行人、安全气囊和安全带保护乘员、车厢防撞结构保护乘员等）等。

城市交通基础设施是城市区域范围内对社会经济起着基础作用的重要公共资源。包括道路设施、公共交通设施、停车与枢纽设施等，其中道路设施包括城市道路和公路，公共交通设施包括地面常规公交、轨道交通和快速公交系统。与城市交通基础设施有关的因素主要涉及道路线形、交叉口、路面或线路及交通安全设施等。

在交通参与者、载运工具、交通基础设施路网构成的城市交通系统中，交通环境是交通活动的基础条件和关键因素，对交通安全有明显的影响。城市交通环境主要涉及自然条件、交通条件、交通危害、景观及交通管控设施等因素。

事故的原因并不一定能直接引导人们提出整治措施。英国运输部在1986年的《事故调查手册》中指出，应当考虑整治措施以减少事故时，最有效的措施也许在另外的因素中，特别是那些被认为因措施不当和缺乏技术引起的事故，对设施的改进比训练驾驶人达到较高的水平也许更经济。

城市轨道交通系统的安全问题可以分为两大类：一类是系统内部原因引发的安全问题；另一类是系统外部原因引发的安全问题。系统内部原因引发的安全问题包括两种：一种是系统内部因硬件（结构和设备）质量缺陷或故障造成的安全问题；另一种是因系统软件或管理制度缺陷、设备违规操作或操作失误造成的安全问题。系统外部原因引发的安全问题有三种：一是乘客行为失常引发的安全问题；二是恐怖袭击造成的安全问题；三是因系统故障导致客流失控而引发的安全问题。

9.2　城市交通系统安全

城市交通是指城市行政区内部的交通，包括城市道路交通、城市轨道交通和城市水上交通等。其中城市道路交通系统和城市轨道交通系统是现代城市交通系统的主体。

9.2.1　城市交通系统安全管理体系

城市交通系统安全是指通过对城市交通中"交通参与者、载运工具、基础设施、交通环境"系统在运行过程中的安全性、可靠性做出系统的分析与评价，同时提出安全保障措施的系统工程。

国务院关于同意建立全国道路交通安全工作部际联席会议制度的批复（国函〔2003〕110号）中，明确了由公安部、中宣部、发展和改革委、监察部、建设部、交通部、农业部、卫生部、工商总局、质检总局、安全监管局、法制办、保监会、总后勤部、武警部队共15个部门和单位组成的。"全国道路交通安全工作部际联席会议制度"，责成公安部为联席会议牵头单位，联席会议召集人由公安部分管副部长担任，联席会议成员为有关部门和单位负责人。之后，各省、自治区和直辖市及地方部门分别成立了相应级别的联席会议制度，作为最高决策机构负责其道路交通安全管理和监督工作。该联席会议职能范围涵盖城市交通系统。

9.2.2　城市道路交通安全

城市道路是支撑城市经济社会、人们交通出行、城市物流和百姓生活的主体和基础，是发生交通事故最频繁的交通基础设施。

城市道路交通事故具有以下特征。

1. 时间分布

城市交通事故的时间分布是指城市交通事故在不同时间段、时间点的分布情况。图 9–1 为 3 个城市的道路交通事故时间分布。

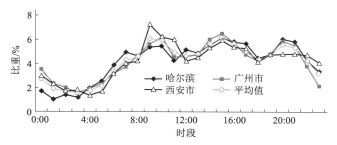

图 9–1　3 个城市的道路交通事故时间分布

从图9–1 中可以看出，城市道路交通事故的时间分布明显地呈现出 3 个高峰时段。

图 9–2 为一典型城市居民出行时间分布与交通事故时间分布。由此可知，图 9–2 中的 3 个交通事故高峰时段并非与交通出行的高峰时段完全重合，这与不同交通状态的驾驶行为和出行行为有关。

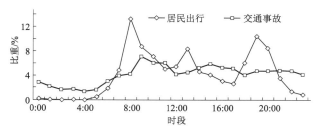

图 9–2　居民出行与交通事故时间分布关系

2. 空间分布

城市交通事故的空间分布是指交通事故在城市不同路段、地点的分布情况。图 9–3 和图 9–4 为某市的交通事故统计结果，可以看出：

① 交叉口是城市道路的事故多发地区，尤其是三、四路交叉的交通事故发生起数占总事故起数的比例最高；

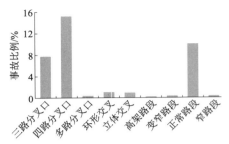

图9-3 道路交通事故起数的空间分布

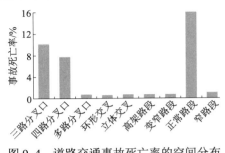

图9-4 道路交通事故死亡率的空间分布

② 正常路段的交通事故发生率也高；

③ 事故的高发点与严重事故的发生点基本吻合。路段的事故发生率虽然低于交叉口的事故发生率，但事故的死亡率却最高。

表9-1为某城市不同等级道路的交通事故空间分布情况。可以看出，主干路上发生的事故最高，其他依次为次干路、快速路、支路等。

表9-1 某城市不同等级道路的交通事故空间分布情况

城市道路类型	交通事故数量/次	比例/%
快速路	17 757	9.85
主干路	114 802	63.68
次干路	32 519	18.04
支路	13 949	7.74
单位小区自建路	1 256	0.69

3. 事故形态

按照我国道路交通管理的有关规定，道路交通事故主要分为碰撞、碾压、刮擦、翻车、坠车、失火和其他等事故形态。

某市2001年至2002年道路交通事故形态分布如表9-2所示，可知：

① 常见的事故形态是正面相撞、侧面相撞、尾随相撞、对向刮擦、同向刮擦和撞固定物；

② 在各种事故形态中，正面相撞、侧面相撞和尾随相撞构成交通事故的主体。

表9-2 某城市道路交通事故形态分布

城市道路	事故形态										
	正面相撞	侧面相撞	尾随相撞	对向刮擦	同向刮擦	碾压	翻车	坠车	失火	撞固定物	其他
快速路	22	56	64	1	7	0	6	0	0	13	4
主干路	395	1 457	1 321	11	95	21	20	0	0	238	54

续表

城市道路	事故形态										
	正面相撞	侧面相撞	尾随相撞	对向刮擦	同向刮擦	碾压	翻车	坠车	失火	撞固定物	其他
次干路	70	206	93	5	15	4	5	1	0	29	15
支路	45	65	25	3	5	2	3	0	0	12	3
其他	23	68	8	3	6	2	11	1	0	5	5
合计	555	1 852	1 511	23	128	29	45	2	0	297	81

4. 交通方式

交通流中车辆的类型对交通事故也有一定的影响,与各种车辆的动力性能、车速、外形尺寸、爬坡能力、负载程度有关。在交通流的特征方面,车辆类型越多,其速度差别的范围越大,则超车就越多,发生交通事故的可能性就越大。

由图9-5可知,在各种交通方式下的肇事责任人中,小型客车驾驶人所占的比例最高,约占54%。

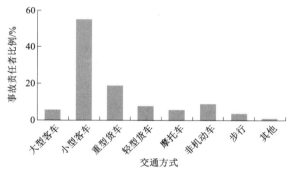

图9-5 某市各种交通方式下的责任者肇事情况

由图9-6可知,对于驾驶人裸露在车辆以外的交通方式,其伤亡程度很大。

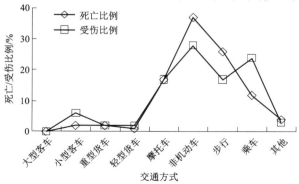

图9-6 某市交通方式人员伤亡情况

9.2.3 城市轨道交通安全

　　城市轨道交通系统是一个相对封闭的系统，线路在地下和高架部分无干扰，因此其交通安全控制点主要在车站、铁路平交路口及行车运行系统。

　　车站交通安全是城市轨道交通安全的重要区域，其交通事故占城市轨道交通事故的 70%以上。城市轨道交通车站交通安全的主要控制区域为站台和上下楼梯设备，即台阶、滑梯和电梯。近年来，在站台与轨道之间设置安全门，以防止乘客坠落等事故，保障了站台的交通安全。

　　铁路平交路口是城市内部道路与轨道交通线路通过平面交叉的连接形式，也是城市轨道交通运行安全重要区域之一。我国铁路平交道口共 8 300 多个，其中有人看守道口比例约为40%，线路经过城市区域大部分为平面交叉，其交通安全问题凸显。但是，从交通事故统计看（铁路路外伤亡事故），无论是事故起数还是伤亡人数均远远少于道路交通事故。

　　城市轨道交通列车运行安全是指列车在运送乘客的过程中对行车人员、行车设备及乘客产生作用和影响的安全，一般包括行车调度安全、列车驾驶安全、车站作业安全、接发列车作业安全和调车作业安全等，其中列车驾驶安全是整个城市轨道交通行车安全工作的关键环节之一。城市轨道交通行车安全是一个复杂而有规律的动态过程，受到人、设备和环境等多种不利因素的影响。列车自动控制系统 ATC（automatic train control）是常见的保证城市轨道交通列车安全运行保障系统。

　　图 9-7 为典型的城市轨道交通列车安全运行保障系统，包括 ATP（automatic train protection）子系统、ATO（automatic train operation）子系统和 ATS（automatic train supervisor）子系统等。ATP 子系统进行运行车辆的联锁、闭塞和超速防护；ATO 子系统进行列车的调度、运行图管理、运行信息处理、进路控制和旅客导向等；ATS 子系统则进行运行车辆的定位停车、速度调整和折返控制等。

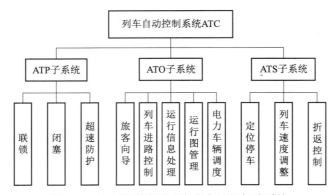

图 9-7　城市轨道交通列车安全运行保障系统

　　城市轨道交通事故具有如下特征。

1. 事故空间分布

地铁事故发生的地点一般为车站、区间及车辆段。根据资料统计，某年发生在车站上的运营事故共 380 起，占总事故数的 74.51%，而发生在车辆段的事故较少，仅 28 起，只占总数的 5.49%，运营事故发生地点分布如图 9–8 所示。

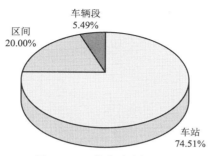

图 9–8　运营事故空间分布

2. 事故类型

（1）国外地铁事故类型

根据国外 102 起地铁事故的统计资料，国外地铁事故类型主要有 12 种，分别为爆炸事故、火灾事故、毒气事故、供电事故、恐怖袭击、列车脱轨、列车相撞、列车故障、跳下站台、踩踏事故、地震、异物侵入等，如图 9–9 所示。

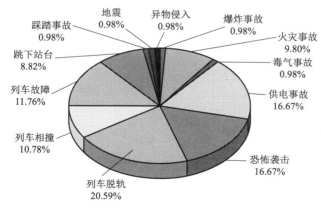

图 9–9　国外地铁事故类型分布

（2）全国地铁事故类型

根据国内城市轨道交通故障与事故统计，从大类上来看发生事故次数排在前三的依次为通信信号事故（145 起）、车辆事故（142 起）和乘客事故（97 起），三者合计达到总运营事故数的 70.85%。从小类上看，排在前五位的具体事故类型主要有信号故障（77 起）、乘客跳下站台（52 起）、道岔故障（43 起）、车门故障（41 起）、列车故障（40 起）等，占总数的 49.61%。

9.3 城市交通环境与交通安全

城市交通环境涉及两方面：一方面是交通正常运行所接触的自然环境；另一方面是使交通更好地运行而人为创造出的景观。

9.3.1 交通条件与交通安全

1. 交通量

在城市道路交通领域，交通量大小与交通事故的发生有着非常密切的关系，交通量与交通流负荷度直接相关，而交通流负荷度影响交通事故的频率和严重程度。一般认为，交通量越小，事故率越低；交通量越大，事故率越高。但实际情况并不完全符合这种规律，图 9–10 为交通事故率与交通负荷度的关系。由图 9–10 所示，交通量对事故率的影响分为以下几种情况。

a 点表示交通量很小时，车辆之间的间距较大，驾驶人基本上不受同向行驶车辆的干扰，可以根据个人习惯选择行车速度。绝大多数驾驶人能够保持符合车辆动力性、经济性、制动性和安全性的行驶车速，只有当个别驾驶人忽视行驶安全而冒险高速行车，遇到视距不足、车道狭窄或其他紧急情况时，来不及采取措施才会发生交通事故。

$a{\rightarrow}b$ 表示当道路上的交通量逐渐增加时，驾驶人不再单凭自己的习惯驾车，必须同时考虑与其他车辆的关系。而且由于对向来车增多，使得驾驶行为更加谨慎，因而交通事故相对数量有所下降。

$b{\rightarrow}c$ 表示当道路上的交通量继续增大时，在道路上行驶的车辆大部分尾随前车行驶，形成稳定流。在这种情况下，超车变得比较困难，因而与超车有关的事故也有所增加。

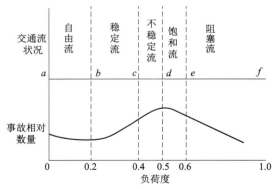

图 9–10　交通事故与交通负荷度的关系

$c{\rightarrow}d$ 表示当交通量进一步增大，形成不稳定流。此时，超车的危险越来越大，交通事故相对数量也随交通量的增加而增大。

d→e 表示当交通量增加到使超车成为不可能时，车辆间距已大大减小，交通流密度增大，形成饱和交通流。由于饱和交通流的平均车速低，因此事故相对数量也降低。

e→f 表示如果交通量进一步增加，则产生交通阻塞。此时车辆只能尾随前车缓慢行驶，使道路的服务水平大幅度下降的同时，交通事故大为减少。

2. 交通组成

城市道路交通组成是指构成城市道路交通流的类型，包括轿车、客车、货车、摩托车、电瓶自行车、普通自行车和行人等。客车、货车按运载能力的不同进一步可分为大、中和小等车型，摩托车分为两轮摩托车、三轮摩托车等。除一些城市主干道实行了人车分离、机动车与非机动车分离外，其余绝大部分城市道路上人车分离、机动车与非机动车分离水平较低，使得我国城市道路的交通组成比较复杂。混合交通是指车辆与行人或机动车与非机动车在同一车行道上混合通行的交通状态。混合交通是我国城市道路交通的重要特点之一。混合交通的突出表现是：混合车辆速度差别大，相互干扰严重，城市道路总体表现行驶速度低，交通秩序混乱，交通安全状况差，交通事故多发。

城市道路交通实际表明，道路交通流的类型构成越复杂，对交通安全越不利。对城市道路交通事故数据的统计分析表明：大型车辆、货车、摩托车和电瓶自行车是影响交通安全的主要因素，随着这些车辆比例增大，事故率也随之增加。通过道路实际调查数据分析得知，在城市路段交通组成中，大型车、货车、摩托车、电瓶自行车的比例对道路交通安全的影响呈二次函数关系。

正常情况下，城市道路交通流中一般是小型车居多。当一个城市的道路构成不能对过境车辆进行有效分离，将使市内交通流中大型车辆及货车比例明显增大。

3. 车速

车速与交通事故有着密切的关系。随着车速的提高，驾驶人可以支配的时间明显减少，驾驶人做出错误决定的可能性就会相应增加，从而导致交通事故发生的可能性变大。另外，车速的提高会缩短驾驶人采取避让措施的时间和距离，汽车发生碰撞时的速度通常也比较高，事故要更为严重。

（1）车速控制与事故的关系

据德国的事故数据统计，车速限制从 100 km/h 降至 80 km/h，交通死亡事故下降了200%；当车速限制恢复到 100 km/h，交通死亡事故上升了 12%。英国限制车速从 104 km/h 降至 80 km/h 时，交通受伤事故减少了 10%；车速限制从 80 km/h 提高到 104 km/h 时，死亡和重伤事故增加了 7%。芬兰、瑞典等国也有类似统计。目前，国内外交通研究者对事故与速度的关系进行了大量、广泛的分析研究，取得了比较一致的共识。

（2）车速差与事故的关系

事故的严重程度取决于碰撞时车速的瞬时变化Δ*v*（尤其在 0.1～0.2 s 的范围内），当Δ*v*

在 20～30 km/h 时，发生严重事故的可能性开始增加；当 Δv 在 80～100 km/h 时，事故中便会有人员死亡。如果车辆发生正面碰撞，由于两辆车的制动距离都有限，行驶车速对 Δv 和事故严重性的影响是最大的。在有行人的事故中，当车辆与行人发生碰撞时的车速从 40 km/h 增加到 50 km/h 时，行人死亡的概率会增加 2.5 倍。即使驾驶人在发生碰撞之前采取制动措施，Δv 也会随着碰撞速度增加而增加，而碰撞速度是随着初始速度的增加而增加的。因此，随着车速的提高，事故率和事故的严重程度一般都会提高。

图 9–11 为车速的离散性（即个体行驶速度与平均车速的差值分布情况）对交通事故的影响。个别车辆与车流的平均车速相差越大，其发生交通事故的概率就越大。事故率随着车速标准差的增大而呈指数增长，即车速分布得越离散，事故率就越高。对行车管理而言，对车辆进行高速和低速限制，而且使二者的差值尽可能小，降低车速分布的离散性，可降低事故的发生率。

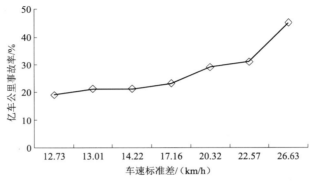

图 9–11　车速标准差与亿车公里事故率关系图

9.3.2　交通景观与交通安全

交通景观是一种带状的人文和自然相结合的大地风景，由城市交通附属设施、周边自然环境及人的活动等因素所构成的一个总的空间概念，反映了路域环境特征，是人文与自然环境相结合的建筑艺术。

1. 景观对交通安全的促进作用

（1）延缓驾驶人疲劳和紧张

从生理机能上讲，优美而富有变化的道路景观能使人体各个系统器官，特别是中枢神经系统、血液循环系统和内分泌系统的功能活动全部处于稳定的平衡状态之中，有利于安全稳定的驾驶。和谐的道路景观有助于缓解紧张，增加驾驶安全感。因此，对可能引起驾驶人恐惧或紧张的场景和场所，利用景观进行装点和遮蔽，可以消除或减轻驾驶人的恐惧和紧张心理，促进交通安全。

（2）视线引导

在车辆行驶过程中，驾驶人的视野是随着道路前方情况而变化的，植物在立面上所形成的竖线条可作为视觉参考，引导驾驶人的视线。尤其在黑暗、有雾或下雪时，可以使驾驶人识别道路线形和侧向界限，提高交通安全性。这主要体现在驾驶人视线方向，景观在空间范围内形成的类似引导线的视觉效果，这种效果比路面和路线本身给予驾驶人的引导要强烈和有效得多。因此，合理地设置中央分隔带绿化和路侧植物能显著地提高驾驶人行驶的安全性。

（3）使线形走向更加明确

安全的重要方面是道路的线形走向要与驾驶人的心理预期一致。景观是提示线形的重要因素之一，特别是利用树木高度和位置来表示道路位置和线形的变化是很合理的方式，能够有效地避免驾驶人因变化反应不及而发生事故。在景观设计中，如果能考虑在驾驶人 10 s 行程范围内，通过路侧植物和景观要素对道路线形进行提示或强调，就能够使驾驶人更有效地判断前方的走向，这对于安全具有十分明显的提升作用。

（4）缓解自然环境的明暗变化

在明亮的日光下，环境亮度可高达 8 000 cd/m²，虽然隧道内设有隧道照明，但与自然环境亮度相比，仍然存在巨大反差，由此形成的黑洞效应或白洞效应往往成为事故多发的促成原因。而通过洞外景观设计则可以有效降低洞外的环境亮度，具体的景观设计手法包括洞外尽量采用绿化植树，减少环境光线的发射，在隧道口道路两侧设遮阳篷、遮光篷或种植高大的遮光树木等。通过这些措施，可以在营造优美道路景观的同时，有效地实现照度的过渡，提升隧道洞口处的安全性。

（5）改善交通环境

以绿色植物材料为主的道路景观绿化设施在道路环境保护中起着不可替代的作用，同时对于改善道路交通环境、促进交通安全也起着显著的作用。如受大风和沙暴影响严重的城市，通过植物固沙不但能改善路容路貌，防护路堤，而且还能提升交通安全水平。

2. 景观对交通安全的制约作用

（1）分散驾驶人的注意力

与环境不和谐的、视觉冲击力强的道路景观更会吸引驾驶人的注意力，导致驾驶人驾驶时不够专注，从而增大发生交通意外的风险。如大面积生硬的浆砌护面墙和隧道洞门上加贴浮雕装饰，易刺激驾驶人的眼球，分散其注意力。

（2）遮挡视线

路侧或中央分隔带内的绿化植物或景观设施影响驾驶人的视线，使安全行车需要的视距得不到保障是最常见的不利于交通安全的典型问题。

① 弯道内侧，行道树距行车道过近，影响到驾驶人的视距和车辆安全行驶所需的横净距，就存在较高的事故危险。

② 路侧行车道树过于靠近平交路口时，会遮挡相交道路，使驾驶人忽略平交路口尤其是小平交路口的存在。即使在交叉口设置了警告标志，行车道树的栽植也不利于驾驶人观察相交道路的交通状况。若支路上有车辆突然驶入主线，就极有可能导致严重的交通冲突，甚至引发事故。在有绿化的中央分隔带的道路上，如果中央分隔带绿化带设置过于靠近平交路口或距离中央分隔带开口过近，遮挡驾驶人的视线，也容易诱发交通事故。

（3）增加碰撞风险

车辆行驶时需要一个安全的路侧宽度，如果景观绿化的高大树木种植在路侧净区范围内，则会增加车辆碰撞树干的可能性；在树干直径大于 10 cm 时，则会加重事故的严重程度。

（4）视觉误导

景观绿化时，不当的路侧和中央分隔带绿化树的栽植容易误导驾驶人，尤其在平面曲线和凸形曲线相结合的路段。如果竖曲线后方的绿化树有明显的开口，则容易给驾驶人造成前方直行的错觉。

9.4　城市交通事故统计与分析

交通事故统计的目的是查明交通事故的分布状况、各种影响因素的相互关系，以便定量地认识事故本质和内在的规律。交通事故统计对于准确、及时、全面、系统地反映交通事故的基本状况和发展情况，评价交通安全管理工作的质量和效果，加强群众的交通安全宣传和教育，强化交通参与者的交通安全意识等都起着非常重要的作用。

9.4.1　交通事故统计

交通事故是一种随机现象，具有偶然性。"在表面上是偶然性，但这种偶然性始终是受内部隐藏着的规律支配的，而问题只是在于如何发现这些规律。"只有认识和掌握交通事故的规律性，才能有的放矢地采取有效的预防措施。道路交通事故具有统计规律。统计规律是从大量的同类现象中归纳出来的，反映总体性质的规律性。认识交通事故规律性离不开对交通事故总体数量的研究。只有掌握交通事故的客观规律，才能使人们在交通管理工作中减少盲目性和失误，增强科学性和主动性，所以交通事故统计工作并不是可有可无、枯燥无味的数字游戏，而是科学管理的一项很重要的基础工作。科学的交通安全管理离不开交通事故的统计。

交通事故统计的目的是查明交通事故总体的分布状况、发展动向及各种影响因素对事故总体的作用和相互关系，以便从宏观上定量地认识事故现象的本质和内在的规律性。

交通事故统计资料主要按分类统计方法进行汇总，其方法主要有：按行政区域分类；按时间分类；按质别分类；按量别分类。

城市轨道交通事故的统计还可以按轨道交通线路进行分类。除以上的统计汇总方法外，在实际应用中经常采用复合分类汇总方法，常见的形式有：时间与地区的复合（如不同月份的事故统计）、质别与地区的复合（不同地面路面上的事故统计）、量别与行政区域的复合（不同区域的不同年龄驾驶人事故统计）等。

为了更全面地反映交通事故的本质和规律，解释各种不同影响因素对交通事故的作用及其相互关系，还应从相关部门（如统计部门和交通部门等）收集人口、载运工具拥有状况、道路交通状况等的大量相关资料。

9.4.2　交通事故统计方法

交通事故统计分析法是依靠相应的交通安全数据资料（如交通事故次数、死亡、伤人、损失、原因、地点、时间、道路、车辆、驾驶人、行人等）来客观地反映交通安全事实的方法。通过适当的统计分析可以对交通运输系统安全做出科学的推理、判断，从而将包含在数据中的事故规律性揭示出来，以便及时地采取预防措施，解决问题。

1. 交通事故统计指标

道路交通事故由于产生的原因不同，要求用一系列的事故表征指标来对其进行统计，分析不同类型事故所反映的总体数量特征，揭示事故总体的内在规律。统计分析指标应具有实用性、相对性和可比性，能明确反映出交通事故发生的频率和严重程度。另外，所建立的指标和计算模式应该简单明了，便于使用时收集数据资料，计算也应简单、方便。常用的交通事故统计指标主要有绝对指标、相对指标、平均指标和动态数列。

（1）绝对指标

绝对指标是反映某一地区某一时期交通事故的规模、总量和水平的绝对数量，即对符合一定统计条件的交通事故数据进行简单的累加。它是人们总体认识道路交通安全状况的起点，也是分析计算其他相对指标的基础，是反映交通事故状况的基本指标。绝对指标一般按照统计分析的目的不同而相应设定不同的统计条件，常用的交通事故指标有事故次数、死亡人数、受伤人数、直接经济损失4项。绝对数指标逐年逐月的累计还可以简单、清晰地反映出交通事故的发展趋势，是其他评价指标的计量基础。4项交通事故指标一般在事故记录中可直接获得。

（2）相对指标

相对指标是通过对交通事故统计数据中的有关数值进行分类对比，揭示交通事故内部规律性的指标。分析这些指标可更加深入地认识交通事故的发展变化过程、内部作用关系、事故强度等，还可对绝对指标在统一标准下进行分析。相对指标可分为结构相对数、比较相对数、强度相对数和动态相对数4种。

（3）平均指标

平均指标可分为算术平均数和几何平均数。通过计算交通事故的平均指标，可使总体状况中各单位之间的同类指标数的差异抽象化，将共同性因素显现出来，以便于考察总体状况的一般水平。

（4）动态数列

动态数列是把间隔一定时间的统计指标，按时间顺序排列而成的数列。由于用以排列的统计指标不同，动态数列的种类与意义也不同。交通事故动态数列一般分为绝对数动态数列（即把同一种绝对数按间隔时间排列起来）、相对数动态数列（即把同一指标的相对数按间隔时间排列起来）、平均数动态数列（即把同平均位按间隔时间排列起来）。在编制动态数列时应注意，用以排列的必须是同性质的统计指标，各具体指标值必须具有统一的计算范围、计算方法和计量单位，并且排列的间隔时间也必须一致。

虽然动态数列可以在一定程度上反映交通事故发展变化的过程和趋势，但是要深入分析交通事故的变化特点和规律，仅有动态数列是不够的，还必须计算动态数列的有关动态分析指标，如计算平均水平、增长量、发展率、增长率、平均发展率和平均增长率等。

2. 统计图表法

交通事故统计分析的方法主要有统计表法和统计图法。

根据不同的分析目的，将统计分析的结果编成各种表格，即为统计表，其内容包括各种必要的绝对指标和相对指标，是交通事故统计中常用的一种方法。按照统计数字或统计指标的不同特点，统计表可分为静态统计表和动态统计表。仅列出同一时期事故统计数的表格为静态统计表，可用于对不同地区或不同性质条件的事故现象进行相互对比。将不同时间事故统计数字列成的表格为动态统计表，可用于反映交通事故随时间变化或分布的情况。

统计图法是利用一些几何图形将统计数字或计算出的统计指标形象化，从而反映事故现象的数量关系和发展变化趋势，主要有比重图法、趋势图法、直方图法、圆图法和排列图法等。

9.4.3　交通事故分析方法

交通事故分析是通过交通事故数据找出原因和结果之间的关系，通常的方法主要有回归分析法、主成分分析法、事故树分析法、聚类分析法和交通冲突技术等。

1. 回归分析法

回归分析（regression analysis）法是一种运用十分广泛的数学模型，是确定两种或两种以上变量间相互依赖的定量关系的一种统计分析方法。假设研究因变量 Y_i（$i=1, 2, \cdots, n$）与自变量 X_j（$j=1, 2, \cdots, k$）之间的关系，影响 Y_i 和 X_j 关系的因素包括：① 自变量的个数多少；② 因变量和自变量的关系类型。因此，回归分析按照涉及的自变量的多少，可分为一元回归分析和多元回归分析；按照自变量和因变量之间的关系是否是线性的，可分为线性回归分析和非线性回归分析。回归分析的应用是非常广泛的，统计软件包使各种回归方法计算变得十分方便。

2. 主成分分析法

主成分分析（principal component analysis，PCA）法是研究如何将多指标问题转化为较少的综合指标的一种重要分析方法，它不仅能将高维空间的问题转化到低维空间去处理，使问题变得比较简单、直观，而且这些较少的综合指标之间互不相关，又能提供原有指标的绝大部分信息。

3. 事故树分析法

事故树分析（fault tree analysis，FTA）法把系统可能发生的某种事故与导致事故发生的各种原因之间的逻辑关系用一种称为事故树的树形图表示，通过对事故树的定性与定量分析，找出事故发生的主要原因，为确定安全对策提供可靠依据，以达到预测与预防事故发生的目的。事故树分析法可包含人、环境和部件之间相互作业等因素，加上简明、形象化的特点，已成为安全系统工程的主要分析方法。

4. 聚类分析法

聚类分析（cluster analysis）法是数理统计中的一种多元分析方法，它是用数学方法定量地确定样本的亲疏关系，从而客观地划分类型。当聚类涉及事物之间的模糊界限时，需运用模糊聚类分析方法。因此，模糊聚类分析是根据客观事物间的特征、亲疏程度、相似性，通过建立模糊相似关系对客观事物进行聚类的分析方法。

5. 交通冲突技术

交通冲突技术（traffic conflict technology，TCT）是按照一定的标准，对冲突发生过程及严重程度进行定量测量与判别，并应用于安全评价的技术方法。交通冲突技术是一种典型的非事故统计间接评价法，以"近似事故"的间接观测为基础，依照一定的标准，对冲突发生过程及严重程度进行定量测量和判别，是一种较为有效的交通安全评价方法。目前交通冲突技术在世界许多国家得到广泛应用，成为国际上用于定量研究多种交通安全（特别是地点安全）问题及其对策的重要方法。

9.5 交通安全审计

道路安全审计（road safety audit，RSA）是改善道路安全状况的一种有效方法，于 20 世纪 80 年代出现于英国，之后传入澳大利亚、新西兰、加拿大、美国等国家，目前已经基本形成了一套完整的体系。

美国联邦公路局（FHWA）对道路安全审计的定义是：道路安全审计是由一个独立的审计小组所实施的，针对现有或未来的道路、交叉口的正式安全性能测试。而在美国道路工程师学会 4S-7 技术委员会（ITE Technical Council Committee 4S-7）1995 年 2 月所作报告中，将道路安全审计进一步详细地描述为："安全审计是对已有或拟建的道路建设项目、交通工程项目及其他任何将于用路者发生相互影响的工程的项目方案所进行的正式的安全性能测试。在该测试中，将由一组独立的、训练有素的安全专家对工程项目的规划（设计）方案中的事故隐患做出鉴别，并评估项目方案的安全特性，从而修正方案中的安全瑕疵，或推荐具有较佳安全性能的项目方案。"

澳大利亚道路安全审计指南（Austroads，2002）对道路安全审计的定义为：道路安全审计是对现有道路、规划道路、交通工程及与道路使用者有关的任何工程的一个正式的审查，以评价道路发生交通事故的潜在危险性及安全性能，它通常由一个或一组独立的、有资格的检验者来进行，并对项目的事故隐患和安全性能提出一份审查报告。从定义中可以看出，它是一个正式的检查而不是一个非正式的检查；是一个独立的不受业主或设计单位影响的过程；由具有丰富经验和受过专业训练的人执行，且仅限于安全问题。

世界道路协会（PIARC）道路安全委员会对道路安全审计的定义为：道路安全审计是应用系统方法，将道路安全的知识应用到道路的规划和设计等各个阶段，以预防交通事故。道路安全审计是对道路项目由独立的合格审核人员进行的正式审核。该方法可应用于现有道路、新建道路及现有道路的改善，既适用于公路项目，也适用于城市道路项目的安全审计。

我国交通运输部从 1999 年开始组织编制《公路项目安全性评价指南》，并于 2004 年《公路项目安全性评价指南》（JTG/T B05—2004）颁布实施，将公路项目安全性评价（highway safety audit，HSA）定义为：从公路使用者行车安全的角度对公路设施的研究、规划、设计成果或现有公路影响行车安全的潜在因素进行评价，为其他交通基础设施的安全设计起到了引领和示范作用。

交通安全审计的目的是为交通基础设施用户和其他受项目影响的人发现潜在的安全问题，进而采取措施加以消除或减轻潜在的危险。其具体目标如下：

①　使交通项目及其周边环境影响而产生的事故降低到最低限度；

②　为所有的交通参与者识别潜在的安全隐患，即从交通参与者的角度考虑可能误导和失误的问题和特征；

③　将已建成交通基础设施的后续事故整治费用降低到最低限度，全面考虑到确保消除或减轻所识别出的安全隐患的方法；

④　减少项目在包括设计、建设和养护的整个使用寿命期内的费用，使交通基础设施维修的整个过程和路网的运营收益最优化；

⑤　提高设计人员的安全意识和安全维护的实践经验，增加设计者、管理者和其他所有有关人员在规划、设计、建设和养护工作的安全意识。

交通安全审计通过两种途径实现上述目标：一是在规划和设计阶段发现并消除可能产生事故的因素（如不适当的交叉口布设）；二是对现有交通基础设施通过采取适当的手段（如防滑路面、防撞护栏），减轻已有问题的影响。

实践证明，在传统的设计与建造规程之外，附加交通安全审计程序具有非常重要的现实意义。

（1）能够有针对性地消除安全隐患

现有的交通基础设施，除极为特殊的案例以外，绝大多数都符合规范与技术标准的要求，但当运营一段时间之后，往往会出现交通事故记录的显著偏差，最典型的一个特点是出现了一些交通事故明显集中的"事故多发段和事故多发点（事故黑点）"，这是各国共同存在的一个现实问题。事故多发点的存在证明了一个基本的事实：即规范或技术标准不能界定城市交通系统所有的安全问题，如果不进行安全的专项分析，有些交通基础设施将出现安全隐患。这是实施交通安全审计的基本意义所在。

（2）能够更全面地分析安全影响因素

在传统的交通基础设施设计中，采用平、纵、横设计步骤，虽然今天有三维辅助设计技术，但其根基仍是二维平面设计。而车辆在行驶过程中，完全处于三维立体空间中，它随时会因为沿线的设施、土地利用、路面状况等背景而产生行车状态波动，这在交通基础设施设计过程中是无法全部纳入考虑范畴的。

因此，附加交通安全审计能专门针对交通安全进行深入的探讨与研究。其优势在于能够设想各种车辆运营中可能的安全隐患，并且考虑各种设施之间的适配性及其在运营中呈现出的动态特性。

（3）能够有效地扩展交通基础设施的安全空间和"宽容度"

交通事故大多是由碰撞造成的。统计资料表明，尽管交通事故绝大多数是由驾驶人或用户的过失引发的，但这些过失大多都是偶发、瞬时的失误，并非"不可饶恕"的罪过，并且其中相当比例的过失是与交通环境共同发挥作用而形成的。设计、建造与管理者的职责是尽可能地扩展的安全空间，并且通过对路网的调节和合理设计，使使用环境更加"宽容"，具备一定的"容错"能力。也就是说，即便有驾驶错误产生，设施条件仍应保持行车的安全需要，并对危险起到消除或减缓作用，以避免交通事故的发生或减轻交通事故的后果。

交通安全审计通过对交通基础设施技术指标的回溯，能够发现碰撞风险较高的区段，然后有针对性地采取一些补救措施，其结果是降低了碰撞发生的概率，或者是减弱了可能碰撞的严重程度。

任何工程项目在施工图设计阶段都必须执行安全审计，对于复杂的项目，涉及高交通流量的，在项目的全过程中，至少要执行 2 次安全审计。目前，国际上普遍采用的安全审计的流程是 8 步评价法：① 业主选择安全审计组；② 业主与设计单位准备有关材料；③ 召开第一次审计工作协调会；④ 室内审计；⑤ 现场勘查；⑥ 撰写审计报告；⑦ 召开审计结果讨论会；⑧ 提交审计报告并等待业主的书面答复。

9.6　交通事故预测

预测是指预先推测或测定，或指事前的推测或测定，即在掌握现有信息的基础上，依照一定的方法和规律对未来的事情进行测算，以预先了解事情发展的过程与结果。预测方法是指采用现代科学方法，在对现有信息资料进行精密分析后所做出的对自然状况的预报，以及各种政治理论学说对人类社会发展的推断。

预测一般具有科学性。预测之所以是一种科学活动，是由预测前提的科学性、预测方法的科学性和预测结果的科学性所决定的。

（1）预测前提的科学性

预测前提的科学性：一是预测必须以客观事实为依据，即以反映这些事实的历史与现状的资料和数据为依据进行判断；二是作为预测依据的事实资料与数据，还必须通过抽象上升到规律性的认识，并以这种规律性认识作为指导；三是预测必须以正确反映客观规律的某些成熟的科学理论作为指导。

（2）预测方法的科学性

预测方法的科学性：一是指各种预测方法在预测实践经验基础上总结出来，并获得理论证明与实践检验的科学方法；二是预测方法的应用不是随意的，它必须依据预测对象的特点合理选择和正确应用。

（3）预测结果的科学性

预测结果的科学性：一是预测结果以已认识的客观对象发展的规律性和事实资料为依据，采用定性与定量相结合的科学方法做出的科学推断，并以科学的方式加以表述；二是预测的结果在允许的误差范围内可以验证预测对象已经发生的事实，同时在条件不变的情况下，预测结果能够经受实践的检验。

交通事故是随机事件，它不仅受到交通系统中各要素状态的制约，还受到社会的、自然的多种偶然因素的影响，使交通事故发生的时间、空间和特征等呈现出偶然性。从表面上看，事故发生似乎没有规律可循，其实，交通事故偶然性的表象是始终受其内部的规律所支配的。这种规律已被大量的交通事故的研究结果所证实，它是客观存在的。它揭示了交通事故相关要素之间的必然联系。这种联系不断重复出现，在一定条件下经常起作用，并决定着交通事故的发展变化。由此可见，认识并利用交通事故的客观发展规律，对交通事故的发展变化进行科学预测是可行的。

交通事故预测是对交通系统中可能导致事故发生的原因、次数、经济损失、死亡人数、所处风险状态，以及由交通事故引起的二次灾害的后果的变化趋势或状态进行科学的预测与判断。它是预测学理论、方法与安全系统工程在交通运输领域中的应用，是适应交通发展的需要和人类的安全需求而逐渐成熟起来的一门学科，是以交通事故的发展过程、变化趋势及影响因素作为自己的研究对象。

因此，交通事故预测是以交通运输系统（如某一地区、某一条道路和轨道线路）为研究范围，通过调查等手段获得研究范围内与交通事故有关的信息（人口、车辆、基础设施条件、历史事故及天气等发展与变化的信息），采用现代数学方法（统计学、灰色理论、模糊数学等），预测未来年份研究范围内的交通事故发生情况。

9.7 交通安全管理与事故预防

9.7.1 城市交通安全管理

城市交通受到交通参与者、载运工具、基础设施、环境等复杂因素的影响，只要一个环节出现差错，就有可能引起交通事故。交通事故已成为一个社会问题，世界各国都投入大量的人力、物力和财力来研究减少和避免交通事故的政策与具体的安全管理措施。

城市交通安全管理就是在对城市交通事故进行充分研究并认识其规律的基础上，由国家行政机关根据有关法律、法规、标准规范，采用科学的管理方法，在社会公众的积极参与下，对构成城市交通系统的人、车、路、交通设施及交通环境等要素进行有效的组织、协调、控制，以实现防止事故发生、减少死伤人数和财产损失、保证城市交通安全、畅通目标的管理活动。

由上述定义可见，交通安全管理包含以下5层含义。

① 交通安全管理的目标是减少交通事故的发生，保障城市交通安全畅通，根本上是保障人民生命财产安全。

② 交通安全管理的主体是国家公安机关的交通管理职能部门。与此同时，城市交通安全管理需要社会的广泛参与，包括运输企业、车辆制造维修与检测单位、参与交通的驾驶人和行人等。因此，从广义上讲，交通安全管理的主体是以公安交通管理部门为主体的社会各方面共同参与的综合力量。

③ 交通安全管理的对象是城市交通构成要素及其相互关系。城市道路交通管理对象，从其外在形式上看，是由人、车、路、交通环境等要素构成的，而从其内在实质上看，是由受城市交通管理法规所调整和保护的各种道路交通法律关系构成的。

④ 城市交通管理的依据是城市交通管理法律、法规和有关技术规范。城市交通管理的依据概括起来可以分为三个部分：第一部分是城市交通管理法律；第二部分是与城市交通相关的法律法规；第三部分是城市交通管理相关技术规范。

⑤ 城市交通安全管理的基本职能是协调、控制，是一项国家行政管理活动。行政管理部门在交通管理工程中，是通过协调、控制城市交通构成要素及其相互关系，从而达到要素间的有序的动态平衡。

9.7.2　城市交通安全管理构成体系

要实现城市交通安全管理的既定目标，必须建立完善的城市交通安全管理保障体系。

（1）交通安全管理体制

"体制"指的是国家机关、企业和事业单位机构设置和管理权限划分的制度。交通安全管理体制则是指关于国家机关、企事业单位、民间组织及社会公众在交通安全管理中的权责划分和操作方法等制度体系。要形成有效的安全管理，必须明确各类管理主体的权限及对管理交通的制度规则、方式方法的约定。

（2）交通安全管理对象

交通安全管理对象，是构成城市交通系统的人、车、路、交通环境等各要素及其相互关系。

① 人：凡是参与城市交通出行活动的人，都是城市交通管理的对象。这里指出，驾驶人是导致交通事故发生的重要因素，因此要特别注重对驾驶人的管理。

②　车：载运工具是交通安全的关键。要保证这一关键环节的安全，必须依照国家相关法律、法规及技术标准，从新车的设计、制造，在用车的登记、检测、维护等方面入手，对车辆进行管理和控制。

③　路：城市交通基础设施是安全行驶的基础，对其实施交通管理，主要是对交通基础设施进行安全检查，以及对其附属设施进行管理，以保障性质、功能适应交通需求，保障对交通基础的科学有效使用。

④　交通环境：凡是对正常的城市交通出行活动有影响的物体和行为环境，都是交通管理的对象。对交通环境的管理，主要是对道路的三维空间及其周围建筑物、视觉污染等与交通活动相关的物体及行为环境进行监督与管理。由于现代交通环境对现实交通管理目标影响很大，因此交通管理必须不断强化对交通环境的管理。

（3）交通安全管理依据

交通法规是依据国家宪法制定的强制性行政命令和规章制度。它既是人们行车、走路、使用道路必须遵守的规范，又是道路交通管理部门查处交通违章、裁定事故责任、进行交通安全管理的重要依据。

（4）交通安全管理手段和方法

随着社会的发展和进步，尤其是随着高科技手段在社会各个领域的广泛应用，人们越来越清醒地认识到，强化科技意识，积极运用科学技术，不断提高交通管理工作的科学化、现代化水平，已经成为未来道路交通发展的方向。近年来，智能交通系统正在不断地被世界各国进行开发利用。

9.7.3　交通事故预防

交通事故预防就是运用现代科学的管理方法、工程技术及行政和法律的手段，分析并研究文通事故的现象、发生规律、演化机理影响因素，探索预防和减少交通事故或者降低交通事故损害对策的活动。其目的是运用各种手段调整道路交通安全系统的结构，协调各要素之间的关系，预防和减少交通事故危害，最大限度地提高社会经济效益。具体地说，交通事故预防是运用系统工程的思想和方法，分析交通事故信息，揭示交通事故发生、发展的规律，综合运用系统论、控制论、行为科学、管理科学和工程技术等方面的知识，对交通事故的演化机理、相关因素进行定性和定量分析，研究交通事故防治对策的分析、评价和优化的方法和技术，以及对城市交通安全系统进行控制的方法。

交通事故预防应遵循如下原则。

（1）交通事故可预防性的原则

交通事故是非自然因素造成的、由人们违反交通法规的行为过失造成的，不可抗力造成的事故不属于交通事故。人们的违章行为是可以控制或者减少的，交通事故的原因也是可以认识并消除的。因此，交通事故也是可预防的。基于"事故可以预防"的基本原则，城市交通事故预防主要研究和解释交通事故发生的原因和过程，以及防止事故发生的理论和对策。

交通安全专家从这个原则出发，一方面要考虑事故发生后减少或控制事故损失的应急措施，另一方面更要考虑消除事故发生的根本措施。前者称为损失预防措施，属于消极、被动的对策。后者称为事故预防措施，属于积极、主动的预防措施。对于事故预防，以往多是研究事故发生后的应急对策，这完全是必要的，但却是被动、消极的。加强积极的预防对策研究，使事故从根本上不可能发生，才是事故预防的上策。

（2）防患于未然的原则

防患于未然是预防和减少交通事故的根本策略。事故的发生时间、发生方式及是否造成损失，以及损失的种类和程度具有偶然性。即使反复出现的同类交通事故，各次交通事故的损失情况也不完全相同。有的交通事故造成人员伤亡，有的造成财产损失，有的既有人员伤亡又有物质损失。

交通事故后果具有偶然性，唯一而积极的对策是防患于未然。因为只有完全防止了交通事故的出现，才能避免由事故所引起的各种程度的损失。如果仅以事故后果的严重程度作为判断事故是否需要预防的依据，显然是片面的，甚至是错误的，因为交通事故后果反映不出事故前的不安全状态、不安全行为及管理上的缺陷。因此，从预防事故的角度考虑，绝对不能依事故是否造成伤害或者损失作为是否应当预防的依据。对于未发生伤害或者损失的危险事故，如果不及时采取有效的防范措施，以后也可能会发生具有伤害或者损失的偶然性事故。因此，对于已经发生伤害或损失的危险事故，均应全面判断隐患、分析原因。只有这样，才能准确地掌握发生事故的倾向及频率，提出比较切合实际的预防对策。总之，预防交通事故的关键在于减少或控制伤害，只有识别、消除和控制了危险源和事故隐患，才能从根本上防止事故的发生。

（3）根除交通事故可能原因的原则

交通事故的损失具有偶然性。但是交通事故的出现是有原因的，原因与事故之间存在必然的因果关系。交通事故与原因的关系如图9-12所示。

图9-12　交通事故与原因关系图

为了确保道路交通事故预防措施的有效，首先应当对交通事故进行全面的调查与分析，找出直接原因、间接原因及基础原因。通常，事故调查报告中只列出造成事故的直接原因，即事故发生前的瞬间所做的或发生的事情，或者说在时间上是最接近事故发生的原因，而没有基础原因分析，采取的预防措施也仅针对直接原因。直接原因是由间接原因引起的，它很少是事故的根本原因。即使根除之，只要间接原因仍然存在，它也会重新出现。所以，有效的事故预防措施来源于深入分析，在于根除交通事故的深层次原因。

（4）系统综合治理的原则

事故的原因是多方面的，它们来自交通参与者本身、车辆、道路、交通环境、交通组织、交通管理水平、交通设施、交通法律与法规等。要预防和减少交通事故，必须在查明事故原因的基础上，对交通安全系统中存在的不安全因素进行综合治理。

（5）技术性原则

技术故障是导致交通事故发生的重要原因。因此，要预防城市交通事故的发生，就必须针对城市交通系统中的各种危险隐患采取有效的技术措施进行治理，以防患于未然。在具体采取各种技术措施进行交通安全治理的过程中，应当做到既要注意消除交通系统中存在的各种显在故障，又要注意消除其他各种潜在故障或者降低其危险程度；要致力于解决城市交通系统中的安全薄弱环节；对于城市交通系统存在的暂时无法消除的危险性故障，应当通过设立交通标志、交通标线和交通信号灯，以光、色、声等技术手段及时向有关人员传递危险信息和交通安全组织管理信息，以确保城市交通安全。

（6）效果性原则

城市交通事故防护的好坏，要通过最终成果的指标衡量。由于城市交通事故防护的特殊性，防护工作的成果既要考虑经济利益，又要考虑社会效益。正确认识和理解城市交通事故防护的效果性，是具体制定、落实各项城市交通事故防护措施的重要参考因素。

（7）协调性原则

城市交通事故防护工作既涉及工程技术，又涉及管理科学。因此，在具体进行交通事故防护工作时，既要注意交通安全工程技术的研究、开发和应用，提高交通工具和交通设施的安全可靠性，又要注意改进交通安全管理的方法、措施及相关的立法和制度建设，增强城市交通管理的科学性和法制化；既要加强城市交通管理部门及其工作人员的管理工作力度，又要充分调动广大车辆驾驶人和其他交通参与者维护交通安全的积极性。切实做到技术进步与管理科学的协调，管理部门任务与交通参与者需要的协调。

（8）责任制原则

在推进城市交通事故防护工作的过程中，城市交通安全管理各相关职能部门应当认真贯彻执行安全生产责任制。对违反道路交通事故防护的相关法律法规，不履行道路交通安全职责造成交通事故的部门及其责任人员，要严格依法追究其法律责任。只有将相关的安全责任制落到实处，交通安全才能够得以保证，各项道路交通安全管理工作也才能有实效。

9.7.4　交通事故预防 5E 准则

交通事故预防常用的有风险评估（evaluation）、执法管理（enforcement）、工程技术（engineering）、安全教育（education）和应急救援（emergency），简称 5E 准则。

1. 风险评估

风险评估是指在交通事故发生之前或之后（但还没有结束），该事故给人们的生活、生命、财产等各方面造成的影响和损失的可能性进行量化评估的工作。即交通事故风险评估就是量化评估某一交通事故带来的影响或损失的可能程度。

2. 执法管理

执法管理就是借助于规章制度、法规等必要的行政乃至法律的手段约束人们的行为。城市交通执法管理是规范交通参与者行为、维护城市交通秩序、保障城市交通安全的有力保障。对加强交通管理，维护交通秩序，预防和减少城市交通事故，促进社会主义现代化建设起着重要的作用。城市交通安全涉及面广，既关系到广大人民群众的生命安全，也是促进经济发展和社会进步的重要因素，因此一直受到全社会的广泛重视。发达国家的成功经验证明，经济高速发展，离不开发达的交通系统；良好的交通秩序、安全的交通环境，有利于促进经济持续发展；而良好的交通秩序有赖于科学、严密和全面的城市交通法律、法规。

我国城市交通主要的安全法规有《中华人民共和国道路交通安全法》《城市公共汽电车客运管理办法》《城市公共交通条例》等。

3. 工程技术

工程技术就是利用工程技术手段消除不安全因素，实现生产工艺、机械设备等生产条件的安全。工程技术管理是指对工程的全部技术活动所进行的管理工作，其基本任务是贯彻国家技术政策、执行标准、规范和规章制度，明确划分技术责任，保证工程质量，开发施工新技术，提出施工技术水平。

4. 安全教育

安全教育就是利用各种形式的教育和训练，使职工树立"安全第一"的思想，掌握安全生产所必需的知识和技能。据报道，全世界每年因道路交通事故导致 120 万人死亡、5 000 万人受伤，并且道路交通堵塞和交通污染也成为现代都市的顽疾，日益威胁着人们的健康，交通安全成为当今世界和平时期最不安全的问题之一。交通安全教育是一个广泛、深入、长期的任务，要在各级政府的领导和各个部门的配合下，努力做好公众交通安全教育工作，提高全民遵守交通安全法律法规的意识，切实在全社会构建一个文明和谐的交通环境。

5. 应急救援

应急救援一般是指针对突发、具有破坏力的交通紧急事件采取预防、预备、响应和恢复的活动与计划。根据交通法规规定，在发生交通事故的时候，必须立即停车保护好现场，迅速向公安交通管理机关报告，积极抢救受伤人员。对交通事故受伤者的救护工作，就是要尽可能地使受伤程度控制在最低限度，使受伤者能够及时得到救治。

9.8　交通事故预警和应急管理

社会学家贝克认为，今天的社会更成了一个"风险社会"，每个人、每个机构、每个区域都要不断面临各类风险因素和可能的事件，但风险究竟是什么？风险有哪些特征和类型？人们对于这些问题答案的探索从来没有停止过，而事实上今天也没有完全确定一致的结论。而从某种程度上来说，预警管理和应急管理都是风险管理范畴的进一步延伸和具体化。风险管理更强调事前管理，主要涉及风险的监测、识别、评估、转移、规避和控制等问题；而预警管理更多强调对于可以监测到的风险信号进行预先警示和提前预备的一系列管理措施；应急管理则不仅仅需要考虑事前的风险控制、应急准备，更会关注事发之后的处置、协调和救援等问题，面临着更为复杂且无法事先预知的实际情况的严峻考验。可以认为预警管理和应急管理是风险管理这一母概念之下的两个子概念，它们在过程上前后相继并有所交叉，在逻辑上有着因果关系或相关关系，如图 9-13 所示。

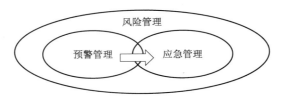

图 9-13　风险管理、预警管理与应急管理的关系

9.8.1　事故预警管理

1. 预警管理

预警是指在事故发生前进行预先警告，即对将来可能发生的危险进行事先的预报，提请相关当事人注意。预警管理是指为完成事件酝酿过程中的一些征兆信息的确认、搜集与监测，确定不同预警级别的阈值或定性判据，并在事件形成前提供一定程度的遏制或减缓方案。

预警管理理论的起源可以追溯到 19 世纪末期，最初多出现在经济学领域。早在 1888 年的巴黎统计学大会上，就出现了以不同颜色作为经济状态评价的报告。20 世纪 30 年代，经济监测预警系统再度兴起，到 50 年代不断改进、发展并开始进入实际应用时期，美国、日本、英国等都建立了自己的一套经济预警系统。

预警管理适用的领域很广。从宏观上说，除了经济领域外，在能源、环境和交通等领域也开始进行预警管理的研究与实施；从微观上说，既可以在企业层面，也可以在大型临时性活动中根据现场情况进行预警，如人群密度、流速的预警等。

2. 预警机制

预警机制是指能灵敏、准确地告示危险前兆，并能及时提供警示，使机构能采取有关措施的一种制度。预警机制的作用在于能超前反馈、及时布置、防风险于未然，最大限度地降低由于事故发生对生命造成的侵害、对财产造成的损失。

预警机制作为一种制度，需要利用高科技手段，将监测到的各种异常信息在事故发生前进行预告。这要求明确报警、接警、处警的部门和第一响应队伍，工作要求与程序，明确预警的方式、方法、渠道和监督措施。

在构建预警机制过程中，需要综合考虑以下因素：

① 处理好点与面之间的关系，既要做到重点突出，又要防止顾此失彼。

② 处理好社会敏感与实际危害之间的关系，虽然两者之间具有一定的相关性，但社会敏感的突发公共事件未必就是危害性重大的，反之亦然。

③ 处理好高发生概率与高危险之间的关系，有些事故发生概率很高，但危险性却未必大。而有些事故危险性很大，未必风险大，二者之间无必然的联系。

④ 处理好预警机制的硬件与软件之间的关系，任何有效的预警机制都是由设备、设施等构成的硬件与由技术、制度、政策、管理等构成的软件组成，实际建立中需要理顺二者之间的关系。

⑤ 防止重复投资，造成资源的浪费。

3. 预警管理的任务与特点

预警管理的任务是对各种事件征兆的监测、识别、诊断与评价，及时报警，并根据预警分析的结果对事故征兆的不良趋势进行矫正、预防与控制。其目标是通过对安全生产活动和安全管理进行监测与评价，警示安全生产过程中所面临的危害程度。

预警管理在完成上述任务的基础上，具有如下特征。

（1）快速性

建立的预警系统能够灵敏快速地进行信息搜集、传递、处理、识别和发布，这一系统的任何一个环节都必须建立在"快速"的基础上，失去了快速性，预警就失去了意义。例如，事故预警尚未发出，事故很可能已经发生，根本来不及发布事故警报，也不可能实施预控，事故预警这个"报警器"就没有发挥任何作用。

（2）准确性

预警不仅要求快速搜集和处理信息，更重要的是要对复杂多变的信息做出准确的判断。判断是否正确，关系到整个预警的成败。要在短时间内对复杂的信息做出正确判断，必须事先针对各种事故制定出科学、实用的信息判断标准和确认程序，并严格按照制定的标准和程序进行判断，避免信息判断及其过程的随意性。

（3）公开性

事故信息一经确认，就必须客观、如实地向企业和社会公开发布。因为控制事故发展和应急救援需要企业、社会的力量。由于事故的发生取决于人、机、环、管等多种复杂因素的影响，而预警预报无疑是减少事故发生的先决条件和有效手段之一。

（4）完备性

预警系统应能全面搜集与事故相关的各类信息，从不同角度、不同层面全过程地分析事故的发展态势。

（5）连贯性

要想使预警分析不得出孤立、片面的错误结论，预警系统的每次分析只有以上次的分析为基础，紧密衔接，才能确保预警分析的连贯和准确。

4. 预警管理体系的构成

一个完整的预警管理体系应由外部环境预警系统、内部管理预警系统、预警信息管理系统和事故预警系统构成，其构成要素关系如图9-14所示。

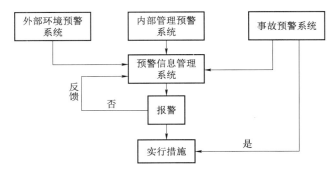

图9-14　预警管理体系的构成要素关系

1）外部环境预警系统

外部环境预警系统主要由自然环境突变预警、政策法规变化预警、技术变化预警构成。

（1）自然环境突变预警

生产活动所处的自然环境突变诱发的事故，一方面是由于自然灾害所造成，另一方面，人类活动的破坏所造成的环境突变（如环境污染、社会治安等）反过来又导致安全生产事故的发生，对这些对象进行监测和警报是预警管理系统的基本内容之一。

（2）政策法规变化预警

国家对行业政策的调整、法规体系的修正和变更，对安全生产管理的影响非常大，应经常予以监测。

（3）技术变化预警

现代安全生产的一个重要标志是对科学技术进步的依赖性越来越大，如现代交通运输系统，不仅涉及各种交通运输专业技术，而且也需要防火防爆技术、计算监测技术、辨识和诊断技术等。因此，预警体系应当关注技术创新、技术标准变动等的预警。

2）内部管理预警系统

内部管理预警系统主要由质量管理预警、设备管理预警、人的行为活动管理预警构成。

（1）质量管理预警

质量管理预警是针对生产过程中存在的质量问题，质量水平提高过程中的不当、错误、失误现象进行预警。质量管理预警系统应当建立在管理信息系统、数据库技术、专家系统技术及质量安全监控于一体的智能化管理系统之上。

（2）设备管理预警

设备管理预警对象是生产过程的各种设备的维修、操作、保养等。该系统主要功能是对设备资料数据的搜集和整理、设备使用情况的检查和评价、设备维修及时性评价、设备检修质量合格率的监督、设备工作时对环境污染的安全度评价、设备管理的预警对策等。

（3）人的行为活动管理预警

人的行为活动管理预警对象主要是思想上的疏忽、知识和技能欠缺、性格上的缺陷、心理和生理弱点等。该预警系统的主要功能是搜集有关人的活动信息，进行识别与选择，对人的行为活动进行评价与分析，对人的不良行为进行预警。

3）预警信息管理系统

预警信息管理系统以管理信息系统为基础，专用于预警管理的信息管理，主要是监测外部环境与内部管理的信息。预警信息的管理包括信息收集、处理、辨伪、存储、推断等过程。预警信息管理的流程如图 9-15 所示。

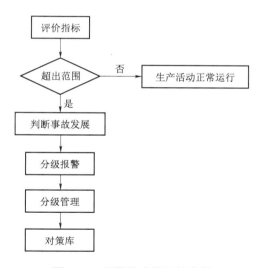

图 9-15　预警信息管理的流程

4）事故预警系统

事故预警系统的主要任务是当事故难以控制时，做出警告和对策措施建议，是集计算机技术与专家系统技术为一体的智能化系统。因此，事故预警系统是以管理信息系统为基础，完成信息收集、处理、辨识、存储和推断等任务。

5. 预警管理体系的构建原则

事故的发生和发展是由于人的不安全行为、物的不安全状态及管理的缺陷等方面相互作用的结果，因此在事故预警管理战略上，应针对事故特点建立预警系统。在构建预警管理体系时，需以信息论、控制论、决策论及系统论为基础，建立科学标准化的预警系统，其遵循的原则包括以下几点。

（1）及时性原则

实行事故预警的出发点是"居安思危"，即事故还在孕育和萌芽的时期，就能够通过细致的观察和研究，防微杜渐，提早做好各种防范的准备。预警系统只有及时地监测出异常情况，并将它及时地报告，才能及时采取有效措施，最大限度地减少经济损失和人员伤亡。

（2）全面性原则

预警就是要对生产活动的各个领域进行全面监测，及时发现各个领域的异常情况，尽最大努力保证生命财产的安全，这是建立预警机制的宗旨。全面性原则主要体现在监测、识别、判断、评价和对策预警操作系统方面。

（3）高效性原则

鉴于事故的不确定性和突发性，预警机制必须以高效率为重要原则。唯有如此，才能对各种事故进行及时预告，并制定合理、适当的应急救援措施。

（4）引导性原则

预警基本功能是预测事故的发生和警示，不能说考虑到可能引起社会动荡就隐匿有关信息。预警正是在某种灾害、突发公共事件降临之前，提醒或引导人们应该怎么做或应该采取什么态度去应付和处理，这样既减少了因盲从、跟风带来的被动和生命及财产的损失，又是尊重公民基本权利的体现。

9.8.2 事故应急管理

交通事故及其他突发事件的发生具有偶然性，一旦发生，会给人们的生命财产及交通运输系统的正常运营造成巨大影响，甚至会导致二次事故的发生。因此，如何对应急实施有效的管理，尽量预防和减少事故及突发事件的负面影响，是交通安全管理的重要内容之一。

1. 应急管理知识

1）应急管理

应急管理（emergency management）是针对灾害和危机等突发事件进行预防监测、应急处置和恢复重建的全过程管理，包括灾害发生前的各种备灾措施、紧急灾害期间的具体行动、灾害发生后的救灾工作，防止避免和减少可能由于自然灾害和社会相互作用而导致灾害出现的减灾措施等。其目的就是尽最大可能通过科学有效的组织协调，来保护人民生命及财产安全，将经济财产损失降到最小，促进社会和谐健康发展的有关活动。

应急管理的内涵包括预防、预备、响应和恢复 4 个阶段。预防是指从应急管理的角度出发，防止突发事件或事故的发生、避免应急行动的相关工作。预备是指事故发生前采取的行动，目的是应对事故的发生，并提高应急行动能力，推进有效的相应工作，主要任务为制订应急预案及完善应急保障系统。响应是指事故发生后立即采取的行动，目的是保护生命、将财产损失降至最小。恢复是指在响应结束后立即进行，目的是使交通运营恢复到正常状态或得到进一步改善。

2）突发事件

我国 2007 年 11 月 1 日起施行的《中华人民共和国突发事件应对法》中规定：突发事件是指突然发生，造成或者可能造成严重社会危害，需要采取应急处置措施予以应对的自然灾害、事故灾难、公共卫生事件和社会安全事件。

突发事件具有突发性、紧迫性、复杂性、不确定性、危害性等特点。突发事件的发生突然，其发展也非常迅速，随着突发事件的发展、演变，它所造成的损失可能会越来越大。因此，需要通过建立和发展应急管理体系，提高应急管理能力，实现快速应对突发事件。

3）应急预案

应急预案又称应急计划，是针对可能发生的突发事件和重大事故，为保证迅速、有序、有效地开展应急与救援行动，降低突发事件（重大事故）损失而预先制订的方案。它是在辨识和评估潜在的突发事件（重大事故）发生可能性、发生过程、发生后果及影响严重程度的基础上，对应急机构与职责、人员、技术、装备、设施（备）、物资、救援行动、指挥与协调等方面预先做出的具体安排。

应急预案明确了在突发事件、重大事故发生之前、发生过程中及刚刚结束时，谁负责做什么，何时做，以及相应的策略和资源准备等。

2. 应急管理体系

应急管理体系主要由组织体制、运行机制、法制基础及保障系统组成，其结构如图 9-16 所示。

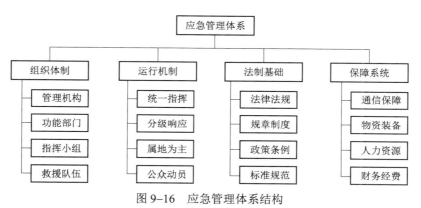

图 9-16　应急管理体系结构

（1）应急管理组织机构

组织体制建设包括管理机构、功能部门、指挥中心和救援队伍等内容。由于行政管理体制与法律制度不同，各发达国家在应急管理组织机构的设置与职能上也不尽相同，可归纳为两类：一类是建立综合性强的应急管理机构，实行集权化和专业化管理，统一应对和处理危机，代表性的国家是美国、俄罗斯、日本等；另一类是实行分权化和多元化管理，在应急管理中实行多部门参与和合作，代表性的国家是英国、德国、澳大利亚、新西兰等。

例如，图9-17为美国应急管理的组织机构体系，包括联邦、州、县、市、社区5个层次的应急管理与响应机构，比较全面地覆盖了美国本土和各个领域。

国家级应急管理中心主要负责制定灾害应急管理方面的政策和法律，组织协调重大灾害应急救援，提供资金和科学技术方面的支持，组织开展应急管理的专业培训，协调外国政府和国际救援机构的援助活动等；州政府主要负责制定州一级的应急管理和减灾规划，建立和启动州级的应急处理中心，监督和指导地方应急机构开展工作，组织动员国民警卫队开展应急行动，在遇到重大灾害时及时向联邦政府提出援助申请；地方政府（县、市级）承担灾害应急一线职责，具体组织灾害应急工作。当灾害发生时，根据灾害应急管理职责和运作程序，由灾害发生地的政府首先开展灾害应急工作，当灾害发展到超过其应急管理权限和应对能力时，则逐级上报并由上一级政府负责接管灾害应急工作。如果灾害威胁大、影响面广，可直接由高层组织机构启动应急行动。

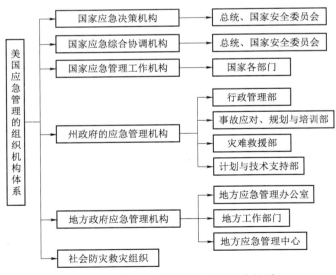

图9-17　美国应急管理的组织机构体系

（2）法律基础

应急法制建设是应急体系的基础和保障，有关的法规可分为紧急状态法、应急救援管理条例、政府法令和标准。基于法律进行应急管理是发达国家的成功经验，其应急管理的所有权限都由法律赋予，包括应急预案编制、审核和备案制度、信息发布和报告制度、应急救援制度等都应通过法律法规形式确定下来，建立一套完善的应急管理法律体系。

（3）应急预案

应急预案应在现有法律和政府指令的要求下，按照事件类别和部门职责组织编制，实现基本覆盖各类突发公共事件，形成应急预案体系。

（4）运行机制

应急运行机制包括统一指挥、分级响应、属地为主和公众动员。交通事故的应急处置过程，应严格遵守各项事故救援规章制度，坚持事故应急处置的统一集中指挥和多部门配合的原则。

（5）应急保障

应急保障系统包括信息通信、物资装备、人力资源和财务经费等。应急保障包括救援列车、救援队等专业应急救援队伍的培训和教育、救援设备的采购和维护、应急资金的合理配备和使用等共同构成了交通应急保障资源。

9.9 交通事故紧急救援

9.9.1 交通事故救援组织及流程

交通事故紧急救援的目的是最大限度地降低交通事故所致的人员和财物的损失，恢复交通设施的能力。通过事故救援，可以尽可能地减少事故中人员的伤亡和财产损失；同时通过事故的调查、分析，发现问题，总结经验，积极采取措施，预防同类事故的再次发生。在交通安全管理中，应以预防为主，但绝对地消除事故是不现实的。因此，加强对交通事故紧急救援的组织与管理是必要的。

法国学者对于道路交通事故重伤研究表明，在交通事故发生后 90 min 内给予急救，其生存率为 10%以下，在 60 min 内获救，其生存率为 40%，在 30 min 内获救，其生存率高达 80%；土耳其的研究表明，交通事故发生后 30 min 内给予重伤者急救措施，则有 18%～25% 的伤者生命得到挽救。在我国，由于救助常识的缺乏，多数救助措施是在受伤者被运送到分布有限的医院、急救中心以后才着手实施的，正是由于缺乏院前或者运送途中有效的救助，导致伤者由于贻误救助时机而丧失生命或加剧救助难度。按照土耳其的研究成果，在我国实施有效的交通事故紧急救援，每年交通事故死亡人数可以减少 2 万～3 万。因此，强调第一时间进行紧急救援对于挽救生命显得十分重要。

9.9.2 事故紧急救援的组织

城市交通事故紧急救援是一项涉及面广、专业性很强的工作，单靠某个部门是很难完成的，必须把各方面的力量组织起来，形成统一的应急指挥中心，在指挥中心的统一指挥下，各级交通、安全、医疗救护、公安、消防、路政等部门快速响应，密切配合，协同作战，迅速、有效地组织和实施紧急救援，实现各部门之间的信息和资源共享，尽可能地避免和减少损失。

根据我国国情，应由公安机关协调当地人民政府及保险公司，组织城市医院和急救中心，建立具有快速反应能力的交通事故紧急救援系统，加强交通事故伤害的抢救力量。交通事故紧急救援系统的正常运行需要快捷的通信网络作保障，一般道路可使用 122 交通事故专用报案电话、无线电通信、移动通信等设备。交通民警接到报案后，根据事故情况与医疗急救部、消防队、环卫队、养路队等协同部门联系，并赴现场进行事故勘查及现场活动的指挥，使各项救援、服务工作有条不紊地进行。

9.9.3　事故紧急救援的流程

1. 信息采集与异常交通状态判断和预测

信息是指城市交通环境（气象等）和交通运行状态（交通流量、密度、速度、排队长度、异常交通现象等）信息。异常交通现象类型的判断、确认是在信息采集的基础上，通过交通指挥中心的人员来实现。异常交通状态的预测，则可运用状态模型加以预测。异常交通信息的采集手段有以下几种。

（1）基于检测器的异常交通信息采集

由于异常交通造成的交通阻塞消散时间与紧急救援的响应时间成指数关系，所以及时地发现异常交通现象具有重要的意义。为采集异常交通信息，有必要加大沿线检测器的密度，一般道路以 500 m 间距为宜，事故多发地段及车站等可以根据需要设置。

（2）基于紧急电话和巡逻手段的异常交通信息采集

这是常规的异常交通信息采集手段。突发事故发生后至被发现的时间，取决于紧急电话的设置密度和巡逻频率，一般情况下缺乏及时性。

（3）基于交通状态图像自动识别系统（AIDS）的异常交通信息采集

AIDS（automatic incident detection system）几乎可以在突发事故发生的同时获取异常交通信息，但由于该系统的成本较高，所以尚难大范围使用。因此，事故多发段以外地点的异常交通信息采集，还需要借助（1）和（2）的手段来实现。

（4）基于路车间信息系统的异常交通信息采集

路车间信息系统是通过车辆上的装置和设于路上的通信接收与发射装置，实现行驶中的车辆与管理中心的通信。当车辆自身遇有险情时，可以通知指挥中心，并通过该中心将此信息提供给周边的车辆。

2. 提供交通信息服务

当发生异常交通现象时，及时地向其上游的车辆提供交通信息，既可以让这些车辆了解前方的交通状态，采取适当的对策预防二次事故的发生，又可以诱导上游的交通流绕行，一方面减少这些车辆的等候时间，另一方面降低事故突发路段的交通压力，为迅速恢复正常交通提供条件。常提供的交通信息包括：

① 通过可变情报板（VMS）提供的关于异常交通现象的发生地点和事故类别的信息；
② 通过交通广播或车载导行系统提供的上述内容的交通信息；
③ 流入和流出诱导信息；
④ 车道或行驶速度限制信息等。

几十年来发达国家的交通管理实践证明，及时有效的信息发布可以减少事件发生点的交通拥塞，减少二次事故的发生，提高救援人员的工作效率，减少因交通拥塞造成的其他问题，如救援人员的安全、驾驶人的争执冲突等。无线广播电台及专用信息台是最常用的信息发布手段。可变情报板也是发布实时交通信息的有力工具。随着互联网的发展，人们对通过网络了解各种信息的方式逐渐熟悉和习惯。针对这样的趋势，可以考虑建立城市的交通信息网站，为打算出行的驾驶人和乘客提供实时交通情报咨询服务，帮助他们确定快捷、安全的出行路线，提供无线上网服务，为在途司机提供实时交通信息及交通疏导方案。

3. 紧急救援方案的决策

在获悉异常交通现象发生后，应视其异常交通的类型和程度，迅速就以下救援方案做出决策，即：

① 突发事件现场的调查与管理方案；
② 紧急救援技术方案与装备；
③ 救援线路；
④ 上游流入交通的迂回诱导与控制管理方案；
⑤ 关联交通基础设施的紧急管理方案。

决策分析是事故紧急救援的难点，它负责生成救援方案并通知相关部门派遣救援资源。通过利用交通检测采集的信息，对事故的类型、严重程度、导致原因等因素进行判别，并对事故造成的瓶颈处通行能力的下降程度、可能造成的阻塞及阻塞的扩散程度等几个方面进行分析和预测，为下一步的事故决策提供基本的依据。借助各种预先设计的模型和预案及专用的数学算法对事件进行归类分析，最终得出事故的特征信息、严重程度、影响指数等重要参数。在此基础上生成救援方案，包括车道控制方案、路径选择等。这些方案生成时应考虑相关路网的通行能力、各路段通行能力之间的匹配、各路段的预测行驶时间，同时应通知相关救援部门实施事故救援。决策系统的主要功能是生成针对具体事故的应急方案集，并能找出最理想的应急方案，最理想的应急方案应该是在最短的时间内以最低的成本解决交通事件及消除事件对路网造成的影响。辅助决策系统应根据获得的交通事故相关信息，通过具体的决策算法和优化算法提出多个方案，最终由人工选择合适方案。

4. 应急救援

控制中心生成救援方案并通知相关部门派遣救援力量进行救援，具体的应急救援措施和注意事项如下。

① 接受调度，赶赴现场。相关各部门根据应急救援中心的救援方案，迅速展开救援行动。要准备好相应的专业救援器具，如液压扩张器、液压剪、无齿锯、躯体固定气囊、肢体固气囊、易燃易爆气体专用测爆仪等救护设备。

② 现场警戒、侦察检测。使用手持扩音器、插旗、警戒标志杆、锥形事故标志柱、防爆灯光警戒绳、闪光警示牌、隔离警示牌、500 m 警戒标志等器材设置警戒线，疏散围观人员，实施交通管制。若遇大雾天，救援车辆都应打开应急灯、警灯，防范后续驶来的车辆冲撞，造成新的伤亡。

③ 分析判断，制订现场救援方案。在判明伤情的前提下，按照先急后援的原则，先救重伤员，其次是轻伤员，最后是到场时已死亡人员。先处理危及生命的严重损伤，后处理一般损伤；在不加重隐蔽性创伤的前提下，进行伤员的翻动和搬运。"急"是指救援人员到场时，有事故车辆正在燃烧，车内有人员被困，必须迅速灭火救人的情形；"缓"是指相邻事故车内或事故地点，有人员轻伤或易燃易爆危险，但不危及生命或未发生爆炸的情形。若到现场的救援力量充足，两者同时兼顾。

④ 迅速排险，抢救伤员。对危重伤员，应先抬离车体，再进行救治；对于被车体或其他器具挤压的人员，应采取锯、割、撬、搬等方法，排除障碍后将其救出；如车体着火时应边灭火边救人，并迅速对未着火的车厢进行隔离；如因爆炸引起隧道垮塌并压住车体时，更应集中力量救护受伤人员。

⑤ 医疗急救、迅速转送。受伤人员应在 20 min 内得到救治，力争在 1 h 内将伤者送到医院，超过 1 h 危险性就会大大增加。在解救被困人员的时候，救援人员应同时进行稳定伤势的紧急医疗处置，包括必要的包扎和骨折的固定。救人脱险后，如果受伤者处于昏迷、停止呼吸和脉搏时，必须及时地进行现场心肺复苏。心肺复苏的主要内容是开放气道，口对口（鼻）人工呼吸和胸外按压。对呼吸和循环进行有效的人工支持，保证对脑、心、肾等重要脏器的供氧，可明显地提高心跳呼吸骤停后的抢救存活率。

5. 建立救援的模型库、知识库、历史数据库

数据库对交通事故的救援具有切实有效的参考价值，建立和完善交通事故的案例管理对交通事故救援有着重要的意义。当然，理想的数据库并不是一开始就能建立的，需要在日常的事故救援过程中逐步地改进和完善。案例管理主要负责交通事故的基本信息和整个救援过程信息的整理、归档，对交通事故成因进行分析，对救援效果进行评价，生成救援报告，为未来的事故救援提供历史依据。

9.9.4　交通事故紧急救援体系的建立

发达国家十分重视交通事故救援体系的建设，在交通事故急救网络建设、急救方案决策及急救技术等方面做了深入研究并得以广泛应用。在德国，国内划分为 330 个紧急医疗服务区，每个服务区拥有急救车辆、急救设备、医护人员和志愿者。国民受过急救培训，机动车驾驶人必须经过 8 h 急救培训，每辆汽车都配有简易急救设施和急救箱，急救电话分布相当广泛。此外，德国还拥有 50 个空中救援基地，从事救援的直升机服务半径不超过 50 km。完善的交通事故紧急救援体系使得德国交通事故死伤数量占意外伤亡数量的比例大大降低。美国和巴西在各道路沿线设置了极为密集的事故救助点，使其道路交通事故救援具有很快的反应能力，并研制了创伤救治信息系统，能辅助救援人员迅速找到交通事故发生点及受伤人员。在我国每年众多的交通事故死伤人员中，有相当大的部分是没有得到及时抢救而伤亡或残废的。如果存在一个完备的交通事故救护、救援体系，在受伤后关键性的 1～2 个小时内，对伤者在路边做紧急处理，并通过通信联络系统迅速发现伤员并及时送至医院，及早救护，会大大降低受伤者的死亡率、残疾率和永久性伤残程度。

因此，正确合理的紧急救援系统对于提高救援效率，缩短交通事故处理时间，降低此时道路交通阻塞，及时发现交通事故，各有关部门最快地到达现场，迅速而有效地采取紧急救援措施至关重要。

建立健全事故紧急救援体系的重点如下。

① 通过立法明确救援工作的主管部门。事故紧急救援体制应采取立法的方式予以确认。

② 研究救援理论，建立专门的救援队，协调各方面关系。在专业救援理论方面，应结合我国目前的实际情况，借鉴交通基础设施建设发达国家的救援理论，参考目前各地救援方面的经验，总结出一套适用于我国的理论。同时，应尽快成立交通事故救援队，并以立法的形式确定道路紧急救援巡逻体系，明确每个救援队的巡逻范围，并定期或不定期对救援队培训、考核、演练。对于事故紧急救援，拥有一支高效管理队伍至关重要，其中包括管理部门，经营者，交通警察，医疗、消防、救援组织，保险公司理赔和社会福利机构等。

③ 加大力量配置专用设备。交通事故紧急救援体系的中心是有一支具备快速反应能力、救援破拆设备装备齐全的专业救援队伍。

④ 与保险公司等新生的经济机制合作，共同分担事故的损失和压力。有关管理部门应当建立与保险公司的密切合作关系，共同开发一些包括安全抢险救援、公路工程设施等方面的新兴保险业务，利用保险公司在经济实力、防险专业知识等方面的优势，缓解各方面的压力。

■ 复习思考题

1. 简述城市交通安全管理的定义、构成体系及其作用。

2. 简述交通事故预防的 5E 准则。

3. 简述城市轨道交通、公交及其他车辆安全管理的主要内容。

4. 什么叫预警管理和预警机制？

5. 简述预警管理体系的构成。

6. 什么叫应急管理、应急预案和突发事件？

7. 简述事故紧急救援的目的及流程。

第10章

城市交通经济

本章主要针对城市交通系统存在的交通拥堵和拥挤、供给需求矛盾、运力资源配置、公共交通发展及运输市场调控的经济政策制定等问题，运用经典经济学理论，参考城市交通规划和交通运输相关理论方法，概述交通运输系统与城市经济社会发展的关系、城市交通需求特征、城市交通供给、城市交通运输价格、城市交通成本、城市交通市场及运行机制等。

10.1 城市交通经济的内涵

10.1.1 城市交通经济学的定义和研究范围

城市交通经济学是指运用经济学的理论和方法，解释城市交通经济现象，并研究城市交通资源有效配置的途径和经济手段等问题的学问。

城市交通经济学的研究范围是城市交通中的经济问题，重点论述交通与城市经济发展的关系、城市交通的供给和需求、城市交通的成本和定价、城市交通市场和城市交通管制政策，并针对这些问题给予经济学上的解释。

10.1.2 城市交通经济学的研究内容

城市交通经济学的主要研究内容如下。

1. 交通与城市经济发展

利用与城市交通相关的经济学及应用经济学分支的相关理论，结合经典经济学理论，分析论述不同理论视角下城市交通与城市经济的关系，解释城市交通经济现象。

2. 城市交通需求与供给

研究城市交通需求和供给的影响因素、层次结构、需求特征、需求管理措施和城市交通资源配置等方面的问题，研究城市交通供给与需求的合理匹配问题。

3. 城市交通运输成本

研究城市交通运输成本的概念内涵、构成、影响因素及城市交通运输成本的分析计算，论述城市交通运输成本的广义费用，以期为城市交通价格的制定和研究城市居民出行方式选择提供依据。

4. 城市交通运输价格的制定

研究论述城市交通运输价格的分类、特征及影响因素，结合福利经济学，遵循公平与效率原则，研究城市交通运输价格制定的原理和策略。

5. 城市交通运输市场

从运输市场的一般特征出发，论述城市交通运输市场的特征、分类、结构及运行原理，研究城市常规公交市场、轨道交通市场和出租车市场等的经济问题。

6. 城市交通运输经济政策

针对城市交通供给中显著的公共产品特性，结合管制经济学理论，分析城市交通运输经济政策制定的原则和依据，结合城市交通管理实际，从城市交通投资政策、城市交通补贴政策和城市交通定价政策等方面进行论述。

10.1.3　城市交通经济学的理论框架

城市的集聚特性、城市规划、设计、建设与管理问题研究的多学科性及城市与区域规划问题的复杂性等，需要城市交通经济理论从多学科中寻找理论支撑、研究手段与技术。从空间本质和资源配置与优化利用的角度出发，城市交通经济的理论基础主要有以下几个。

1. 资源稀缺性理论

资源稀缺性理论是经济学的理论基石。经济学正视这样一个基本事实，即人们生活和居住的世界所拥有的资源是稀缺的。这种资源特指自然界赋予的和前人留下的资源，包括矿产资源、耕地与森林等。这些资源不可能被无限制地获取，所以经济学把资源的有效配置作为核心问题来研究。资源稀缺甚至即将耗竭的观点最初源于马尔萨斯的理论。1826 年，马尔萨斯解释说，人口的迅速增长将不可避免地与土地和矿产的固定数量发生冲突，从而将导致世界人口不断地生活在贫困和饥饿的边缘。人类消耗的资源越多，剩余的资源就越少；1931 年，霍特林（H. Hotelling）的《可耗竭资源经济学》中就对石油供应曲线做出了基本判断，认为未来的石油价格是一条倾斜向上的曲线，主要原因在于地下的石油数量是有限和固定不变的，每生产和消费一桶石油，剩余的石油资源就会越来越少和越来越昂贵。

除了交通运输迅速发展带来的石油资源稀缺性问题外，城市道路、停车场等交通资源也是稀缺的，基于稀缺性理论，如何在有限的资源约束条件下实现城市交通资源的合理和有效配置是城市交通经济学解决的主要任务。

2. 地租理论

地租理论是土地经济学的核心，其中竞标地租或竞标租金是指人们愿意向不同位置的土地支付的最大费用，它是竞标者为了某项用途而利用该地所愿意支付的最高费用。地租理论认为，租金是选择最优位置的决定因素。其依据的理论是，地租由市中心向外逐渐减少，以弥补收入的降低和成本的增加。这里的成本不仅仅是指运输成本。地租理论是市场经济条件下影响城市空间结构的重要因素，也是城市经济、城市规划、城市交通规划共同关心的话题。

3. 集聚经济

人口、产业等要素的集聚是城市的本质，也是重要的城市经济现象。城市经济是空间集聚的经济，而社会经济要素在城市经济活动空间集聚给城市发展带来特殊的外部经济效益，即集聚经济效应。而与集聚经济对应的也就是集聚不经济。城市交通需求是由城市空间集聚活动所派生出来的需求，学习和了解城市集聚经济的本质是城市交通经济学的重要研究任务。

4. 公共产品理论

公共产品是相对于私人产品而言的，是指具有消费或使用上的非竞争性和收益上的非排他性的产品。这也就意味着它要能为绝大多数人提供共同消费或享用的产品或服务。城市中的道路、市政设施、给排水设施、电力电信设施、图书馆、文化馆、博物馆、电影院、收费公园等属于准公共产品。公共产品理论是分析城市交通基础设施的属性、解释城市交通经济问题的有效工具。

5. 帕累托效率

帕累托效率是以意大利经济学家维弗雷多·帕累托的名字来命名的，他在关于经济效率和收入分配的研究中最早使用了这一概念。这一概念后来被广泛运用到西方福利经济学的分析中，表示资源配置的最优状态或者有效状态，在经济学、工程学和社会科学中也有着较多的应用。具体而言，帕累托最优资源配置是指在资源配置中，如果在不减少一些人福利的情况下就不能增加另一些人的福利，那么这种资源配置就是帕累托最优配置。用帕累托标准衡量，就是在任何经济活动中不损害任何一个人的利益，但至少会使其中一个人受益，这样社会财富总量就会增加，这就是经济学中的"帕累托改进"。帕累托效率充分表明了公平与效率的关系，被视为资源配置效率的理想状态。当前中国城市化已经进入了新的发展阶段，城市发展中的土地资源、公共交通资源、教育资源等的优化配置，核心是如何统筹效率与公平问题，并且得到城市社会各个阶层普遍的关注与重视。

6. 城市交通的外部性

外部性理论是经济学术语，外部性也称外部效应（externality effect）或溢出效应（spillover effect），可以分为正外部性（或称外部经济效应、正外部经济效应）和负外部性（或称外部不经济效应、负外部经济效应）。兰德尔将外部性定义为：当一个行动的某些效益或成本不在决策者的考虑范围内的时候所产生的一些低效率现象；也就是某些效益被给予，或某些成本被强加给没有参加这一决策的人。外部性又分为正外部性和负外部性。城市交通为城市经济社会发展提供了相当大的经济和社会效益，并引导城市功能结构布局，促进城市可持续发展；但城市交通的发展会对环境产生污染、对气候变化产生不良影响等，而且如果交通拥堵到了一定程度，交通服务自身也不能以一种完全有效率的方式提供给出行者，使出行者的出行成本增加，造成尾气排放、噪声和交通事故等，这些均是负外部性。

10.2 交通与城市经济社会发展的关系

10.2.1 交通与城市经济发展的作用机制

城市交通系统对城市经济发展具有支撑和引导的两重性，其发展对城市带来直接经济效益和波及经济效益。相反，交通运输系统的建设和运营需要城市经济支撑。图 10-1 表示了交通与城市经济发展的作用机制。

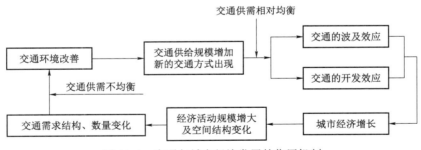

图 10-1　交通与城市经济发展的作用机制

10.2.2 交通与城市经济发展的关系

在交通与城市经济发展关系方面，有优先发展论、同步发展论、交替优先发展论等。

1. 优先发展论

罗森斯坦·罗丹（P. N. Rosenstein Rodan）于 1943 年在其著名论文《东欧和东南欧国家的工业化问题》中提出"平衡增长大推进"理论，主张各个产业部门都按同一比率进行大规模投资，将基础设施视为"社会先行资本"，提出了"社会先行资本"的概念，认为其最主要的作用是为其他产业制造投资机会，强调在一般的产业投资之前，社会应具备基础设施方面的积累。

2. 同步发展论

从促进资本形成的角度出发，纳克斯（Ragnar Nurkse）提出了"温和的"平衡增长战略，认为只有同时、全面地投资于国民经济各部门，才能形成广大而充足的市场，产生足够的投资诱导，为投资规模的进一步扩大、经济的进一步增长创造条件。纳克斯指出，各部门平衡增长，既可以产生外部经济效益，实现资源的合理配置，又可以促进供给和需求的平衡增长，使经济均衡且稳定地增长，各部门之间互相购买产品，可以避免多余的生产能力，并可以加强对投资的诱导。由于各部门之间相互依存、相互提供市场的外部条件，基础设施建设的资本品及消费品的生产也必须平衡增长。但纳克斯并不主张各个部门都按同一速率发展，而是以各部门产品的需求价格弹性和需求收入弹性的大小来确定不同的投资率。斯特里顿（P. Streeten）的"完善的"平衡增长理论既强调扩大投资规模对于克服供给方面的不可分性和需求方面的互补性的作用，又强调各部门平衡增长的重要性；既主张国民经济各部门按不同的比例全面发展，实现平衡增长，也主张在达到平衡增长的过程中，可以依据各个产业部门产品的需求收入弹性来安排不同的投资率和增长率，通过某些部门的较快发展，来解决经济发展的"瓶颈"问题，最终实现国民经济各部门按适当的比例平衡增长。他把平衡增长当作目标，把不平衡增长当作手段，前者是长期的增长过程，后者是短期的增长过程，是一种动态的平衡增长理论。

3. 交替优先发展论

乔德赫里认为，最优化实践探索表明，在国民经济发展的最初阶段，应该集中精力发展尚属非生产性的社会分摊资本。由于国民经济基础产业或行业部门规模经济的作用，国民经济发展需要有较大规模的社会分摊资本，且在下一阶段，储蓄将直接形成生产性资本。这些投资来得快，产出增长率较高，基础设施的过剩生产能力耗尽阶段很快就会到来，国民经济再次需要集中形成社会分摊资本，如此循环往复。可见，乔德赫里主张的是社会分摊资本和直接生产活动的交替优先发展。乔德赫里指出，关于工业化和基础设施问题的理论分析，迄今为止都是建立在这样一种假设前提下的，即发展中国家是一个一体化的市场，不存在地理区位上的资源配置。对于一个大的地理上分散的国家来说，社会分摊资本的形成，就不可能在没有指定社会分摊资本设施所在地的情况下加以解决。显然，由基础产业部门所形成社会分摊资本的建立，必须联系直接生产活动。如果预先知道直接生产活动的经济地理分布、产品构成和增长的时间分布格局，就有可能设计出符合客观需要的社会分摊资本配置的蓝图。

10.2.3　交通与城市经济的发展模式

交通与城市经济的发展模式可以归纳为超前型、同步型和滞后型 3 种。

1. 超前型

交通的发展比经济的生产活动超前一个时期。超前型发展模式能够促进经济的发展。例如，欧美等一些发达国家的铁路、公路等交通运输基础设施的先行发展和超前建设，为1850—1870年的工业化发展高潮阶段奠定了坚实的基础。

2. 同步型

交通的发展与经济生产活动基本同步。同步型发展模式是一种"集约化"的协调型发展模式。采用该发展模式，对交通运输业而言，自身的投资效果比超前型好，能及时保证国民经济各部门正常运转、协调发展，从而满足居民生活的需要，综合经济效果也好。

3. 滞后型

交通的发展落后于经济生产部门。滞后型发展模式下，由于交通基础设施发展滞后于国民经济整体发展需要，在一定时间内必然会阻碍经济发展，成为国民经济发展的"瓶颈"，限制生产力的进一步提高和宏观经济效益的进一步增长，我国改革开放前和改革开放初期的经济建设实践经验和教训也充分说明了这一点。

上述 3 种发展模式可以通过表 10–1 进行比较。

表 10–1　3 种不同的发展模式比较

发展类型	国家代表	对经济发展的影响	投资效果	国民经济效果	综合分析
超前型	英国	促进经济发展	较差	较好	一般
同步型	日本	与经济协调发展	较好	较好	较好
滞后型	中国	阻碍经济发展	较好	较差	较差

10.3　城市交通需求与供给

10.3.1　城市交通需求与供给的定义

城市交通需求是指在一定的时间内，对于每一种可能的价格，城市消费者愿意支付的从 A 地位移至 B 地的人、货物或运载工具的数量。从市场经济的视角，城市交通需求也可以理解为城市运输市场需要，即对城市交通供给部门提出的希望实现空间位移的需求。有效的城市交通需求一般应具备两个条件：第一，有购买运输服务的欲望；第二，有购买能力。

城市交通供给是指交通供给者在特定的时间、空间内，在各种可能的运输价格水平上，愿意并能够提供的各种运输产品的数量。供给包含两个层次的含义：微观层次上表示一家厂商在一定的价格上所愿意出售的物品和数量；宏观层次上指市场中所有厂商在一定价格上愿意提供的物品总量，又称市场供给。从经济学意义上讲，交通供给必须同时具备两个条件，即交通供给者有出售交通服务的愿望和生产交通服务的能力，二者缺一不可。

城市交通需求和城市交通供给双方通过买卖的形成构成城市交通市场。

10.3.2 城市交通需求与供给的分类

1. 城市交通需求的分类

城市交通需求可以分为客运交通需求和货运交通需求两大类，针对城市客运交通需求而言，可以分为以下几方面。

① 从经济活动方面分析，客运交通需求主要可以分为以下 3 个方面的需求：与人的生活、生存有关的需求，包括人们对居住、上班、上学、就医等的交通需求；与生产有关的交通需求，如公务出差出行需求等；与生活质量提高密切相关的交通需求，如娱乐、旅游、休闲等的需求。

② 按出行的目的不同，旅客交通需求一般可分为 4 类，包括公务、商务、个人事务和旅游。

公务出行是指由于单位的事务性工作带来的出行，商务出行则是与各种买卖商品、服务相关的事业事务所引起的出行。以公务和商务为目的的旅客运输需求来源于生产领域，是与人类生产、交换、分配等活动有关的需求，可称为生产性旅行需求，这种需求是生产活动在运输领域的继续，其运输费用进入产品或劳务成本。个人事务出行是个人事务需要带来的出行，包括探亲、访友等；旅游出行是指个人休闲性质的，包括观光、度假、旅游等。

③ 按出行或运输距离不同，城市交通需求可分为短距离、中距离、长距离交通需求。

2. 城市交通供给的分类

城市交通供给可以分为交通基础设施和交通运输服务供给，针对城市交通基础设施供给而言，可以分为城市轨道交通设施与载运工具，道路交通设施、公共交通车辆、出租车辆、租赁自行车等，城市水运设施和水上公共载运工具，部分城市还有极少量的城市索道。

10.3.3 城市交通需求与供给的特征

1. 城市交通需求的特征

城市交通需求具有以下主要特征。

（1）派生性

在经济生活中，如果一种商品或服务的需求是由另一种或几种商品或服务需求派生出来的，则称该商品或服务的需求为派生需求。客运需求多为派生性需求，是由人们的社会经济活动需要派生出来的，以实现生产或生活的目的，完成空间位移。

（2）时间上的不均衡性

客运需求在时间上的不均衡主要是由人们出行过于集中造成的，人们常常集中在某一时间段出行，如我国的法定节假日和一些旅游旺季，人们都在这些时间内探亲访友，或到名胜古迹、游览胜地旅游，从而形成有规律的客流变化。

（3）方向上长期的平衡性和短期的不平衡性

客运需求在方向上具有较大的平衡性，客运需求方向上的平衡性是从长期的角度考察的。因为一般来讲，人们出行总是一往一返的"循环式"基本出行模式，特别是城市交通出行，如上下班通勤、上下学通学、节假日探亲及休闲游等。出行往返间隔的时间有长有短，只有极少数人例外，如因工作调动和迁居引起的出行，这部分需求量不大。

就短期来看，客运需求在方向上是不平衡的。例如，一天当中，上班前人们集中在这个时间段前往工作地点或进入城区，与此同时，前往职工居住地或出城的人相对较少；而在周末时，出城郊旅游的旅客较多；在周末结束时，郊区的旅客回城。因此，客运需求在短时间内是不平衡的。

（4）部分可替代性

随着交通网络的不断完善，各种运输方式之间的分工日益明显。在实际活动中，人们总是选择最适当的运输方式来满足运输需求，因此不同的运输方式之间的部分替代性是客观存在的。随着现代化通信技术及互联网的发展，一部分旅客的流动是可被替代的。

2. 城市交通供给的特征

在微观经济学中，供给是厂商愿意以一定的价格向市场提供商品的数量。然而，在交通运输领域中，这个概念表现得更为复杂一些，它与传统的供给主要有3点区别。

① 在交通运输活动中，在微观层面往往很难确定一个清晰的供给者的概念，因为交通运输产业体系一般都具有庞大的规模、综合的性质及多部门企业的参与，协同作业的生产流程等特点，以致对于某一种特定的交通运输活动，很难唯一地明确谁是在既定价格下决定提供交通运输服务的供给者，也就是说，交通运输供给者可能是多元化的。例如，在道路交通运输中，道路使用者交纳的路桥费、管理税、燃油税及其他间接费用都是使用交通运输系统而支付的费用，都从不同的侧面反映出供给者的存在。当然，在某些情况下，供给者是比较明确的。例如，地铁公司或轻轨运输公司都是运输服务的主要供给者。

② 在交通运输活动中，除了能用货币衡量的供给之外，还包含着非货币的供给。如行程时间就是极为重要的供给变量，尽管在某些情况下时间也是有价值的，但因其间接性和非等量性，所以在微观经济学经典的供给理论中，并没有提供满意的分析方法来研究运输供给在这方面的特性问题。

③ 由于交通运输生产与消费是同时完成的，因此交通运输供给特性并非完全由供给者行为所决定，而是由交通参与者行为和供给者行为共同决定。直接影响交通流量或运输量形成的交通运输服务水平，不仅依赖于供给者所提供的交通运输体系的技术水平或现代化程度，也依赖于交通参与者或货主对现有的交通运输体系的利用程度。

10.3.4 城市交通需求与供给函数

1. 城市交通需求函数与需求曲线

（1）交通需求函数

交通需求函数是用函数形式表示交通需求量与影响因素之间的数量关系。

交通需求量受到许多因素的影响，交通需求函数是交通需求量与影响这一数量的诸因素之间关系的一种表达式，可表示为：

$$Q = f(P, G, I, T, A, Z, \cdots) \tag{10-1}$$

式中：Q 为交通需求量；P 为交通服务价格；G 为商品经济发展程度；I 为居民的收入水平；T 为旅游业的发展程度；A 为交通布局；Z 为人口增长及其构成等。

该需求函数仅是交通需求函数的抽象形式，并没有表示出自变量与需求量之间的具体数量关系，一般称之为局部均衡分析方法。这里的交通需求函数中，假定其他自变量均保持不变，只考虑交通服务价格对交通需求量的影响。这样，上述交通需求函数公式可以简化为交通需求价格函数：

$$Q = f(P) \tag{10-2}$$

一般情况下，把交通需求价格函数称为交通需求函数。按照需求法则，在其他条件不变的情况下，交通的需求数量与价格成反比，即交通价格越高，出行者愿意购买的数量就越少；相反，价格越低，出行者愿意购买的数量就越多。即需求函数是随着运输价格的增长而单调递减的。当然，具体的交通需求函数形式是多种多样的，其中最简单的是一种斜率为负数的线性函数关系：

$$Q = a - bP \tag{10-3}$$

式中：Q 为交通需求量；P 为交通价格；a 为常数；b 为斜率。

（2）交通需求曲线

交通需求曲线是假定在交通服务价格以外其他因素均保持不变的条件下，反映交通需求量的变化和价格变化之间关系的曲线。在一般情况下，如果交通服务的价格下降，则交通参与车对交通服务的需求量会增加；反之，则会减少。如图 10-2 所示，D 曲线表示在其他条件不变情况下的交通需求曲线，如果价格之外的其他交通条件发生改变而引起需求增加，则 D 曲线右移至 D_1；反之，引起需求减少，则 D 曲线左移至 D_2。交通需求量的变动是指交通需求量因运价 P 涨落而发生的变化，其变动是沿一条既定的交通需求曲线从某一点移至另一点，如图 10-3 中的 D 曲线上，由于价格下降，需求量从 Q_A 点移至 Q_B 点。

（3）交通需求弹性

交通需求弹性是用来分析交通需求量随其影响因素变化而变化的反映程度，即它是交通需求量变化的百分率与影响交通需求的因素变化百分率的比值。

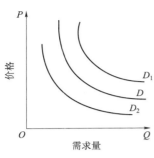
图 10-2　交通需求曲线

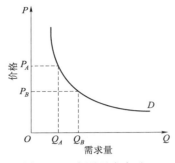
图 10-3　交通需求变动

交通需求的价格弹性反映了交通需求量对价格变动反映的程度，表示为：

$$E_d = \frac{\Delta Q / Q}{\Delta P / P}$$
（10-4）

式中：Q 和 ΔQ 分别为交通需求量及其变化值；P 和 ΔP 分别为价格及其变化值。

一般而言，E_d 也简称为交通的需求弹性或价格弹性。

2. 城市交通供给函数与供给曲线

交通供给的大小通常用供给量来描述。交通供给量是指在一定时间、空间条件下，交通生产者愿意且能够提供的交通服务数量。在这里"一定时间、空间"同交通需求量中的时间、空间的含义是相同的，"一定的条件"指的是影响交通供给的诸多因素，如交通政策、交通服务价格、交通服务的成本等。

交通供给量可表示为影响它的诸多因素的函数：

$$Q_s = Q_s(P, X_1, X_2, \cdots, X_n)$$
（10-5）

式中：Q_s 为交通供给量；P 为交通服务价格；X_1，X_2，$\cdots$，X_n 分别为除价格以外的其他影响因素。

在实际工作中，可通过对具体问题的具体分析和数据处理确定具体的表达式。

在影响供给量的诸多因素中，交通价格是来自于市场最灵敏、最重要的因素，交通供给曲线就是假定其他因素不变，反映供给量同价格之间关系的曲线，此时交通供给函数可简化为 $Q_s = Q_s(P)$。如图 10-4 所示。

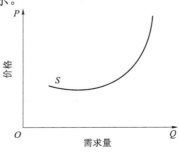

图 10-4　交通供给曲线

10.4　城市交通成本

10.4.1　城市交通成本的概念

交通运输系统既是国民经济社会发展的重要基础设施，也是国民经济的重要先行部门之一，对国民经济社会发展具有引导和从属功能。由于交通运输业的特殊性质，交通运输部门与其他部门相比具有不同的特点。从生产的角度看，交通运输与其他工业或农业生产部门不同，它并不生产任何新的物质产品，它的产品只是旅客或货物的位移，而且交通运输的产品不能脱离生产过程而单独存在，也不能储存和积累起来，只能储备多余的生产能力（如公交车辆、轨道交通列车车辆、铁路机车车辆、出租车辆等）。

交通成本是指生产一定数量的交通产品所投入的生产要素的价值，可以分为交通总成本、固定成本、变动成本、单位交通成本等。交通运输的生产要素主要包括运输基础设施、运输设备（工具）、燃料、资金、劳动力、土地地租等，并通过这些要素的价值形态衡量交通运输生产要素的投入状态。从狭义上来说，可以将交通成本界定为交通费用；从广义上来说，很多学者将交通成本的概念几乎等同于交易成本，即认为交通成本包含一切为完成交易而发生的成本。它是由交通运输的货币成本、时间成本和一些其他成本构成。其中，交通运输所花费的时间成本，往往是对于时效性要求较高的高价值或鲜活易腐货物运输，尤其是客运或信息传递总成本支出的一个重要部分。

由于交通运输业是经济产业的重要组成部分，因此所有前文中提到的经济学中对成本的分类在交通运输经济分析中也是非常必要的，然而对交通运输业或运输活动的特殊性来说，其成本的分类还具有特殊的复杂性。根据经济学中对成本的分类方法，交通运输的成本主要有以下几种分类。

（1）会计成本与机会成本

会计成本是指交通运输财务方面发生的各项支出，主要包括基础设施投资、运输投入、燃油费、工资等可以记录的成本。而在运输经济分析中一般使用机会成本，不论是土地资源还是其他自然资源，也不论是劳动力还是资金，一旦被用于某种运输设施建设或运输服务，就不能同时用于其他产品的生产或提供其他方面服务，因此选择一些资源（如土地、油气等）在运输方面的使用机会也就意味着放弃了其他可能获得利益的机会。

机会成本的概念对私人交通的经济分析同样适用。例如，私人小汽车拥有者自己开车出行，所引起的直接费用可能并不大，但是如果他选择小汽车出行作为自己日常的主要交通工具，还是要付出较大代价的，像交通工具的购置费、燃油费、税费、维修保养费、保险费、路桥通行费及停车费（甚至包括拥堵收费或拥堵时间损失费用）等，这些成本一般比较容易统计和计算。

（2）固定成本与可变成本

交通运输的固定成本是指在一定的生产规模内不随所提供的运输服务的数量变动而变动的费用，如交通基础设施（运输线路、港、站等）的折旧费、运输设备和工具（车、船、飞机等）的折旧费、运输企业的管理费、保险费、借贷资本的利息等。可变成本是指随着运输服务的数量变动而引起变动的消耗，如燃料、物料、动力等费用的支出及直接生产工人的工资等。运输企业是一种资本密集型产业，在许多情况下，运输企业的固定成本在总成本中所占的比重要远远高于其可变成本。

（3）联合成本与共同成本

在运输生产过程中，当提供某一运输产品的同时，以某一比例生产出另一些运输产品时，就存在联合成本与共同成本，当两者保持固定的比例时就是联合成本，比例不固定时就是共同成本。从概念上来说，联合成本是指在一种生产过程中同时出现两种或两种以上的产品时所发生的生产成本；而共同成本的出现则往往意味着多种产品的生产正在使用同一种不可分离的资源。

联合成本是与可分成本相对立的成本，是指在未分离前的联产品生产过程中发生的，应由所有联产品共同负担的成本。联产品是指用同一种原料，经过同一个生产过程，生产出两种或两种以上的不同性质和用途的产品，这些产品在经济上有不同的性质和用途，这些产品不仅在经济上有重要的意义，而且属于企业生产的主要目的。基于联合成本是由多个产品或部门共同负担的成本，因此属于相关成本，决策时应予以考虑。联合成本在交通运输业的实例，如铁路、公路、水路运输过程中的空车、空船回程所发生的成本等。

共同成本是与专属成本相对立的成本，是指应当由多个方案共同负担的固定成本或混合成本，如公共道路的多用户共同使用所涉及的成本等。由于它的发生与特定方案的选择无关，因此，在决策中可以不予考虑，也属于比较典型的无关成本。它是指为多种产品的生产或为多个部门的设置而发生的，应由这些产品或这些部门共同负担的成本。如在企业生产过程中，几种产品共同的设备折旧费、辅助车间成本等，都属于共同成本范畴。在进行方案选择时，专属成本是与决策有关的成本，必须予以考虑；而联合成本则是与决策无关的成本，可以不予考虑。

当联合成本与共同成本存在时，各种运输产品的成本要比单一运输产品的成本低得多，这就是交通运输业中的"多产品经济"，运输业与运输部门要尽可能组织合理运输，以便利用联合成本或共同成本创造更大的经济效益。

（4）私人成本与社会成本

私人成本也称内部成本或直接成本，即指企业或个人购买各种生产要素及其他投入而支付的货币。私人成本主要包括两个方面：一是外显成本，也称直接成本，即企业购买各种生产要素及其他投入而支出的货币，如购买运输设备的费用、管理人员的工资、燃料费用等；二是隐含成本，也称为内在成本，是指企业所使用的与自然资源相联系的成本，主要包括运输企业拥有资本、土地资源等。

社会成本包括私人成本在内的全社会和公众承担的成本，它是由私人成本和外部成本构成。即：

$$社会成本＝私人成本＋外部成本$$

运输成本具有的特殊性，除了运输企业承担私人成本外，还有由社会承担的外部成本，即运输企业的生产过程及其发展给社会造成的环境污染和破坏、稀缺或不可再生资源的消耗等，以及由消费者承担的交通拥挤成本等。

（5）边际成本与平均成本

运输边际成本表示每增加单位产出所需要增加的消耗，其计算公式和经济学中成本的计算公式相同。例如，运输企业运输1 000位旅客的总成本为3 000元，如果运输1 001位旅客的总成本为3 001元，那么运输第1 001位旅客的边际成本为1元。

平均成本是指平均产出单位产量所需的费用，也就是：平均成本＝总成本/产量。总成本是由固定成本和可变成本组成，平均成本同样由平均固定成本和平均可变成本两个方面组成。

（6）短期成本与长期成本

短期成本是指厂商在短期内生产一定产量需要的成本总额，它是短期内每一产量水平的固定成本和可变成本之和。短期成本与长期成本不是相对于时间而言的，而是相对于运输生产规模而言，短期运输生产成本是在特定的运输生产规模下的成本。所谓短期，是指在这期间厂商不能调整其生产规模，即在厂商投入的全部生产要素中，只有一部分生产要素是可以变动的，而另一部分则固定不变。例如，在短期内厂商可以调整原料、燃料及生产工人数量这类生产要素，而不能调整厂房、设备等生产要素。

长期成本是在生产规模发生变动下的成本，是指在规模可以变动，各种要素数量都能够变动的情况下，生产一定产量必须花费的可能的最低成本。所谓长期，是指所有投入品都有可变的时间期限。在长期中厂商可以全部改变它所使用的资源，如生产规模可变，机器、厂房、设备这些要素和劳动、原材料等共同组成变动要素，其支出也和劳动、原材料支出共同组成变动成本。

10.4.2 城市交通运输成本的概念

城市交通运输的目的是完成城市中人或物的有效位移，为实现人或物的位移目的，必须借助于城市道路、轨道交通、车站、机场、港口、航道及相应的交通工具，并通过政府、社会、企业等所提供的相关运输服务来完成。因此，经济学意义上的城市交通成本就是指人们为了完成人或物的位移所应当支付的经济支出。然而，城市交通消费并非是简单的出行者个人消费或货物运输消费，尤其是机动化出行，由于其具有占用道路空间和城市土地，以及运输过程中存在排放尾气、噪声污染和引发交通事故等特点，所以全社会需要为之承担很多的成本。交通成本相应地被扩展到了出行者或者货物运输直接承担支付的货币支出及并未完全包含在相关票价或税费中的非货币支出上。由此，城市交通运输成本可以分为广义的城市交通运输成本和狭义的城市交通运输成本。

广义的城市交通运输成本是指出行者或货物运输所应当支付的全部成本，包括货币支出和非货币支出的成本。其中，货币成本包括车辆成本与运输成本两部分；非货币成本包括出行者自身或者货物运输付出的时间成本、舒适性成本等。对乘客来说，时间成本主要包括在交通工具上的乘车时间成本、候车时间成本和换乘时间成本等；舒适性成本是指出行者在整个出行过程中消耗的体力及其所感受到的舒适程度的货币价值。对货物运输来说，时间成本主要包括线路运行时间成本、中转换装时间成本等。

狭义的城市交通运输成本是指其中的货币成本部分，是指居民出行或者货物运输过程中支付的成本。狭义的城市交通运输成本一般比较容易统计和计算，主要包括车票费、燃油费（含税）、过路过桥费、停车费、装卸搬运费、企业税费、设备维修费、车辆与人员保险费及司乘等生产人员工资或劳务费等。

10.4.3　城市交通运输成本的构成

1. 交通运输成本的构成

交通运输主要包含固定设施和移动设备，因此交通运输业所使用的资本被划分成固定设施和移动设备两大部分，这对运输成本的类别划分具有重要的意义。交通运输业的固定设施一般是指交通基础设施，如线路、站场、枢纽等，这些基础设施一旦建成就不能再移动，而且这些基础设施一般不能直接单独提供运输服务；交通运输业的移动设备（或称为运载工具）是指具备可移动性的运输工具，如小汽车、公共汽（电）车、列车、飞机、船舶等，这些运载工具一般借助固定设施直接提供运输服务，它们显然也可以根据需要在不同地区或不同运输市场之间转移。交通运输业资本的这种特性，使得运输成本的分类与其他行业成本分类有所不同，即除了按照前述生产要素的类别、与产量变化的关系及时间长短的划分，城市交通运输成本还可划分为固定设施成本、移动设备成本及运营成本3个部分，这样更有利于认识城市交通运输成本。

由于不同运输方式的特征不同，各种运输成本中固定设施成本、移动设备成本和运营成本各自所占的比重或涉及的程度是有差别的，其相应部分伴随着产量的不变性或可变性也是不一样的。另外，这种不变性或可变性还要根据使用者的具体身份（运输企业或个人）来确定。因此，交通运输业的3种成本划分与产量变化的关系交织在一起，再加上运输经营者和使用者的多样性，使得运输成本划分具有较大的难度和挑战。

（1）固定设施成本

固定设施是指那些不能移动的运输基础设施，是完成交通运输任务的基础，如铁路的轨道、公路运输系统的道路、城市道路、铁路和地铁的轨道、场站枢纽、港口（码头）、河道与机场等。固定设施对每一种运输方式都是必不可少的，如汽车运输需要不同等级的公路、城市道路、场站、停车场等固定基础设施。有些固定设施本身就是提供相应的运输服务，如管道运输，但在大多数情况下，固定运输设施的所有者与运输服务的直接提供者是分离的，如道路运输系统的道路与汽车运输企业、航空公司与机场、航运公司与港口码头等。

固定设施的投资被认为是一种沉没成本，因为这些设施一旦建成就不能再移动，而且在一定程度上不能被用于其他任何用途。例如，城市道路被废弃时，原有的路基几乎无法改作其他用途。从这一点来看，已经形成固定运输设施的投资可以视为没有机会成本，原因是该资源已经没有再被用于其他用途的机会。由于固定运输设施在地理区域上的位置固定，这就决定了它只能被一部分人或货物利用，而其他人或货物无法利用或者利用成本过高。正是出于这个原因，在运输系统中常有一部分固定设施出现拥挤现象，如城市核心区道路，同时，另一部分固定设施有被闲置的现象，如市郊道路等。

固定运输设施除了起初的投资建设，还需要在使用寿命期间内进行养护及维修，因此固定设施成本还包括养护、维修及其他使用成本。与投资相比，这些固定设施的剩余费用比较少，其中有些费用与使用这些固定设施提供的运输量关系不大，属于固定成本，另外一些则可能与运输量的多少有密切联系，因此属于变动成本。

（2）移动设备成本

除了管道以外，所有的运输方式都需要使用移动运输设备来完成旅客与货物的空间位移。城市运输工具的成本大体可以分为3部分，即与公共汽（电）车、小汽车、轨道交通车辆、公司班车或出租车等的添置投资有关的费用，部分折旧费用和运载工具维护费用。运输工具的这3种成本在不同运输方式的比重和计算方法上是有差别的，甚至运载工具维护费用是属于移动设备成本还是运营成本，尚缺乏统一标准。

拥有移动性运载工具并为此而支付成本，是运输业的重要经济特点之一，这种成本与这些设备的使用强度没有直接关系。在运输企业的运载工具拥有成本中，与添置设备所需投资有关的成本由资本市场决定，而由运载工具供求关系所决定的机会成本则可以通过这些设备的租赁或转让市场价格得到体现；运载工具的折旧费提取和维修费用发生，如果与这些设备的使用工作量无关，也可以看作是它们的拥有成本。

所有各种运载工具都有自己的使用寿命，运载工具的价值在其使用期内会逐渐转化为运输成本，因此使用寿命决定着运载工具的折旧过程。有些运载工具的使用寿命是以年限计算的，在这种情况下，运载工具的折旧转移成本与其使用中所提供的运输量没有直接关系，是每年或每月固定的成本。还有一些运载工具的使用寿命是以行驶里程计算的，在这种情况下，运载工具的折旧转移成本就与其使用中提供的运输量直接有关，属于变动成本。

由于这些运载工具可以根据需要在不同的运输市场之间甚至不同用途之间转移，因此，在转移运载工具上的投资不属于沉没成本。各种运输方式都具有自己的市场价格，其中既有新车等市场价格，也存在很多运载工具的二手车市场，以方便人们转让这些还有使用价值的运载工具。

（3）运营成本

在运输业的运营成本中，有两类直接与运输量相关的变动成本，一类是运营人员的工资，另一类是运载工具消耗的燃料。由于这类成本与运输量正相关，所以运输工作量越大，这些直接的运营成本数量也会越大。除了这些直接与运输量相关的变动成本以外，运输企业一般还需要配备若干辅助人员和管理人员等，这些人员的工资及所需要的工作开支属于间接运营成本。间接运营成本的一部分是与运输量有关的变动成本，而其他部分与运输量变动关系不大。而对私人小汽车来说，私人小汽车的运行成本中并没有包括驾车人的人工成本，但这并不意味着自己驾车的时间没有价值。当车流增加到一定密度以上，道路交通拥挤时，驾车边际成本的增加就十分明显，而且这些增加成本的绝大部分要由所有在该路段上的车辆共同承担。

2. 城市交通运输成本的构成

如前所述，城市交通运输成本由固定设施成本、移动设备成本及运营成本3部分组成。但是，因城市交通包含公共汽（电）车、轨道交通、出租车及个体交通等不同的运输方式，而这些运输方式的所有权及性质不同，所以各种运输方式的运输成本构成又有差异。

由于城市交通运输固定设施与移动设施基本上是分离的，即道路、城市轨道、运输场站枢纽等主要是政府投资，这些固定设施的使用者基本不用承担成本，所以城市交通运输成本主要是由与车辆自身相关的成本构成，主要包括车辆购置费、保险费、税费、燃油费和附加费等，以及出行或货物运输所付出的时间成本和出行或货物运输所消耗的空间成本，其中空间成本指的是出行者消耗的道路空间资源成本；出行对社会所造成的成本主要包括噪声和空气污染成本、交通事故成本和交通拥挤成本。由于城市交通包含不同的运输方式，因此每种交通方式的成本构成也不尽相同。

1）公共交通成本的构成

（1）公共汽（电）车成本构成

公共汽（电）车的固定成本主要是指公共汽（电）车辆购置费用、场站建设费（首末站、停车场和保养场等）或租金等费用。

公共汽（电）车的运营成本费用是指公共交通企业在生产经营过程中发生的各项成本，主要包括人工成本、燃料成本、保修材料费用、轮胎费用、折旧费用、事故损失费用、营运业务费、营运间接费等，这些成本可以列入营运成本、期间成本和营业外支出。其中，公共汽（电）车企业运营成本可以细化成以下几个方面。

① 工资总额：实行工效挂钩的公交企业，应根据财政局核定的双挂钩效益指标（即营运收入、载客里程）的比例计提工资，工资增长幅度应当低于本公司的经济效益增长幅度，员工实际平均工资增长幅度应当低于本企业劳动生产率增长幅度。

② 福利费用：根据员工工资总额，按一定比例计提员工福利费。

③ 社会保险费：按上年度工资额的一定比例计算缴纳。

④ 住房公积金：按上年度工资额的一定比例计算缴纳。

⑤ 折旧费用：包括营运车、公务车、工程车、管理用具、生产设备等折旧费用。

⑥ 燃料费用：根据营运车辆所消耗的汽油、柴油、液化气的实际成本进行计算。

⑦ 保修费用：指企业内部维修单位的生产工人、管理人员的工资及其提取的员工福利费、保修用材料费、外部加工费用、车间经费和电池费用等。

（2）城市轨道交通成本构成

① 固定设施成本。

与其他交通方式相比，城市轨道交通的投资巨大。城市轨道交通固定设施部分主要包括地铁轨道、车辆段、停车场、车站中的相关设施（空调通风、给排水和消防、自动扶梯、控制设备）等。城市轨道交通固定设施建成后，无法在空间上转移和用于其他用途，或者说其投资固定设施的机会成本几乎为零。

从轨道交通投资构成来看，主要包括前期工程成本、土建工程建设成本、设备工程费用、其他费用等。在轨道建设投资中，多数投资都是形成不可移动的固定设施，可以移动的车辆部分费用占总成本的比例相对较小。因此，轨道交通固定设施成本占轨道交通总成本的比例很高，占总投资的50%以上。例如，某城市新建的轨道交通项目总投资额约为175亿元，其中，土建工程等固定设施投资额为128亿元，车辆、机电、通信信号等其他相关运营设备投资总额约为47亿元，土建工程等固定投资总额占投资金额的73%。

② 运载工具成本。

轨道交通通过运载工具在轨道基础设施上移动来实现运输活动，完成人或货物的位移。因此，相比轨道等固定设施而言，运载工具既是可以移动的，也是实现运输对象空间位移的"活跃"因素。城市轨道交通载运工具的拥有成本大体可以分为3个部分，即与车辆购置有关的费用、部分折旧费及载运工具维护费用。

③ 运营成本。

运营成本是城市轨道交通运营企业在生产经营过程中实际发生的与运营生产直接有关的各项支出费用。城市轨道交通运营成本主要包括运营支出、建设资金贷款利息。其中：运营支出是轨道交通运营生产过程中实际发生的与运营生产直接有关的各项支出；建设资金贷款利息是为筹集建设资金而付出的代价。实际上，城市轨道交通的运营成本远远不止运营支出、建设资金贷款利息等内容，其成本可以进一步划分为人员工资及相关费用、运营能耗、生产维修费、营运费、管理费用、主营业务税金及附加、市场营销费7部分费用。

（3）出租车成本构成

出租车的运输成本比较特殊，与一般的道路运输成本相比，构成相对简单，主要是因为出租车不用考虑运输线路和固定设施设备等成本的问题。

根据运输成本的经济概念，出租车成本是指为乘客服务所支付的费用总和，是出租车运营中消耗的生产资料价值和劳动者为自己创造的价值的货币表现。

鉴于我国出租车行业的特点（即一般城市出租车所有权在出租车企业，员工向出租车企业租赁出租车使用权或采取内部单车承包经营方式），出租车成本构成可以从出租车拥有企业和租赁出租车进行运输服务的人员这两个方面划分。出租车企业的成本构成一般包括办公场地的建设或租赁费用、车辆购置费、运营生产过程中的费用、管理费用和财务费用等。办公场地的建设或租赁费用一般主要用于出租汽车停放、管理花费的费用；出租汽车的车辆购置费用一般包括裸车价、购车附加费、计价器支出、防护网、顶灯等的购置费用；运营生产过程中的费用包括实际发生的车辆折旧费、修理费、燃料费、保险费等；管理费用包括管理人员工资、职工福利费、办公费、办公用固定资产折旧费、修理费、物价消耗、低值易耗品摊销、工会经费、职工教育经费、退休统筹、失业保险金、大病统筹、住房基金、审计咨询费、其他税金、无形资产摊销、业务招待费、广告费、坏账准备金等；财务费用主要包括企业在营运生产期间发生的利息支出（减利息收入）等。

从租赁出租车进行运输服务的人员角度来看，运输成本主要由燃油费、维修费和承包费等构成。在出租车运输成本支出中，由于出租车消耗大量油气等资源，燃油费是其成本构成的主要因素，燃油消耗成本在出租车成本构成要素中属于直接变动成本，它与行车距离相关，取决于燃料价格与单车行驶里程，单车行驶里程受道路阻塞状况及司机工作时间的制约；维修费是指租赁出租车进行运输服务的人员在运营过程中对车辆进行维修费用的总和；承包费相当于车辆承租的费用和管理费用的总和，车辆租赁费来源于我国绝大多数城市实施的出租车特许经营方式，出租车公司统一购车、统一申办运营证及相关手续，承租车辆的出租车司机向公司缴纳租赁费。租赁费和管理费共同构成车辆承包费，缴纳车辆承包费实际上相当于出租车司机定期出资购买特许经营权。

2）私人小汽车成本构成

目前，在研究私人小汽车出行成本构成的问题时，往往考虑私人小汽车使用成本、道路基础设施使用成本、出行时间成本和拥挤外部成本。有学者在研究私人小汽车的出发时刻选择问题时，将私人小汽车出行的成本定义为包含固定费用成本、出行时间成本和惩罚费用成本在内的总成本。

（1）固定费用成本

出行者自身为达到其出行目的所产生的燃油消耗成本、路桥使用成本及拥挤收费成本，属于个人成本。私人小汽车的固定使用成本一般包括两个方面：一是不随出行的次数和强度的变化而变化的成本，如提前支付的车险费等；二是随出行强度和出行里程的变化而变化的成本，如燃油费、轮胎磨损费、车辆保养维修费、道路使用费等。前者可通过调查统计数据计算直接获得，而后者的计算相对复杂，主要受道路等级、交通状况等因素的影响。

① 燃油消耗成本。燃油消耗成本会受到汽车发动机的功率、油耗率、城市道路的等级、交通流量及交叉口类型等因素的影响。其中，道路等级和交通流量对油耗的影响是由于道路交通特性发生变化时，汽车发动机的功率和转速会发生变化。燃油消耗成本在车辆运行成本中占有较大比例。

② 路桥使用成本。路桥使用成本主要是针对城市收费道路和高架桥而言的。由于政府财政资金不足，一些城市的特大桥及通往机场的道路采用了贷款或商业化融资修建的模式，我国的很多城市都相应出台了路桥通行费的收取和管理规定，对强行通过收费站的机动车采取一定惩罚措施，如武汉、杭州、青岛等城市的跨江、跨海大桥。

③ 拥挤收费成本。拥堵收费是目前国外一些城市针对因小汽车出行需求量大而导致交通拥堵、出行条件恶化所采取的一种有效交通需求管理手段。这些国家针对交通流量较大，而道路通行能力有限，导致交通拥堵的情况，通过分地区或路段、分时段实行拥挤收费策略，这种策略的最终目标是使交通的需求量能够在城市交通路网上得以合理分配，并且鼓励居民合乘出行或者乘坐公交出行方式，从而有效缓解交通拥挤并解决交通问题。因此，拥堵收费增加了私人小汽车的出行成本，使之最终放弃小汽车，乘坐公共交通工具出行。

（2）出行时间成本

出行者一次有目的的出行，其在交通路网上花费的那一部分出行时间所消耗的费用，即为出行时间成本。出行时间成本其实也可看作是一种机会成本，它是出行总成本的重要组成部分，是指出行者由出发地到目的地所要消耗的时间在货币上的表现形式。通常与出行距离，出行的刚性或弹性，处理事务的紧急程度，出行者自身的职业、性别和出行目的及不同地区社会经济的水平等因素存在一定的联系。

一般而言，时间成本的大小与出行的目的有关系，即商务出行与私人活动的时间成本是不一样的。私人活动的时间成本一般与个人的收入水平有很大关系，可以用出行中所花费的时间与人均每小时的收入乘积表示。

$$C = K_1 \cdot T$$

式中：C 为出行时间成本；K_1 为人均每小时的收入；T 为出行中花费的时间。而公务出行成本计算相对来说比较复杂，主要用出行人员平均每小时的劳动生产率与出行花费的实际时间乘积表示，其计算数据收集比较困难。

（3）惩罚费用成本

使用私家车方式的出行者由于早于或者晚于期望时间到达目的地而产生的那部分成本，即惩罚费用成本。出行者每天因上下班往返于居住地和工作地之间，就上班而言，所有的出行者都想在上班时刻准时到达工作地，但就现实情况来说，因其要受到道路通行能力、交通路况等因素的限制，这种理想状况通常是不可能实现的，总存在一些人会早于或晚于上班时间到达，因此而产生的费用即惩罚费用成本，一般只计算由于交通出行延误给出行者工作、生活方面造成的额外经济损失。

10.5　城市交通服务与价格

10.5.1　城市交通服务

服务通常不具有特定的物质形态，如果不提供服务过程，人们很难感受到服务的存在，也不能对服务进行事前的观察和试用。但为了发生空间位移，交通参与者要直接利用交通工具，与司乘人员或其他服务人员发生接触，因此交通服务在生产者和用户之间必须建立起直接联系,要提供面对面服务和接受服务,用户对服务质量的认识是非常清晰和敏感的。换言之,人们对产品的感知是静态的,而对服务的感知必须在服务过程中进行动态的认识。然而,随着科学技术的不断进步,交通服务生产者和用户之间往往不一定发生面对面的服务,例如,城市道路拥挤收费、停车收费和收费道路的不停车收费等,都是经过电子和通信系统完成。

交通业的产品是完成人与货物的空间位移,交通企业的生产过程完成后,运送的对象(人和货物)不发生物理或化学的变化。因此,交通企业只是提供了人和货物空间位移及与此相关的服务。

城市交通服务具有产品的无形性、空间性、时间性、数量性、社会必要性和物质属性、综合性和有限性、过程性、网络性、公共性和完整性以及替代性与互补性等特征,这些均是区别于一般产品的性质。

10.5.2　城市交通价格

交通价值是交通运输部门从事客、货运输生产所耗费的社会必要劳动时间。交通价值分为两部分:一是过去劳动创造的价值,即已消耗的生产资料价值,也叫转移价值;二是劳动者在生产过程中所创造的价值。因此,交通价值可以分为三个组成部分:第一,已消耗的交通工具、技术设备、燃油、材料和油脂等生产资料的价值,即转移价值 C;第二,劳动者为自己创造的价值 V;第三,劳动者为社会创造的价值 M。

交通业的效用是把一定量的某种货物、乘客由 A 地运到 B 地,因而在交通价格制定中必须满足这种效用。从交通经济效果角度看,交通的效用是衡量交通价值的一种方法。

这里的交通价值不仅是指生产交通产品的社会必要劳动,而且还指所运商品在两地间价格的差别。这一差价反映托运人为获得交通服务而愿意支付的价格,它反映了交通服务所创造的经济效果。各国交通经济理论界对交通价值有不同的理解。一般认为,交通价值是在能使托运人愿意运输货物的情况下,能够收取的最高运费,或者是运输该产品和不运输该产品这两种状态下,托运人将得到的净收入的差额。

交通生产也创造价值和使用价值。交通价值虽然也决定于交通生产过程所消耗的社会必要劳动,但交通价值的形成与其他商品比较,具有不同的特点。

(1)交通价值是以追加价值的形式追加到所运产品中去的,其货币形式表现为流通费用

交通运输表现为生产过程在流通过程中的继续。因此,交通价值的货币形态也就表现为流通费用,其特殊意义在于,交通产品的使用价值只是在产品的消费中才能实现,而产品的消费就使产品的位置变化成为必要,从而使交通业的追加生产过程成为必要。因此,投入在交通业的资金,一部分随交通工具的价值转移,另一部分由于交通劳动的价值追加,把价值追加到所运的产品中去。

(2)被运输的货物价值与运输所生产的产品价值无关

在运输过程中,运输并不改变所运货物的性质和形态,也不生产新的事物形态。交通业

的产品就是所运对象场所与位置的转移。作为交通生产过程的劳动对象，即货物和旅客，不构成交通产品的实体，被运输的货物价值不构成交通产品价值的一部分。所以，交通业产品的社会劳动耗费，取决于交通生产过程的具体条件及具体的交通方式，而与所运输的对象本身价值大小无直接关系。

10.5.3　城市交通价格管理

交通价格是交通价值的货币表现，反映了交通生产活动所耗费的社会必要劳动时间。交通价格不仅使交通企业获得收入，用以维持和扩大交通再生产，而且是保持交通业与其他行业之间收入分配平衡、调节资源在交通业与其他行业之间，以及交通业内部不同交通方式之间配置的重要手段，还是影响生产力布局的因素。另外，由于交通产品具有公共产品的特性，交通价格是体现交通业社会功能的一种措施。

1. 交通价格与价值规律

为了充分认识交通价格的职能，需要清楚交通价格同价值规律的关系。

1）价值规律

价值规律是商品生产和商品交换的经济规律。它是指社会必要劳动时间决定商品的价值量，并且商品必须按照价值量相等的原则进行交换。这就要求商品价格与价值相一致。

价值是物化在商品中的社会劳动。价值量是由生产该商品的社会必要劳动时间决定的。社会必要劳动时间是指在现有的正常生产条件下，在社会平均劳动熟练程度和劳动强度条件下生产某种使用价值所需要的劳动时间。它有两层含义，不仅在每件商品上只使用必要的劳动时间，而且在社会总劳动时间中，也只把必要的比例量使用在不同种类的商品上。所以理解价值规律，必须注意以下两点。

第一，单位商品的价值不是由生产者所花费的个别劳动时间决定的，而是由社会必要劳动时间决定的。

第二，如果某种商品的总量超过了社会的需要，超过的部分尽管单位商品的劳动耗费符合社会必要劳动时间，但不为社会所承认。所以，上述单位商品价值取决于社会必要劳动时间，是以这种商品为社会所需要生产这种商品的劳动属于社会必要劳动部分为前提的，因此，后一层含义的社会必要劳动时间，虽然不直接决定商品的价值，但会影响价值的实现。

2）交通价格与交通价值的关系

交通价格与交通价值的关系是现象和本质、形式与内容的关系。交通价值是人类劳动的凝结，是在生产过程中形成的，是商品所固有的，只有通过商品交换才能表现出来。而交通价格是交通价值在交换过程中的转化形式。交通价格不仅表现交通价值的社会化，而且表明可以实际换得的货币量。价值规律反映了交通价值和价格间的联系，交通价格必须以交通价值为基础，并围绕着交通价值上下波动。尽管从个别交通劳务看，交通价格与交通价值可能发生偏离，但是从整体看，这种偏离会互相抵消。交通价格与交通价值一致是客观经济发展的一一般趋势。

交通价格与交通价值有时也会发生矛盾，具体表现为以下两个方面。

第一，交通价格与价值量的不一致。这种情况，在私有制条件下，是价值规律作用的一般形态。在社会主义市场经济条件下，也是一种正常现象。因为：① 在商品生产中，其商品价值无时不在变化，而价格却不能立即随着价值的变动而变动；② 价格的形成，不仅取决于价值规律，同时还受其他社会主义经济规律、国家政策及社会因素的影响。

第二，交通价格包含着交通价值不能实现的可能性。当交通劳务不能出售的时候，就无法实现交通价值。因为只有当交通劳务以价格的形式出售并取得货币收入后，才能算交通价值的实现。

3）价值规律对交通生产的调节作用

价值规律对交通生产的调节作用，可分为在同一交通部门内部不同企业或交通方式之间分配社会总劳动所起的调节作用。

（1）价值规律在交通业内部的调节作用

在同一交通方式内部，不管各个企业或平行线路上共存的几种交通方式的个别劳动多少，价值规律只承认社会必要劳动决定的价值，并且要求通过交换把它实现出来。先进的企业，由于经营者管理好，劳动生产率高，单位产品的个别劳动消耗少，可获得较多盈利。反之，企业只能获得较少盈利，甚至亏本。

价值规律在交通部门内部同一平行线路上或区域内各种交通方式之间或各交通企业之间之所以起这种作用，是由于价值规律只承认社会必要劳动时间决定的价值。如果在制定交通价格的过程中，按价值规律办事，使几种交通价格的比例接近由交通价值决定的比例，那么就会起到促进交通业发展的作用；反之，就会使交通价格比例长期偏离社会必要劳动消耗，对生产产生不利影响。

（2）价值规律在交通业与其他行业间的调节作用

根据价值规律，分配在不同部门的劳动量，也应是各个不同部门的社会必要劳动量，即各不同部门的劳动分配量必须同各部门的劳动需要量相适应。只有这样，商品的价值才能得到实现，从而保证企业以出售产品的收入补偿自己的劳动消耗，并获得盈利。价值规律这种调节作用是通过价格与供求关系的变化，通过投资情况的变化来实现的。对交通部门而言，曾长处于供不应求的状况，说明社会分配给这一部门的劳动量少了，需要相应提高价格，以鼓励对交通业的投资。

2. 制定交通价格的原则

通过以上的叙述，可以看出每种定价理论既有优点，但也有弊病。制定交通价格的原则应当吸收上述理论的优点，避免其弊病来进行立论。首先，应建立在马克思主义劳动价值论的基础上，然后考虑到市场经济发展的要求，合理调节交通收入，使之有利于交通业的发展和综合交通体系的形成，具体原则如下。

（1）交通价格必须以交通价值为基础

制定交通价格应该尽可能符合或者接近交通产品的社会必要劳动消耗量，反映价值规律的要求，使交通生产过程中所消耗的活劳动和物化劳动都得到补偿，否则交通再生产过程就无法周而复始地顺利进行。

（2）交通价格应该以交通部门的边际成本作为定价的依据

交通成本可以分为计划成本和报告成本、个别成本和部门成本、设计成本和预测成本、正常生产成本和不正常生产成本、部门平均成本和部门边际成本等不同形态。以哪种成本作为制定交通价格的依据，在理论界争论较大。

在西方国家定价时，普遍以边际成本作为基础，一般认为当边际收入等于边际成本时，企业的利润最大。从我国的实际情况出发，从价值规律作用的程度和供求关系的影响来看，以边际成本定价，更能反映交通价值，反映对交通劳务的供求，有利于交通收入在交通部门与国民经济各部门之间、在交通部门内部各种交通方式之间和各交通企业之间的合理分配，有利于交通企业在公平的基础上开展竞争，以更多优质的交通劳务来满足国民经济对交通业的需求。

（3）交通价格的制定必须贯彻国家的方针政策

交通价格必须以交通价值为基础，但并不意味着交通价格必须始终和永远与价值完全一致，这是因为边际成本的精确计算比较困难，同时现实经济生活也不能使价格与价值做到永远完全一致。因此，在制定交通价格时，一方面要以价值为基础；另一方面要考虑国家在一定时期的政治经济任务，使交通价格与交通价值在一定程度上、一定方向上有所偏离，要充分利用交通价格这个经济杠杆，利用价值规律在一定范围、一定程度上的调节作用，为社会主义建设服务。这不仅是必要的，而且也是可能的，否则就会失去交通价格的调节作用。

具体来说，社会主义交通价格应当做到有利于促进工农业生产的发展，促进合理交通和生产力的合理布局，提高交通工具的运用效率，实行优质优价而提高服务质量，保证交通投资者的合理盈利等。

（4）充分考虑交通市场的供求关系

在社会主义市场经济条件下，交通价格作为一个交换范畴，必然受市场供求因素的制约。因为供求关系客观上反映了社会交通生产和交通需求之间的矛盾运动，要求二者保持一定的比例关系，包括运力与运量、交通结构和交通质量等，它是社会再生产正常进行的一个必要条件。交通价格只有反映了交通市场的供求关系，才能充分发挥其调节作用，适应市场经济发展的要求。同时还必须看到，交通市场供求关系虽然不是决定交通价值的直接因素，但它是影响交通市场价值形成的经济条件，决定交通市场价格偏离交通价值的方向和程度，决定短期交通价格水平与变动趋势的一个基本因素，所以市场价格的形成与变动要受供求关系的支配和影响。

（5）充分考虑不同交通方式之间的比价关系

不同交通方式有不同的交通总成本、单位交通成本和边际成本，在一种交通方式内还有不同的线路、航区和区段，其成本相差很大。在制定交通价格时，除了充分考虑各种交通方式的交通成本外，还应当考虑各交通方式之间的比价问题，比价不合理，就有可能加重某一种交通方式的负担，使另一种交通方式的潜力不能充分发挥，不能促进合理交通和各种交通方式的合理分工。如铁路与内河交通之间，铁路交通价格低于内河就不合理，使铁路紧张，内河交通潜力不能发挥。因此，必须充分考虑各种交通方式的比例问题，在此基础上才有可能处理好交通业同工农业产品的比价问题。

（6）交通价格的制定还应考虑费用负担能力

交通价格的制定还应考虑不同货物的费用负担能力，注意运费在货物商品价格中的比重。对于价高、贵重货物应当与普通货物区别开来，实行区别交通价格，交通价格应该相应高一些；而对普通的低价货物，则交通价格不可过高。这样，一方面有利于货物的流通，不影响货物在市场的销售，另一方面也保持了各种类产品合理的比价关系。

3. 定价管理形式

城市交通定价的管理形式有政府定价、浮动价格、差别价格、歧视价格和特殊价格等。

1）政府定价

由于公共产品的特殊性，其价格一般由政府制定。政府采取何种价格管理形式，是由管理模式决定的，也是价格管理的基本内容。目前，政府定价主要有国家定价和国家指导价。

（1）国家定价

国家定价是由县级以上各级政府物价部门、交通主管部门按照国家规定的权限制定并负责调整的交通价格。目前，我国对国家铁路的客运和航空的公布客货交通价格实行国家定价。由于国家铁路和航空交通由国家直接参与经营，具有较强的垄断性，因此其价格由国家直接制定并实施管理是很有必要的，否则会扰乱正常的交通秩序。但应该看到，按"有控制的市场价格"模式，国家定价不等于过去的计划经济体制下的"固定价格"（在制定时主要考虑交通价值而很少考虑其他价格形成因素），在定价时，除了反映交通价值外，还要反映其他交通方式之间的比价关系等。同时，应根据交通价格指数的走向，定期与非定期地对交通价格进行调整。

（2）国家指导价

国家指导价是县级以上各级政府物价部门、交通主管部门通过规定基准价、浮动幅度或最高、高低保护价等形式制定的交通价格。

目前，我国对于水路、公路中的旅客运输，以及属于国家指令性计划内的货物运输均实行国家指导价。由于我国水路、公路交通市场已基本确立，市场竞争机制也已基本形成，从理论上看，可不失时机地全部实行市场调节价。但目前对于旅客票价，以及属于关系国计民生的重要物资、抢险救灾物资等列入国家指令性计划交通的价格仍不宜仓促放开，否则会造成社会不安定或对人民生活带来较严重的影响。另外，国家还应该兼顾交通企业的经济利益，由交通部根据市场供求情况在规定的浮动幅度范围内自主定价。

（3）价格听证制度

价格听证制度是指政府在制定或调整与民众生活密切相关的商品和服务的价格前，举行听证会，征求消费者、经营者和有关专家意见的一种方式。

我国率先实行听证制度的是广东省深圳市（1993），其后江苏、河南、北京等省市相继建立了价格听证制度。1998年5月实行的价格法，首次将听证制度法制化。

价格听证制度是为了提高价格决策的合理性和透明度，促进价格决策的民主化和规范化。

听证过程接受社会监督。听证会代表具有广泛性、代表性，一般包括消费者代表、经营者代表、政府有关部门代表、相关的技术及法律等方面的专家学者。听证会代表由政府主管部门聘请。听证会代表可以向申请人提出质询，对制定价格的可行性、必要性及定价方案提出意见，查阅听证会笔录和听证纪要。

听证代表多数不同意定价方案或对定价方案有较大分歧，难以确定时，价格决策部门需要协调申请人调整方案，或再次组织听证。

听证程序要公开透明，听证前要发布公告，将听证的内容及具体事项、程序向社会公布，并公开听证代表的推选办法和产生过程。公开举行的听证会，可以邀请新闻媒体采访报道，或向新闻媒体公布听证会有关内容，公民可以申请旁听。

2）浮动价格

浮动价格，一般指为改善企业经营效果，根据市场调节原理，在国家价格政策允许范围内确定的有差别的交通价格。

浮动价格有以下两种情况。

第一种是国家定有指导价格，允许交通企业在一定范围内浮动。在这种情况下，国家一般对交通价格定有上限和下限。交通企业可以在上、下限范围内自由浮动。这种情况下的另一类浮动是：交通企业价格浮动时，需要报国家或地方政府有关部门批准，或是需要经过听证。

第二种是市场调节价格，是在国家定价和国家指导的交通价格外，允许交通企业随交通市场运力、供求的变化而灵活变动交通价格或收费。市场调节价格一般可由交通企业和客户双方，根据运输市场供求关系及各自的利益协商定价，形成合同交通价格，国外运输企业采取这种交通价格的比较多。

3）差别价格

差别价格是指交通服务提供者根据市场对不同需要层次制定不同的价格。例如，对于同样重量、同样运距、同样运输条件的两种货物，其交通价格可以不同。

（1）实行差别交通价格的条件

能把各种不同的运输对象区别开来。例如，能按运输对象对交通工具的不同要求对运输对象分类，以便对不同的运输对象实行不同的价格。

各种不同运输对象的价格要求弹性不同。例如，对贵重物品和廉价商品可以实行差别交通价格，因为两者对运输的价格需求弹性不同，前者大，后者小。

（2）差别交通价格的意义

① 国家利用差别交通价格发挥交通价格的杠杆作用，以促进合理运输，保证生产力的合理布局。

② 可以在一定程度上消除运输企业由于在不同交通条件下运输所产生的苦乐不均现象，使交通价格大体符合价值，促进运力的合理布局，缓解边远地区运力的供求矛盾，提高企业的经济效益和社会效益。

③ 按质论价，可以鼓励先进，保护消费者利益，同时有利于调整供求关系，照顾到各种类型的消费需求，使交通消费者按自己的需要来确定对不同质量的交通服务需求，从而有利于供求关系的平衡。

（3）按运距不同的差别交通价格

为了交通的合理化，国家在运距方面实行差别交通价格。交通价格率与运距之间的关系可以有 3 种情况。

① 递远递减。为鼓励交通需求者充分合理利用交通价格工具，相对减少交通供应者的固定费用支出，可对远距离交通价格采取鼓励政策，即随着运距的增加，其交通价格率则相对下降，使其与成本性态相一致。

② 有限递远递减。交通价格率在合理的运距内采用递远递减，而在合理运距外保持一定的水平不变，其目的是不鼓励过远交通。

③ 递远递增。交通价格率在合理运距内递远递减，但在合理运距外反而递远递增，其目的是对于那些过远运输对象加以严格限制，以促进货物流通的合理化或使其转而选用其他交通方式进行运输。

按运距实行差别交通价格可以用来合理分配各种交通方式的运量。例如，为发挥水运长途交通安全的优势，鼓励货主充分利用水运，其交通价格形式可以递远递减；未发挥公路短途的门到门运输的优势，限制其长途运输，在一定的距离以后，可采用递远递增的交通价格。之所以不使交通价格随着距离成正比例增加，主要可以归结到交通成本的变化是递远递减的，即单位交通成本随着运输距离的延长而逐渐降低。交通支出按三项作业过程可以分为发到作业支出、运行作业支出和中转作业支出，运输距离增加，虽然交通总支出会随着增加，但是其中成比例增加的只是与运行作业有关的支出和中转作业支出，而始发和终到作业支出是不变的。因此，运输距离长时，分摊到单位交通成本中的始发和终到作业费用较少，因而交通成本低。相反，如果运输距离短，分摊到单位交通成本中的始发和终到作业费用较多，成本就高。交通价格结构的这种变化是实行交通价格递远递减的基础。

有些专家认为以下交通方式的交通价格可能更接近纯里程交通价格： ① 变动成本比固定成本高的交通方式； ② 可分配费用比不可分配费用高的交通方式； ③ 线路运行费用比终点费用高的交通方式； ④ 线路运行费用与距离直接成比例的交通方式。相比之下，汽车和航空交通的交通价格与距离关系更密切，而铁路、水运、管道由于固定的终点成本比例相对高，因此更多地适用于递减里程交通价格。

交通价格是根据价格率和运输距离共同确定的，有些交通价格的计算还要加上始终点的费用。

国外的距离交通价格结构中还有成组交通价格结构和基点交通价格结构。成组交通价格是将某一区域内的所有发送站或到达站集合成组，所有在一个组内的各点都适用同一交通价格，也被称为区域共同交通价格。基点交通价格是把某一到达站作为基点，并制定基点交通价格，交通费用总额是从发站到基点的运费加上从基点到终点站的费用。这两种交通价格结构显然也是以距离交通价格为基础的。

（4）按运输对象不同的差别交通价格

这种差别交通价格把运输对象分为若干类，在其运距和运量相同的情况下，对每类规定不同的交通价格。

① 不同的地理条件实行不同的价格。

根据经济区域、自然条件、地理条件的不同，虽然运量和运距相同，但交通价格有所不同。例如，地区不同，货物生产和销售的集中程度与分布状况不同，因而会影响实载率，所以交通价格也不同。此外，地理条件差，如山区路段影响车速和载运量，运输成本较高，所以其交通价格和平原地区也应有所区别，这种价格上的差别，有利于生产力和运力的合理布局。

② 交通条件不同的货物实行不同的价格。

对于需要特定的交通条件的货物，如长、大、超重、危险、鲜活易腐的货物，由于需要特殊的交通条件和交通工具，所以其交通价格也高于普通货物。

对不同比重的货物，实行不同的交通价格。比重不同，同样重量的货物所占的体积不一样。比重小的货物影响载重能力的利用程度，因此交通价格比普通货物要高。

因此，在制定交通价格时，要根据不同类别的货物制定相应的交通价格。在我国现行交通价格制度中，铁路采用分号制，水运和公路采用分级制，即将货物交通价格分成若干号或若干级别，每个交通价格号或级别都规定一个基本交通价格率，各种货物按其交通成本和国家政策的要求，分别纳入适当的交通价格号或交通价格级别中去。

同样，旅客运输中也可以按旅客类型、交通工具舒适程度及乘客使用交通工具的规律性等实行差别价格。

③ 不同时间实行不同的价格。

在运输旺季，由于运力紧张，为了优先运输季节性强的货物或旅客，可适当提高交通价格，从而使与季节性无关的货物或旅客错开运输时间。当然在运输淡季，为了吸引运输需求，也可适当降低交通价格。

④ 负担能力不同的货物实行不同的价格。

对于贵重的货物，需要特定的交通服务，使得其成本较之一般的货物明显升高。因此，贵重货物的交通价格比一般货物的交通价格偏高。

对于那些对费用负担能力较低的货物，可以相应降低其交通价格。例如，廉价商品的运费负担能力较低，所以交通价格也较低。在旅客交通中，对学生实行半价，是因为学生的经济负担能力小。

同一运输方式内不同客运类别所需要的设备、设施，占用的运输能力及消耗的运输成本也是有很大差别的，如客船上的一、二等舱与四、五等舱之间，飞机上的头等舱与经济舱之间，火车上的软卧车与硬座车之间，普通客车与特快列车之间，就有很大差别，旅客的舒适程度和旅行速度也不同。客运交通价格应该根据这些类别的不同而有所差别。例如，我国铁路客票就分为普通客票、加快客票（普快、特快）和卧铺票（硬卧、软卧）等。

⑤ 按运输批量不同的差别交通价格。

当一次运输货物的数量达到一定的数目时，可适当降低其交通价格。实行这种差别定价的目的是，可促使货主或客户成为长期的客户，便于把握交通的供需关系，并且可补偿其运输零担货物而多付出的费用。

我国现行的整车（船、飞机）、零担交通价格等属于按运输批量不同的差别交通价格。

4）歧视价格

交通行业是成本递减的行业，由于初始投资成本很高，把价格定得等于短期边际成本，实质上是一种福利性的决策，将导致交通企业出现财务赤字。通常的解决办法是政府给予财政补贴。为了避免补贴，可以用歧视价格的方法为交通筹资。

歧视价格就是收取"使用者愿意负担的费用"，即收取每个消费者（群体）愿意为运输服务支付的最大数额。

在经典模型中，管理部门增加收入的办法是以同一产品向不同的顾客群收取不同的价格，按照他们的价格弹性给予区别对待，而为每个顾客服务的成本是相同的。现在多将歧视价格和产品差异结合，使预定活动达到收益最大化。有时候，歧视价格不仅取决于交通类型或服务质量，也取决于旅程的长短。

歧视价格不仅能使供给者收回成本，还有助于保留住享受这种服务的群体（旅行者和托运者），尽管有时有必要使运费有差别，还有必要使服务质量有差别。

5）特殊价格

除了上述价格制度外，还有一些特殊的交通价格。根据交通价格政策，对按特定运输条件办理，或在特定的地区、线路运输的货物，规定特定交通价格，对于提高服务水平和改善服务质量实行优质优价。特定交通价格一般按普通交通价格减成或加成，也可另定，它是统一交通价格的补充，可以因时因地因货制宜。如新路新价、计程交通价格、计时交通价格、联运交通价格等。

新路新价，是对于新建或进行过改造的交通线路实行新价格，一般高于统一交通价格的水平。

计程交通价格，可按整车运输和零担运输分别计算。整车运输以吨公里、零担运输以公斤公里为单位计价。

计时交通价格，以吨位小时为单位计价，适用于特殊型号的交通工具及计时包车（船、飞机）运输的货物。

联运交通价格，适用于水陆联运、水水联运等运输的货物，一般分别按铁路、公路和水路各区段的价格，并以统一规定的减免率进行计价。

10.6 城市交通市场

城市交通市场由交通供给方、交通参与方及政府调控政策共同形成，是城市整体市场的一部分，是参与各方在交易中所产生的交通经济活动和经济关系的总和。

城市交通市场的供给方一般为政府部门和代替政府职能的交通基础设施建设和运营管理企业；需求方为城市中的交通参与者；政府调控政策一般由政府部门、社会团体及居民代表共同商讨制定。

1. 城市交通市场的内涵

城市交通市场具有其内涵，包括市场分类、结构和运行等。

2. 城市交通市场的划分

城市交通系统的功能主要是满足人和货物在城市范围的位移需求。城市交通市场的细分可从多种角度进行，以下是比较重要和明显的几个方面。

① 按出行距离划分，有城市内部、短距离城际间、城乡间几种交通市场。相对而言，城际、城乡间距离较远，市内运距较近，但随着城市规模及范围的不断扩大，特别是居住及城市功能区分布格局的改变，人们在城市内的出行距离也日益增加。

② 按出行目的划分，有旅游、购物、休闲、上学、通勤等交通市场。

③ 按出行时间要求划分，有直达快运、普通客运（含中转换乘等）市场。

④ 按运输服务的对象划分，可以分为客运和货运市场。其中，客运市场按照交通方式划分，分为出租车市场、公共交通市场和社会交通市场等。

3. 城市交通市场的结构

根据市场上竞争与垄断的程度，经济学中通常把市场分为 4 种类型，即完全竞争市场、完全垄断市场、寡头垄断市场和垄断竞争市场。后面 3 种有时统称为不完全竞争市场，因为竞争在这 3 种市场中都受到了垄断因素的限制。

4. 城市交通市场的运行组织

城市交通市场的运行通常因运输对象属性和运营属性不同而异。按照前者，有客运市场和货运市场；按照后者，有公营和私营。城市客运市场通常按照交通方式分别组织，即城市公共交通市场、出租车交通市场和社会交通市场。

1）城市公共交通市场

城市公共交通市场组织形式从总体上可分为政府主导模式、市场主导模式和二者并存模式。

（1）政府主导模式

政府主导模式，即以政府为主的市场模式。政府主导模式下，城市公共交通行业的共性是所有的公共交通服务都是在政府有意识的政策行为下而提供的。政府主导模式中基本包含两种状况：政府核准私有企业经营和公有制经营。

（2）市场主导模式

市场主导模式，即以市场为主的市场模式。市场主导模式是基于自治市场进入原则，在进入市场时受到或多或少的管制监测。政府在这种形式下的作用包括以下几种。

① 监督者。控制和限制企业在市场中的行为，如对掠夺行为、运营安全等进行监督和控制。

② 补贴者。政府可以对特殊的使用人群提供票价优惠，或者是对公交企业进行补贴（如燃油税优惠），通过这种形式的财富的重新分配，达到市场的重新平衡。

③ 供应者。政府作为运营者参与到市场中，可以通过立约包出。在极端状态下，政府可以作为公交服务的主要供应者。

市场主导的组织形式包含完全开放的形式和特许经营形式。特许经营形式依然是市场主导，但在进入市场之前需要经过政府行政许可批准，进入后仍将受到政府对价格、服务等方面的监管。

（3）政府主导与市场主导并存模式

通常存在的城市交通市场组织形式都是组合式，市场主导与政府主导可以并存。部分资产可由政府所有，如相关基础设施、轨道车辆；部分资产由运营者本身所有，如公共汽车等。投资的风险可由政府和运营企业合力承担。例如，英国（除伦敦外）的公共交通运营由市场主导，同时，当地政府可以介入提供一些其他的"社会公益性"较强的服务，通常是人口密度较低地区的夜间车服务或假日公共交通服务，因为在市场主导模式下，基于商业的因素，这些服务都将被忽略。又如，英国由政府主导通过竞争投标的方式提供轨道交通服务，同时允许现有的或新建的轨道交通企业进入彼此的轨道交通服务市场，但不得超过授权人总收入的20%。

2）出租车交通市场

从目前国内外城市出租车行业经营体制来看，主要有三大经营模式：公车公营、承包租赁经营和个体经营。将以上 3 种模式再细分，可以分为单车承包、公有私营，产权分期转让、租赁经营，合资购车、股份经营，买断产权、自主经营，带车挂靠、联合经营 5 种模式。

（1）公车公营

车辆产权和经营权都属于公司，公司聘请驾驶员，与之签订正式的劳动合同，报酬以工资形式发放。公车公营这一经营方式目前在我国已很少见，典型的代表国家是新加坡。

（2）承包租赁经营

车辆产权和经营权都属于公司，企业将出租车承包给个人，驾驶员与公司签订承包合同。

在这种经营模式下，又形成两种不同的形式：一种是一次性承包（即所谓的挂靠模式），与车辆、运营管理有关的费用均由承包人个人支付，承包人仅向公司上缴管理费；另一种是租赁承包，即与车辆、运营管理有关的费用均由公司支付，租赁承包人向公司上缴承包款。承包租赁经营是目前我国城市出租车经营的主流模式，典型的代表城市有北京、上海、常州等。

（3）个体经营

这种经营方式与以上两种方式相比有着本质的区别，车辆产权与经营权属驾驶员个人，驾驶员自主经营、自负盈亏。在个体经营模式下，出租车个体经营者以承担最大的市场风险来赢得最大的收益，极大地调动了经营者的积极性，明显提高了个体经营者的竞争和服务意识。典型的代表城市是温州。

（4）滴滴专车、Uber 等

在互联网经济快速发展的今天，出现了基于互联网+滴滴专车、Uber 等出租车运行的新模式，乘客可以通过智能手机等手段进行网上预约，网上支付；运营商可以减少空驶里程，提高服务质量；乘客也可以减少等待和焦虑，达到"双赢"。

3）社会交通市场

由于城市人口密集度高，决定城市交通基础设施为稀缺资源，交通出行将具有外部性，这是城市交通经济区别于一般交通经济的主要因素。也鉴于这些区别，在人口密集度高、交通出行集中的区域，私家车的出行由于占用稀缺资源和带来外部不经济，往往通过经济补偿的方式调节稀缺资源的有效利用和减少外部不经济，从而形成社会交通市场。道路交通拥挤收费、路桥费及停车收费等是平衡社会交通市场中稀缺资源供给与需求的主要形式。

复习思考题

1. 城市交通经济的概念是什么？
2. 什么是城市交通的外部性？
3. 城市交通经济的研究范围和主要研究领域包括哪些方面？
4. 城市交通需求与供给的特征是什么？
5. 试分析城市交通成本及其特点。
6. 简述城市交通运输价格的定义与内涵。
7. 城市交通运输市场的概念是什么？它与一般交通运输市场相比有哪些特征？
8. 城市交通市场的组织模式有哪些？

第 *11* 章

城市交通环境与政策

本章主要概述城市交通环境，包括城市交通环境的内涵、问题、影响因素、主要研究内容；对于城市交通政策，从其环境法律政策、经济政策和交通需求管理政策等方面进行概述。

11.1　城市交通环境

在城市规模一定的条件下，其交通环境的承载力是一个固定的数值。而随着人口向城市的聚集，环境治理投入不足，环境保护的自律性降低和执法管理的松懈带来了诸多城市环境问题，威胁着居住在城市中的每一位百姓。

11.1.1　城市交通环境及问题

城市交通环境是城市环境的一部分，指因交通产生与城市居民生产、生活和交通出行相关的周边条件，包括空气、噪声和振动等。

城市交通环境问题起源于西方发达国家的城市化和工业发展。1943 年美国洛杉矶市的光化学烟雾是世界上最早的交通环境污染事件，1952 年、1955 年和 1970 年又相继发生了光化学烟雾事件。据报道，1952 年 12 月的光化学烟雾事件中，洛杉矶市 65 岁以上的老人死亡 400 多人；1955 年 9 月，由于大气污染和高温，短短两天之内，65 岁以上的老人又死亡 400 余人，许多人出现眼睛痛、头痛、呼吸困难等症状。

20 世纪 60 年代开始，在英国伦敦发生了雾霾事件，也因此被称作"雾都"，雾霾给伦敦造成了巨大的经济和生命损失。据统计，仅 1952 年的 2 次雾霾就造成了近 8 000 人死亡。

日本也发生了因城市交通环境问题，道路沿线居民控告政府交通部门政府败诉的案例。日本大阪和神户之间的国道 43 号线沿线居民房屋龟裂、居民哮喘等疾病，居民团体上诉国家道路交通管理部门，1995 年日本最高裁宣判政府败诉，从而赔付居民 2.3 亿日元的款项，并要求将该道路的车速限制在 40 km/h 以下。该案件是日本政府交通部门的第一例败诉案，引起了极大的社会反响。

我国近年在城市范围内时常发生雾霾等环境污染事件，尤其是在京津冀范围内频繁发生，严重影响了城市的生产、居民生活和健康，若不及时治理，将会重蹈上述国家的覆辙。

11.1.2　城市交通影响因素

洛杉矶 1943 年的光化学烟雾是汽车尾气排放所致。当时洛杉矶市内有 250 万辆汽车，每天消耗 1 100 t 汽油。汽油燃烧后产生的碳氢化合物等在太阳紫外光线照射下引起化学反应。

伦敦雾霾事件则因冬季使用燃煤采暖，市区内还分布许多以煤为主要能源的火力发电站。由于逆温层的作用，煤炭燃烧产生的二氧化碳、一氧化碳、二氧化硫、粉尘等气体与污染物在城市上空蓄积，引发了雾霾天气。

日本国道 43 号线政府败诉事件，则因国道 43 号线是大阪和神户间的城市交通大动脉，日交通量巨大，长年的汽车尾气排放、道路交通噪声和振动所致。

城市交通环境影响的主要因素有多种，但其根本原因是过于唯经济发展和人口的过度集中造成的排放污染超出了环境承载能力。具体交通因素有以下几个。

1. 城市交通体系结构

合理的城市交通体系结构不仅可以缓解交通拥堵和拥挤问题，还可以减少城市交通污染，保证城市交通环境。自行车交通、步行交通、城市轨道交通、城市公共汽（电）车交通等是公认的环境友好型交通出行方式。构建以发展城市公共交通为主，鼓励自行车和步行交通为辅的城市交通体系结构是减少城市交通污染的根本出路。

2. 城市交通基础设施结构

城市的特性造成了城市交通基础设施是含地下、地面和地上的立体化复杂结构，地下和地上往往还不止一层。地下隧道的通风条件较差，容易带来汽车排气聚集，强制通风和除尘成本高；地上高架容易产生振动和噪声。

3. 城市汽车保有与使用

在没有机动车出行管理的条件下，汽车保有量高，则出行总量大，汽车排放多，容易产生道路交通拥堵，造成更多的排放；过多的汽车使用导致多的汽车尾气排放，从而造成空气污染；汽车的使用和鸣汽车喇叭又是造成交通振动和交通噪声的原因。

4. 汽车动力类型

汽车的动力源多为汽油和柴油等化石燃料，是造成汽车尾气污染的源头。尽管近年来在世界范围内研发并推广代用燃料和电动汽车，也有很好的发展前景，我国也推动着"十城千辆"等电动汽车示范工程，但就目前而言，电动汽车的保有比例尚很低。

5. 汽车燃油质量

在电动汽车和汽车代用燃料尚不能普及的时间内，汽车的燃油质量是左右汽车尾气排放的主要因素。燃油质量取决于炼油水平和炼油成本。据报道，我国的车用燃油质量尚较低。

11.2 城市交通政策

11.2.1 城市交通环境法律政策

美国洛杉矶光化学烟雾事件和英国伦敦的雾霾事件发生后，两国政府分别开始治理烟雾和雾霾，并花费了大量的资金和时间，制定了严格的法律、政策控制和治理交通污染。

洛杉矶市政府从制定控制汽车排放技术和增加停车收费等政策角度治理交通运行中的汽车尾气排放。1970 年美国颁布了《清洁空气法》，以通过法律控制城市空气的质量。

伦敦雾霾事件催促英国政府于 1956 年颁布了世界上第一部空气污染防治法案《清洁空气法案》。法律规定在伦敦城内的电厂必须全部关闭；要求工业企业建造高大的烟囱，加强疏散大气污染物。另外，还要求大规模改造城市居民的传统炉灶，减少煤炭用量，逐步实现居民生活天然气化；冬季采取集中供暖。

1968 年以后，英国又出台了一系列空气污染防控法案，针对各种废气排放进行了严格的约束，并制定了明确的处罚措施，有效减少了烟尘和颗粒物。到 1975 年，伦敦的雾霾日已由每年几十天减少到了 15 天，1980 年则进一步降到 5 天。

20 世纪 80 年代后，交通污染取代工业污染成为伦敦空气质量的首要威胁。为此，政府出台了一系列措施来抑制交通污染，包括优先发展公共交通系统，抑制私车发展，以及减少汽车尾气排放、整治交通拥堵等。

1995 年起，英国又制定了国家空气质量战略，规定各城市都要进行空气质量的评价与回顾，对达不到标准的地区，政府必须划出空气质量管理区域，并强制在规定期限内达标。2003 年，伦敦市政府开始对进入市中心的私家车实施道路拥挤收费，并将收入用来改善公交系统。

通过停车控制汽车保有的无序增长是发达国家城市的一致做法。日本政府于 1957 年颁布了《停车场法》，要求车辆购买前必须先提供基本停车位证明，并对车位所在位置有明确的规定，如车位距自己住所的距离不能超过 2 km，对伪造基本停车位证明和占用公共资源的长时间路侧停车（8 h 以上或过夜）处以高额罚款的高违法成本。

11.2.2 城市交通经济政策

城市交通经济政策是调整交通需求、进行交通方式间利用调整、缓解城市交通问题的有效杠杆和手段。

1. 交通经济政策的必要性及其理论

在国外，交通政策是随着机动化的迅速发展，汽车运输的快速扩大，铁路运输陷入低迷而产生的。欧美各国从 1918 年至 1945 年间，日本在 1955 年以后铁路运输开始陷入低迷。当时，由于汽车运输的飞跃成长，铁路运输的垄断地位开始崩溃，开始了交通市场的竞争时代，铁路运输走下坡路，产生了结构性经营困难的现象。

第二次世界大战后，铁路经营问题成为工业发达国家交通政策方面最重要的问题，各国开始了交通政策的理论研究。合理划分理论、基础设施公平论、综合交通体系论等是当时代表性的理论。其中，尽管基础设施公平论在当时实现起来难度很大，但是人们给予了它很大的期待，综合交通体系论 1960—1970 年间在日本受到了特殊的关注。

首先，基础设施公平论（equal-footing）是各种交通方式之间尤其是促进铁路和道路公平竞争的理论。铁路的经营与道路和航空比较承担着不利的条件而不能公平竞争，主要有：

① 铁路部门负担站场和线路建设的全部费用，而汽车运输公司和航空运输公司等不负担或仅负担其中的一部分；

② 铁路承担着公共限制政策方面的义务，尤其是与经营无关的义务；

③ 社会性成本负担方面的不公平。

基础设施公平论着眼于上述①的不公平，谋求各种交通方式之间，尤其是道路和铁路之间费用负担的公平化。基础设施公平论也有着眼于②的非营利，主张使得铁路和公共汽车与货车和航空运输之间尽量公平化。然而，至今着眼于③的基础设施公平论尚未出现。

然而，铁路部门完全负担基础设施的建设和维护管理，与此对应，道路和航空等铁路以外的部门不负担上述费用，因此铁路在竞争方面明显处于不利地位，要求通过交通政策构建公平的竞争平台，这种政策就是基础设施公平论。有名的应用案例是西德运输部部长雷巴于 1967 年提出的"雷巴提案"。雷巴提案作为当时重建西德铁路的一环，提出了线路建设成本负担的公正化。其内容主要有：禁止卡车长距离运送大批量、重型物资，对于标准载重 4 t 以上的卡车长距离运送货物课以高税率的运输税，以及从审批方面减少长距离运送的客车数量，对汽车货运企业实施严格的政策限制。

其次，综合交通体系论通过诱导性需求调整，谋求各种交通方式划分率合理化的交通调整理论。1960—1970 年，日本的铁路运输分担率开始逐年下滑，为了恢复铁路的地位，提出了综合交通体系论。然而，受 1973 年的第 1 次石油危机及其以后经济不景气的影响，日本国家铁路的城际间运输受到了严重打击，从此综合交通体系论热在日本迅速消退。

2. 现代交通问题和交通政策

现在，在我国和世界上很多大城市面临的交通问题是道路交通拥堵、交通污染和交通事故。社会强烈要求尽快解决这些问题。然而，这些问题凸显的原因在于汽车运输，尤其是私家车使用的迅速发展。这不仅对大城市道路交通拥堵和交通污染产生很大的影响，而且也带来道路基础设施的不足，以及交通市场竞争的激烈化。包括私家车在内的交通工具之间竞争的激化，还会带来公共交通的划分率降低和经营上的难题。

为了解决上述交通问题，一般有以下 3 种交通政策：线路设施成本负担政策；投资政策；公共机制政策。

这些调整手段通常在不同的交通方式或同种交通方式之间调整，但从交通政策本身的目的而言，应该以不同交通方式为中心，即交通方式之间的调整并不是相互独立，而是相互依存的。

第一，线路设施成本负担政策的意图是通过调整道路建设成本实现交通方式之间的平衡，对于不同种类的交通方式，尤其是对调整道路和铁路之间的竞争有效。前述的基础设施公平论就是其典型代表。此外，线路设施成本负担政策对处理汽车的社会成本内部化问题也是有效的手段。例如，即使对汽车而言，重型车辆也比轻型车辆多产生线路的追加费用，因此在进行社会成本内部化时，应该让重型车辆多负担相应的社会成本。最终，该政策将决定各种交通方式，铁路和道路的线路建设成本负担（受惠者负担）的范围和方法，因此也可以与运费调整政策一起考虑。

第二，投资政策，它是通过投资进行交通方式间调整，谋求交通方式间平衡的政策。该政策作为政府投资政策的中心实施。道路投资政策是解决因道路系统中供需不平衡产生的交通拥堵有效的方法，而其投资的分配由政府决定，因此关键在于政府如何进行投资调整。

第三，公共机制政策。该政策通过准入机制、运费和通行费等机制政策进行交通方式间的调整。西方国家为了阻止铁路运输的下滑，制定了强化道路货运的准入机制，结果却促进了个人货运的发展。无论如何，改变交通方式间和交通企业间不公平竞争，使其公平竞争，需要通过公共机制政策进行调整。

上述 3 种交通政策的手段具有较强的相互依存性，因此在解决当今复杂的交通问题时，如何有机地结合、综合调整非常重要，即综合交通政策对于解决当前的交通问题是必不可少的。

3. 综合交通政策及其必要性

在日本，人们从 1955 年开始议论综合交通体系，1960 年 11 月政府制定的"收入倍增计划"开始得到人们的普遍关注。政府分别于 1971 年和 1981 年进行了综合交通政策的审议。综合交通政策涉及铁路、道路、航空、水运等交通行业，是具有整体性和体系性的交通政策。同时，也必须是通过交通制度、运费、交通投资等交通市场的合理性，甚至考虑到将来需求的变化和技术的进步等在内的长期、综合性交通政策。

这种交通政策的必要性在于：第一，交通市场是具有容易成为政策对象的特性、隐藏着复杂的机会的市场。交通服务具有即时性，即运输企业不能进行需求的库存管理，并具有运输的淡旺季。因此，制定运费的时候产生公共费用的分配和拥挤费的征收。此外，从事交通服务生产时无法避开使用铁路、道路、航空和水运等交通基础设施，这些又在政府的管理之下，因此容易成为制定政策的对象。第二，在交通市场中，没有像一般社会市场中商品竞争那样的相同商品之间的竞争，而是不同商品间的竞争及相互补充关系，因此如何使这种竞争关系和相互补充关系合理化很重要。这是制定综合交通政策的具体依据。第三，交通的发展不仅影响经济的增长和社会福利的进步，而且对公害、环境破坏、能源消耗等带来很大的影响。这是制定综合交通政策的现实依据。

总之，制定交通政策时，必须考虑它与国民生活和产业联系的整体性和综合性。也就是说，交通政策必须考虑与区域开发政策、产业振兴政策、物流政策、城市规划及环境政策等的联系。无论在物理层面，还是制度层面均具有综合性。

11.2.3　城市交通需求管理政策

城市交通需求管理政策主要有公交优先发展政策、车辆购买政策、车辆使用政策、城市公共交通票价政策、道路拥挤收费政策、城市停车政策、鼓励自行车和步行出行政策等。

1. 公交优先发展政策

公共交通优先既是保证城市交通环境最重要、最基本的政策，也是实施各种城市交通政策的前提。只有城市公共交通获得发展，其运输能力供给满足百姓的交通出行，提供便利、安全、舒适的乘用环境，人们才会放弃私家车的驾驶而选择公共交通出行。

2. 车辆购买政策

车辆购买政策是城市交通发展战略的体现，是对车辆的保有进行管理的政策，分为鼓励购买政策和限制购买政策。前者鼓励汽柴油车购买的政策显然对减少城市汽车尾气排放不利；限制购买政策分为行政管理限购和法律政策限购。行政管理限购主要有摇号和拍卖限号，法律政策限购主要有停车场法和差异化停车收费政策等。

3. 车辆使用政策

车辆使用政策是对保有车辆的使用进行管理的政策，分为限号通行、限时通行和限车型通行等，并且均为行政管理型使用政策。合乘汽车政策和P+R政策等均是促进私家车及私家车与城市公共交通之间合理使用的先进政策。

4. 城市公共交通票价政策

城市公共交通具有公益性，同时还是低污染交通工具，采用低票价政策是基本理念。在此基础上，可以根据不同时段的需求情况调整票价，以均衡协调交通方式的利用，提高整体服务质量。

5. 道路拥挤收费政策

城市道路拥挤收费在新加坡、伦敦等获得成功应用，其主要思想是在城市公共交通系统供给充足的前提下，对于城市中心区交通拥堵的道路或区域，在交通拥堵时段收取一定的车辆通过费用，以调节交通方式之间的合理利用，缓解道路交通拥堵，减少汽车尾气污染排放。

同时，收取的拥堵费用再用于城市公共交通及非机动车和步行交通系统的发展。

6. 城市停车政策

通过收取停车费用的方式，可以控制车辆保有和车辆使用，从而减少道路交通拥堵，达到改善交通环境的目的。停车收费政策有差异化停车收费和均一化停车收费。前者是按照城市区域的不同设置不同的停车收费价格，一般是城市中心区道路容易发生交通拥堵，尾气排放多，因此设定的停车价格高；后者是不考虑这种差别而采用一口价的停车价格。

7. 鼓励自行车和步行出行政策

自行车交通和步行是最无环境污染、健康且安全的出行方式，在我国有着非常好的发展基础。然而，随着机动化的发展，出行权利被挤占，亟须制定优先的政策，从自行车和行人交通基础设施的规划、设计、建设和管理等予以充分保障。为了促进自行车和公共交通的利用，近年来自行车租赁政策得到了快速发展，法国的巴黎、我国的杭州和北京等城市在积极推进，得到了利用者的好评。

复习思考题

1. 简述我国城市交通环境现状。
2. 简述我国产生城市交通环境问题的原因。
3. 简述对现行城市交通政策的看法。
4. 什么是差异化停车收费？
5. 什么是道路拥挤收费？其目的是什么？收取的费用应该怎样分配？

参 考 文 献

［1］ 邵春福，魏世隆，沈飞. 千年坐驾，乘车带来灵感[N]. 北京青年报，1999-12-31.

［2］ 杨晓光，白玉，马万经，等. 交通设计[M]. 北京：人民交通出版社，2010.

［3］ 石京. 城市道路交通规划设计与运用[M]. 北京：人民交通出版社，2006.

［4］ 齐岩，战国会，柳丽娜. 综合客运枢纽功能空间组合设计：理论与方法[M]. 北京：中国科学技术出版社，2014.

［5］ 李伟. 步行和自行车交通规划与管理[M]. 北京：知识出版社，2009.

［6］ 李得伟，韩宝明. 行人交通[M]. 北京：人民交通出版社，2011.

［7］ 路飞，宋沐民，李晓磊. 基于移动闭塞原理的地铁列车追踪运行控制研究[J]. 系统仿真学报，2005，17（8）：1944-1950.

［8］ 中华人民共和国建设部. 地铁运营安全评价标准：GB/T 50438—2007 [S]. 北京：中国建筑工业出版社，2008.

［9］ 曹启滨. 城市轨道交通 CBTC 移动闭塞系统屏蔽门控制分析[J]. 铁路通信信号工程技术，2012，9（5）：53-55.

［10］ EDIE L C. Discussion of traffic stream measurements and definitions [C]//Proceedings of the 2nd international symposiumon：the theory of traffic flow. Paris，1963：139-154.

［11］ GONZALES E J，CHAVIS C，LI Y，et al. Multimodal transport in Nairobi，Kenya：insights and recommendations with a macroscopic evidence-based model[C]//90th Transportation Research Board Annual Meeting CD-ROM，#11-3045. Washington D.C.，2011.

［12］ 郑淑鉴，杨敬锋. 国内外交通拥堵评价指标计算方法研究[J]. 公路与汽运，2014（160）：57-61.

［13］ BOARNET M，KIM E，PARKANY E. Measuring traffic congestion[J]//Transportation research record：journal of the transportation research board. Washington D.C.: Transportation Research Board of the National Academics，1998 (1512)：93-99.

［14］ SCHRAND D，EISELE B，LOMAX T. TTI's 2012 urban mobility report [R]. Texas：Texas A&M Transportation Institute，2012：1-64.

［15］ SCHRANK D，TURNER S，LOMAX T. Estimates of urban roadway congestion：1990 [R]. Texas：Texas Transportation Institute，1993：1-69.

［16］ VAZIRI M. Development of highway congestion index with fuzzy set models [J]//Transportation research record：journal of the transportation research board. Washington D.C.: Transportation Research Board of the National Academics，2002: 16-22.

［17］ SPASOVIC L , ROWINSKI J. Alternative performance measures for evaluating congestion[R]. Washington：U.S. Department of Transportation Research and Special Programs Administration，2004：1-149.

［18］ TURNER S，MARGIOTTA R，LOMAX T. Monitoring urban freeways in 2003：current conditions and trends from archived operations data [R]. Washington：Federal Highway Administration，2004：1-46.

［19］ HABIB K M N. Evaluation of planning options to alleviate traffic congestion and resulting air pollution in Dhaka city [D]. Dhaka：Department of Civil Engineering，Bangladesh University of Engineering and Technology，2002.

［20］ LINDLEY J A. Urban freeway congestion：quantification of the problem and effectiveness of potential solutions[J]. ITF Journal，1987，57（1）：27-32.

［21］ 北京交通发展研究中心. 城市道路交通运行评价指标体系：DB11/T 785—2011[S]. 北京市质量技术监督局，2011.

［22］ 广州市交通运输研究所. 城市道路交通运行评价指标体系：DBJ440100/T 164—2013[S]. 广州市质量技术监督局，2013.

［23］ 高德交通. 2015Q1 中国主要城市交通分析报告[R]. 北京：高德软件有限工作高德交通，2015：1-34.

［24］ 世纪高通. 2014 年四维交通指数年度分析报告：通用版 [R]. 北京：四维图新科技股份有限公司，2014：1-36.

［25］ 郭敬. 基于浮动车数据的北京市道路交通运行状态评价指标与方法[D]. 北京：北京交通大学，2006.

［26］ http://www.gov.uk/government/publications/manual-for-streets.

［27］ http://www.standardsforhighways.co.uk/ha/ standards/dmrb/index.htm.

［28］ http://www.tfl.gov.uk/corporate/about-tfl/how-we-work/planning-for-the-future/roads-task-force.

［29］ 杨少伟. 道路立体交叉规划与设计[M]. 北京：人民交通出版社，2001.

［30］ 中华人民共和国行业标准. 城市道路和建筑物无障碍设计规范：JGJ 50—2001 [S]. 北京：中国建筑工业出版社，2001.

［31］ MASON J M. Urban Street-Geometric Design Handbook[M]. Washington D.C.：ITE，2008.

［32］ 王琳颖. 城市常规公交线网规划的基本方法研究[D]. 北京：北京交通大学，2012.

［33］ 张生瑞. 城市公共交通规划理论与实践[M]. 北京：中国铁道出版社，2007.

［34］ 中华人民共和国建设部. 城市道路交通规划设计规范：GB 50220—1995[S]. 北京：中国计划出版社，1995.

［35］ 冯树民. 城市公共交通[M]. 北京：知识产权出版社，2012.

［36］ 龚翔. 城市快速公交停靠站点优化设计方法研究[D]. 南京：东南大学，2009.

［37］ 戴炳奎. 快速公交站点布局设计优化研究[D]. 成都：西南交通大学，2009.

［38］ 毛子珍. 快速公交（BRT）停靠站设计探讨[J]. 城市道桥与防洪，2009（9）：46-49.

［39］ 中华人民共和国住房和城乡建设部. 城市道路工程设计规范：CJJ 37—2012[S]. 北京：中国建筑工业出版社，2012.

［40］ 徐康明，蔡健臣，孙鲁明，等. 快速公交系统规划与设计[M]. 北京：中国建筑工业出版社，2010.

［41］ 杨运平. 巴士快速公交系统专用道设置与路口优先通行技术研究[D]. 长沙：湖南大学，2006.

［42］ 中华人民共和国住房和城乡建设部. 快速公共汽车交通系统设计规范：CJJ 136—2010[S]. 北京：中国建筑工业出版社，2010.

［43］ 刘涛. 轨道交通与常规公交衔接研究[D]. 长沙：长沙理工大学，2009.

［44］ 莫海波. 城市轨道交通与常规公交一体化协调研究[D]. 北京：北京交通大学，2006.

［45］ 郑维凤. 城市轨道交通与快速公交的换乘协调研究[D]. 北京：北京交通大学，2011.

［46］ 中华人民共和国住房和城乡建设部. 城市道路交叉口规划规范：GB 50647—2011[S]. 北京：中国建筑工业出版社，2011.

［47］ 邵春福，王颖，周志祥.《公路工程技术标准》的对比分析[J]. 交通运输工程与信息学报，2005，3（3）：16-28.

［48］ 邵春福，曹晓飞，陈鸣. 城市道路中央隔离带的交通安全与景观研究[J]. 中国安全科学学报，2004，14（9）：39-42.

［49］ 樊桦. 关于交通运输资源配置的若干思考[J]. 综合运输，2009（7）：14-18.

［50］ 王丹. 我国交通运输系统资源配置分析与评价[D]. 大连：大连海事大学，2005.

［51］ 汤嘉欢. 城市客运交通资源配置评价研究 [D]. 长沙：长沙理工大学，2010.

［52］ 赵旭. 现代物流理念下的交通运输系统资源整合方法研究 [D]. 大连：大连海事大学，2007.

［53］ 朱沪生. 上海城市轨道交通网络化建设的实践和对策[J]. 城市轨道交通研究，2007，9（12）：5-11.

［54］ 邵春福. 交通规划原理[M]. 2 版. 北京：中国铁道出版社，2014.

［55］ 宋一凡. 城市交通网络设计模型和算法的研究[D]. 北京：北京交通大学，2010.

［56］ 胡永举，高婷婷，尹丽丽. 城市交通网络设计问题分析及其诡异[J]. 黑龙江工程学院学报，2005，18（4）：53-56.

［57］ 高自友，张好智，孙会君. 城市交通网络设计问题中双层规划模型：方法及应用[J]. 交通运输系统工程与信息，2004，4（1）：35-44.

［58］ LEBLANC L J. An algorithm for the discrete network design problem[J]. Transportation Science，1975，9（3）：183-199.

［59］ ABDULAAL M，LEBLANC L J. Continuous equilibrium network design models[J]. Transportation Research Part B：Methodological，1979，13（1）：19-32.

[60] MARCOTTE P. An analysis of heuristics for the continuous network design problem[C]//Proceedings of the Eighth International Symposium on Transportation and Traffic Theory. Elsevier: Toronto, 1983（6）：24-26.

[61] HARKER P T，FRIESZ T L. Bounding the solution of the continuous equilibrium network design problem[C]//Proceedings of the Ninth International Symposium on Transportation and Traffic Theory. VNU Science Press，1984：233-252.

[62] SUWANSIRIKUL C，FRIESZ T L，TOBIN R L. Equilibrium decomposed optimization：a heuristic for the continuous equilibrium network design problem[J]. Transportation science，1987，21（4）：254-263.

[63] KIM T J，SUH S. Toward developing a national transportation planning model：a bilevel programming approach for Korea[J]. The Annals of Regional Science，1988，22（1）：65-80.

[64] 刘望保. 国内外城市交通微循环和支路网的研究进展和展望[J]. 规划师，2009，25（6）：21-24.

[65] 蒋强. 城市道路交通微循环网络中交通组织优化方法研究[D]. 长沙：长沙理工大学，2011.

[66] 黄恩厚. 城市道路交通微循环系统改扩建优化理论与方法[D]. 长沙：中南大学，2009.

[67] 钟媚. 基于可持续发展的城市交通微循环路网优化研究[D]. 成都：西南交通大学，2013.

[68] 宋雪鸿. 城市交通微循环问题的解决策略及其应用研究[J]. 上海：同济大学，2008.

[69] 史峰，王英姿，陈群. 城市交通微循环网络设计优化模型[J]. 同济大学学报（自然科学版），2012，39（12）：1795-1799.

[70] 李德慧，刘小明. 城市交通微循环体系的研究[J]. 道路交通与安全，2006（4）：17-19.

[71] 于博. 城市道路网络单向交通组织设计方法研究[D]. 大连：大连海事大学，2011.

[72] 中华人民共和国公共安全行业标准. 城市道路单向交通组织原则：GA/T 486—2004 [S]. 北京：中华人民共和国公安部，2004.

[73] 张威. 国内外城市单向交通组织实施经验与启示[J]. 城市建设理论研究（电子版），2012（15）.

[74] 杨永勤. 城市道路节点规划设计理论与方法研究[D]. 北京：北京工业大学，2006.

[75] 张超，李海鹰. 交通港站与枢纽[M]. 北京：中国铁道出版社，2004.

[76] 于海霞. 北京地铁西直门站换乘客流组织研究[D]. 北京：北京交通大学，2008.

[77] HARIKAE M. Visualization of common people's behavior in the barrier free environment[D]. Aizu：University of Aizu，1999.

[78] 陈光. 我国无障碍建设发展概况与探讨[J]. 中国康复理论与实践，2005，8（4）：42.

[79] 尹治军. 城市道路的无障碍设计研究[D]. 西安：长安大学，2009.

[80] 中华人民共和国行业标准. 城市道路和建筑物无障碍设计规范：JGJ 50—2001[S]. 北京：中国建筑工业出版社，2001.

[81] 孙家驷. 道路立交规划与设计[M]. 北京：人民交通出版社，2009.

[82] 张志清. 道路工程概论[M]. 北京：北京工业大学出版社，2007.

[83] 徐家钰. 城市道路设计[M]. 北京：中国水利水电出版社，2005.

[84] 罗石贵，周伟. 路段交通冲突技术研究[J]. 公路交通科技，2001，18（1）：65-68.

[85] 成卫. 城市道路交通事故与交通冲突技术理论模型及方法研究[D]. 长春：吉林大学，2004：84-85.

[86] 张冬梅，徐杰，王艳辉. 四相位信号控制的交叉口危险度评价研究[J]. 交通运输系统工程与信息，2012，12（1）：71-78.

[87] 李晶玮. 综合客运枢纽客流集散效能评价研究[D]. 北京：北京交通大学，2011.

[88] 葛亮. 城市综合客运换乘枢纽规划及设计方法研究[D]. 南京：东南大学，2004.

[89] 李东屹. 城市道路平面交叉口规划设计方案评价方法研究[D]. 南京：东南大学，2009.

[90] 杨晓光，邵海鹏，云美萍. 交通语言系统结构[J]. 系统工程，2006，24（7）：1-7.

[91] 邵海鹏，董海倩. 交通语言在交通管理中的应用[J]. 城市交通，2007，5（6）：19-22.

[92] 邵海鹏. 交通语言系统基础问题研究[D]. 上海：同济大学，2006.

[93] 段里仁，毛力增. 城市道路交通语言特点与设置原则分析[J]. 综合运输，2013（6）：83-89.

[94] 谢顺堂. 论道路交通符号信息系统：交通语言[J]. 道路交通管理，1992（5）：33-35.

[95] 庞月光，刘利. 语法[M]. 香港：海峰出版社，1999.

[96] 隽志才，曹鹏，吴文静. 基于认知心理学的驾驶员交通标志视认性理论分析[J]. 中国安全科学学报，2005，15（8）：8-11.

[97] 中华人民共和国交通部，中华人民共和国公安部. 道路交通标志和标线：GB 5768—2009[S]. 北京：中国建筑工业出版社，2009.

[98] 中华人民共和国住房和城乡建设部. 城市道路交通设施设计规范：GB 50688—2011[S]. 北京：中国建筑工业出版社，2011.

[99] 中华人民共和国公安部. 道路交通信号灯设置与安装规范：GB 14886—2006[S]. 北京：中国建筑工业出版社，2006.

[100] 中华人民共和国住房和城乡建设部. 无障碍设计规范：GB 50763—2012[S]. 北京：中国建筑工业出版社，2012.

[101] 中华人民共和国住房和城乡建设部. 城市步行和自行车交通系统规划设计导则[M]. 北京：中国建筑工业出版社，2013.

[102] Federal Highway Administrator. The manual on uniform traffic control devices[S]. Washington D.C.: US Department of Transportation，2009.

[103] 张秀媛，董苏华，蔡华民，等. 城市停车规划与管理[M]. 北京：中国建筑工业出版社，2006.

[104] 过秀成. 城市停车场规划与设计[M]. 北京：中国铁道出版社，2008.

[105] 阮金梅. 城市停车[M]. 北京：中国建筑工业出版社，2012.

[106] 王元庆，周伟. 停车设施规划[M]. 北京：人民交通出版社，2003.

[107] 关宏志，刘小明. 停车场规划设计与管理[M]. 北京：人民交通出版社，2003.

[108] 陈峻. 城市停车设施规划方法研究[D]. 南京：东南大学，2000.

[109] 凌浩. 城市机动车停车位配建指标及相关政策研究[D]. 南京：东南大学，2006.

[110] 贾凡. 城市停车场规划及交通影响研究[D]. 兰州：兰州交通大学，2009.

[111] 张乔. 我国大城市小汽车停车问题研究[D]. 上海：同济大学，2006.

[112] 王文卿. 城市汽车停车场（库）设计手册[M]. 北京：中国建筑工业出版社，2002.

[113] 贺松. 广州市住区多层停车楼规划设计研究[D]. 广州：华南理工大学，2012.

[114] 何世伟. 综合交通枢纽规划：理论与方法[M]. 北京：人民交通出版社，2012.

[115] 郝合瑞. 道路客运站场布局规划理论与方法研究[D]. 北京：北京交通大学，2010.

[116] 杜丽娟. 城市综合交通枢纽设计研究[D]. 西安：长安大学，2010.

[117] 任福田，刘小明，荣建，等. 交通工程学[M]. 北京：人民交通出版社，2008.

[118] 宋瑞. 交通运输设备[M]. 北京：中国铁道出版社，2005.

[119] 马桂贞. 铁路站场及枢纽[M]. 成都：西南交通大学出版社，2002.

[120] 胡永举，黄芳. 交通港站与枢纽设计[M]. 北京：人民交通出版社，2011.

[121] 张远. 运输港站与枢纽[M]. 南京：东南大学出版社，2008.

[122] 朱海燕. 城市轨道交通客运组织[M]. 北京：中国铁道出版社，2009.

[123] 孙小年，姜彩良. 一体化客运换乘系统研究[M]. 北京：人民交通出版社，2007.

[124] 胡列格，刘中，杨明. 交通枢纽与港站[M]. 北京：人民交通出版社，2003.

[125] 吴念祖. 虹桥综合交通枢纽旅客联运研究[M]. 上海：上海科学技术出版社，2010.

[126] 李得伟，韩宝明. 行人交通[M]. 北京：人民交通出版社，2011.

[127] 岳昊. 基于元胞自动机的行人流仿真模型研究[D]. 北京：北京交通大学，2008.

[128] 魏召. 基于空当搜索的客运交通枢纽行人交通仿真建模研究[D]. 北京：北京交通大学，2008.

[129] 张海林. 客运交通枢纽内行人微观行为特征分析与仿真建模研究[D]. 南京：东南大学，2012.

[130] 孙浩. 综合客运枢纽换乘衔接方案设计与评价[D]. 长春：吉林大学，2014.

[131] 中华人民共和国住房和城乡建设部. 地铁设计规范：GB 50157—2013[S]. 北京：中国建筑工业出版社，2013.

[132] 王禄为. 城市轨道交通与常规公交的换乘模式分析与评价[D]. 北京：北京交通大学，2014.

[133] 朱顺应，郭志勇. 城市轨道交通规划与管理[M]. 南京：东南大学出版社，2008.

[134] 韩印，范海燕. 公共客运系统换乘枢纽规划设计[M]. 北京：中国铁道出版社，2009.

[135] 顾保南，叶霞飞. 城市轨道交通工程[M]. 武汉：华中科技大学出版社，2007.

[136] 韩宝明，李得伟，鲁放，等. 铁路客运专线换乘枢纽交通设计理论与方法[M]. 北京：

北京交通大学出版社，2010.

[137] 贾洪飞. 综合交通客运枢纽仿真建模关键理论与方法[M]. 北京：科学出版社，2011.

[138] 刘行进. 城市客运枢纽寻路特征与导向问题研究[D]. 上海：同济大学，2008.

[139] 向帆. 导向标识系统设计[M]. 南昌：江西美术出版社，2009.

[140] 禹丹丹. 基于寻路行为的轨道交通枢纽导向标识布局方案仿真评估研究[D]. 北京：北京交通大学，2012.

[141] 陈立民，李阳. 公共图形与导向信息设计[M]. 北京：科学出版社，2014.

[142] 孔情情，李晔. 综合客运枢纽导向标志系统的评价指标体系研究[J]. 城市轨道交通研究，2011，14（5）：83-86.

[143] 布罗. 交通枢纽：交通建筑与换乘系统设计手册[M]. 田轶威，杨小东，译. 北京：机械工业出版社，2011.

[144] 美国交通研究委员会. 道路通行能力手册[M]. 任福田，刘小明，荣建，等译. 北京：人民交通出版社，2007.

[145] 社团法人日本地下铁协会. 最新世界の地下鉄[M]. 东京：ぎょうせい，2005.

[146] 都市交通研究会. 新しい都市交通システム[M]. 东京：山海堂，1997.

[147] 黄卫，路小波. 智能运输系统（ITS）概论[M]. 北京：人民交通出版社，2008.

[148] 陈旭梅，于雷，郭继孚，等. 美、欧、日智能交通系统（ITS）发展分析及启示[J]. 城市规划，2004，28（7）：75-84.

[149] 陆化普，李瑞敏. 城市智能交通系统的发展现状与趋势[J]. 工程研究：跨学科视野中的工程，2014，6（1）：6-19.

[150] 刘小明，何忠贺. 城市智能交通系统技术发展现状及趋势[J]. 自动化博览，2015：32（1）：58-60.

[151] 曲大义，陈秀峰，魏金丽. 智能交通技术及其应用[M]. 北京：机械工业出版社，2012.

[152] 李璎. 智能交通管理系统中的视频采集技术[J]. 中国人民公安大学学报（自然科学版），2004，10（3）：95-98.

[153] 何建伟，曾珍香，李志恒. 智能交通系统实施效益的综合评价研究[J]. 交通运输系统工程与信息，2010，10（1）：82-87.